詳解
国際家事事件の裁判管轄

［編著］池田 綾子
［著］手塚 裕之・増田 勝久
　　　平田　 厚・近藤 博徳
　　　古田 啓昌・武田 昌則
　　　小枝 未優

日本加除出版株式会社

推 薦 の 辞

　何年か前に，東京の《民事家事関係裁判官協議会》から依頼されて，東京の高裁・地裁・家裁の民事・家事分野担当裁判官諸氏の集まりで「国際裁判管轄の諸相」と題する講演をしたことがある。高名なベテラン判事から娘の高校の同級生だった若手判事補まで，第一線で活躍中の裁判官が一堂に会する大講堂で話すのはなかなか緊張する仕事だったが，その準備のために，日本における国際裁判管轄に関する文献を昔のものも含めてまとめて読むという貴重な経験をすることになった。

　とりわけ興味深かったのは，本書でもたびたび引用される，離婚の国際裁判管轄についてのリーディングケースである最高裁昭和39年3月25日大法廷判決（民集18巻3号486頁）が，被告住所地国に管轄を認めるという原則を宣明するに至るまでの経緯である。それまでは，日本の国際私法が身分関係について本国法主義をとっていることとの関連などから，国際裁判管轄に関しても当事者の国籍を重視する考え方が強かったのに対し，故・池原季雄教授が，20世紀半ばに公表した2編の論文（「國際私法に於ける裁判管轄権と當事者の國籍」国際法外交雑誌48巻4号541頁・6号738頁（1949年），「離婚に関する国際私法上の二，三の問題」家裁月報4巻12号1頁（1952年））において，歴史的・比較法的な視点からの詳細な研究をもとに，住所を重視すべきであることを主張し，それからしばらくして上記の最高裁大法廷判決が出されたのである。この大法廷判決は池原論文にもちろん言及してはいないが，判決の内容等から見てその影響を受けていることは明らかだと思われる。その他にも，国際裁判管轄を考えるうえでの財産法関係事件と家族法関係事件との異同，国際私法（抵触法規則）と国際裁判管轄との

推薦の辞

関係など，国際裁判管轄をめぐるさまざまな基本的な問題点が，先人によって半世紀以上前から精魂を込めて論じられていたことに，いささかの感慨を禁じ得なかった。法は人々の思考と議論の積み重ねによって発展する。現在の法は過去の議論と叡智の結晶であり，同様に現在の議論は将来の法の発展に繋がる。当然のことではあるが，あらためて議論とその蓄積の重要性を痛感した次第である。

　本書は，家事事件の国際裁判管轄に関する法案作成に当たった法制審議会部会における審議に備えるために設置された日弁連のバックアップ会議のメンバー（部会の委員・幹事も含む）が中心になって執筆された。私は一委員としてこの部会に出席していたが，このバックアップ会議が周到な準備をしていたであろうことは，部会における日弁連選出委員・幹事の発言を聞いていても容易に想像できた。本書の随所に示されている詳細で説得力のある説明は，各執筆者の努力と工夫の成果であると同時に，このバックアップ会議における議論の成果でもあるといえよう。手塚裕之座長，古田啓昌副座長はじめ関係各位の御尽力にあらためて敬意を表したい。

　本書の説明のなかで示されたさまざまな見解は，それ自体に賛成するか否かについては意見が分かれるものもあるかもしれないが，それが次の議論の礎となりこの分野の実務と理論の発展に大いに貢献するであろうことは，間違いない。今から半世紀・一世紀が経過したときに，法は議論によって発展するという例の1つとして，ちょうど20世紀半ばのいくつかの論攷がいま引かれるのと同じように，本書が引用されることになることを期待し確信しつつ，本書を推薦する次第である。

2019年6月

専修大学教授
早川　眞一郎

はしがき

　平成30年4月18日,「人事訴訟法等の一部を改正する法律」(平成30年法律20号)が成立した(同年4月25日公布。平成31年4月1日施行)。これまで,人事訴訟法及び家事事件手続法には国際的要素を有する人事訴訟事件・家事事件に関して,いかなる場合に日本の裁判所が国際裁判管轄を有するかについての明文規定がなく,実務は判例法理をもとに運用されていたところ,これらの事件の適正・迅速な解決を図るため,主として人事訴訟法,家事事件手続法の改正という形で,これらの事件についての国際裁判管轄を定める明文規定を置くこととなったものである。

　一般の民事事件(いわゆる財産関係事件)についての日本の裁判所の国際裁判管轄の規律に関しては,平成23年5月2日に公布された「民事訴訟法及び民事保全法の一部を改正する法律」(平成23年法律36号。平成24年4月1日施行)により,明文化が既に図られていたが,その立法過程において,当時,人事訴訟,家事事件については,家事事件手続法改正作業が進行中であることから,人事訴訟,家事事件(いわゆる身分関係事件)の国際裁判管轄立法はその他と切り離して検討を行うこととされた。

　財産関係事件についての国際裁判管轄立法がなされる以前は,国際裁判管轄に関して「直接規定する法規もなく,また,よるべき条約も一般に承認された明確な国際法上の原則もいまだ確立していない現状のもとにおいては,当事者間の公平,裁判の適正・迅速を期するという理念により条理にしたがって決定するのが相当」であり,「被告の居所……法人その他の団体の事務所又は営業所……義務履行地……被告の財産所在地……不法行為地……その他民訴法の規定する裁判籍のいずれかがわが国内にあるときは,これらに関する訴訟事件につき,被告をわが国の裁判権に服させるのが右条理に適う」との,「条理」を根拠とするいわゆる「逆推知説」と呼ばれる考え方が,マレーシア航空事件最高裁判決(最判昭和56年10月16日民集35巻7号1224頁)

はしがき

で示され，その場合でも「我が国で裁判を行うことが当事者間の公平，裁判の適正・迅速を期するという理念に反する特段の事情があると認められる場合には，我が国の国際裁判管轄を否定すべき」であるとの最判平成9年11月11日民集51巻10号4055頁によるいわゆる「特段の事情」による修正説が判例法理として存在していた。財産関係の国際裁判管轄立法は，かかる判例法理を原則として維持しつつ，「義務履行地」管轄を限定したり，「不法行為地」管轄を明確化するなど一定の修正，明確化を行い，他方で，消費者，労働関係など，一定の分野における新規な規律を導入したものと評価される。

これに対して，身分関係の国際裁判関係については，リーディングケースである離婚事件の国際裁判管轄に関する昭和39年の最高裁大法廷判決（最判昭和39年3月25日民集18巻3号486頁）において，「離婚の国際的裁判管轄権の有無を決定するにあたっても，被告の住所がわが国にあることを原則とすべき」であるが，「原告が遺棄された場合，被告が行方不明である場合その他これに準ずる場合」には日本の国際裁判管轄を認めるべきであるとの考えが示されていた。このような被告の応訴の利益，被告の手続保障を重視する伝統的な考え方に対しては，それをベースとしつつ，「遺棄」「行方不明」以外の例外事由をより具体的に明確化し，あるいは付加していく，というアプローチと，離婚や親子関係等の身分関係事件については，原告の住所や生活の本拠地の裁判所にアクセスを認めるのが国際的な潮流であるとして，原告住所地管轄を原則認めるアプローチという，異なる方向でのアプローチが，身分関係事件の国際裁判管轄立法の議論において，対立していた。詳細は各論に譲るが，結果的には，今回の立法は前者のアプローチを基本としつつ，「身分関係の当事者の双方が日本の国籍を有するとき」（改正人訴法3条の2第5号），原告住所が日本にあり，身分関係の当事者の「最後の共通の住所」が日本にあったとき（同6号），原告住所が日本にあり，他方当事者の住所国裁判所の確定判決が日本で効力を有しない（承認されない）など，「日本の裁判所が審理及び裁判をすることが当事者間の衡平を図り，又は適正かつ迅速な審理の実現を確保することとなる特別の事情があると認められるとき」（同7号）には，被告住所が日本になくても日本に国際裁判管轄を認めるこ

ととした。「特別の事情」による訴えの却下の規定（改正人訴法3条の5）も併せて導入されたことから，予見可能性・法的安定性の観点からの批判もありうるところであろうが，新法は「遺棄」「行方不明」以外の例外事由について，一定の明確化を図りつつ，個別事案における妥当な解決を可能にすることを重視したといえよう。

　もっとも，新法においては，人事訴訟事件について，財産関係事件と異なり，合意管轄や応訴管轄を認めていない。身分関係事件の公益的性格から，当事者の意思のみに基づく管轄を否定したものとされるが，原告住所が日本にあり，被告が応訴している場合や，合意管轄に基づく調停が日本で行われ，調停不調となった場合など，従来の実務で日本での審理が認められた事例もあり（竹下啓介「新しい人事訴訟事件の国際裁判管轄規定」論究ジュリストNo.27, 38頁注49（2018）），新法はそのような場合の国際裁判管轄を一律に否定する趣旨と考えるべきではないであろう。財産関係の国際裁判管轄立法の際，いわゆる緊急管轄に関する明文規定を導入すべきかが議論され，緊急管轄は，身分関係事件において問題となることが多いという認識のもとに，導入を見送った経緯があるが，結局新法においても一般的な緊急管轄の明文規定は導入されなかった。しかし，それにより個別の条文で定められたもの以外の緊急管轄的な管轄を認めることが否定されたわけではなく，応訴管轄的な管轄同様，明文では認められていないが，改正人事訴訟法3条の2第7号の特別の事情による管轄を認めた趣旨等に照らして，管轄を認めるべき場合がありうるであろう。

　改正家事事件手続法では，家事事件について，一定の事件類型ごとに別個の管轄規律が設けられることとなった。人事訴訟法では，最終的に人事訴訟に共通する一つの管轄規律が置かれることとなったが，中間試案の段階では，家事事件手続法と同様，いくつかの単位事件類型ごとの規律が提案されていた。本書の構成は，必ずしも改正法における管轄規律の構成と一致していないが，これは実務的な観点から，問題の所在が共通する事件類型ごとに管轄規律を分類しているためである。

はしがき

　国際的人事訴訟，家事事件の実務に通ずる実務家らの本書の各論における議論が，新法の解釈・運用にとって，参考になれば幸いである。なお，本書は，日本弁護士連合会の，法制審議会国際裁判管轄法制（人事訴訟事件及び家事事件関係）部会バックアップ会議のメンバーを中心とする実務家らにより執筆されたものであるが，本書における意見は執筆者個人としての意見であることに留意されたい。

2019年6月

執筆者を代表して
手　塚　裕　之

凡　例

1　本書中，法令名等の表記については，原則として省略を避けたが，括弧内においては以下の略号を用いた。
　　人訴法　　人事訴訟法
　　家事法　　家事事件手続法
　　民訴法　　民事訴訟法
　　特例法　　性同一性障害者の性別の取扱いの特例に関する法律
　　ハーグ条約実施法　　国際的な子の奪取の民事上の側面に関する条約の実施に関する法律
　　ハーグ子奪取条約　　国際的な子の奪取の民事上の側面に関する条約

2　判例については，以下の略記法を用いた。
　　最高裁判所平成28年3月10日判決最高裁判所民事判例集70巻3号846頁
　　　→最判平成28年3月10日民集70巻3号846頁

3　出展の表記については，以下の略号を用いた。
　　家月　　家庭裁判月報
　　民集　　最高裁判所民事判例集
　　高民　　高等裁判所民事判例集
　　判時　　判例時報
　　判タ　　判例タイムズ

目　次

総　論

池田　綾子 ……… 3

- 第1 新法制定の経緯・概要 ── 3
  - 1 財産法の国際裁判管轄と人事訴訟事件・家事事件の国際裁判管轄 …………………………………………………………… 3
  - 2 法制定まで ……………………………………………………… 4
  - 3 法制審議会部会での議論概観 ………………………………… 5
- 第2 総　論 ── 5
  - 1 国際裁判管轄についての基本的な考え方 …………………… 5
  - 2 管轄に関する一般的規定 ……………………………………… 6
  - 3 特別の事情による訴えの却下 ………………………………… 7
  - 4 緊急管轄 ………………………………………………………… 11
  - 5 合意管轄 ………………………………………………………… 17
  - 6 国際的手続競合 ………………………………………………… 19
  - 7 家事調停事件についての管轄権 ……………………………… 21
  - 8 応訴管轄 ………………………………………………………… 22
  - 9 日本における管轄裁判所 ……………………………………… 23
- 第3 今後の解釈に委ねたもの ── 26
  - 1 概　説 …………………………………………………………… 26
  - 2 各　論 …………………………………………………………… 26

目次

各　論

I　離婚・婚姻の取消し等に関する国際裁判管轄
　　　　　　　　　　　　　　　　　　　武田　昌則……39

第1　新法制定前の離婚・婚姻の取消し等に関する国際裁判管轄についての考え方 ── 39
1　2つの最高裁判例（昭和39年大法廷判決と平成8年判決）とその関係 …… 39
2　原告の住所を管轄原因とする考え方について …… 42

第2　制定された条文の内容とその規律および解釈上の問題点 ── 44
1　3条の2第1号（被告の住所地管轄）…… 44
2　3条の2第2号（身分関係の当事者双方に対する訴えにつき一方又は双方当事者の住所地管轄）…… 45
3　3条の2第3号（被告死亡時住所地管轄）…… 45
4　3条の2第4号（身分関係の当事者双方に対する訴えにつき一方又は双方当事者の死亡時住所地管轄）…… 45
5　3条の2第5号（本国管轄）…… 46
6　人事訴訟法3条の2第6号（最後の共通の住所地管轄）…… 48
7　人事訴訟法3条の2第7号（原告住所地に管轄を認めるべき特段の事情）…… 49

第3　その他の関連問題・新法後も残された問題の検討 ── 52
1　合意管轄・応訴管轄が否定されたことに伴う問題の検討 …… 52
2　外国で認められた同性婚の解消に関する問題の検討 …… 53

II　財産分与その他離婚の附帯請求（子に関するものを除く）
　　　　　　　　　　　　　　　　　　　池田　綾子……57

第1　財産分与の請求の2つの場面 ── 57

- 第2 財産分与—家事事件手続法の国際裁判管轄の規定 ———— 58
- 第3 財産分与—人事訴訟法の国際裁判管轄の規定 ———————— 61
- 第4 離婚および財産分与の調停の場合 ———————————— 62
- 第5 財産分与と財産所在地 ————————————————— 63
- 第6 財産分与と不動産の登記移転 ——————————————— 64
- 第7 財産分与と保全処分 —————————————————— 65
- 第8 新法下で，外国で財産分与請求のみを行う場合の保全処分 ——— 69
- 第9 厚生年金保険法78条の2第2項の規定による処分の国際裁判管轄 ———————————————————————— 71

III 実親子に関する国際裁判管轄

近藤　博徳 ……… 73

- 第1 はじめに ——————————————————————— 73
  - 1 実親子関係訴訟と準拠法，国際裁判管轄 ………………………… 73
  - 2 実親子関係訴訟の類型ごとの検討 ………………………………… 75
  - 3 国際裁判管轄を定めるにあたっての要考慮事項 ………………… 76
- 第2 嫡出否認の訴え ————————————————————— 78
  - 1 概　要 ……………………………………………………………… 78
  - 2 裁判管轄について ………………………………………………… 78
- 第3 認知の訴え ——————————————————————— 79
  - 1 概　要 ……………………………………………………………… 79
  - 2 裁判管轄について ………………………………………………… 80
  - 3 7号により裁判管轄を認めることを検討する必要性が生じる場面 ……………………………………………………………… 81
  - 4 調停前置の実効性 ………………………………………………… 83
- 第4 認知の無効および取消しの訴え —————————————— 84
  - 1 認知無効の訴えの概要 …………………………………………… 84
  - 2 認知取消しの訴えの概要 ………………………………………… 85
  - 3 裁判管轄について ………………………………………………… 87

4　認知無効・取消しの訴えの国際裁判管轄を定めるにあたって
　　考慮すべき事柄 ··· *88*
第5　父を定めることを目的とする訴え（民法773条） ──────── *89*
　1　概　要 ·· *89*
　2　渉外事件における「父を定めることを目的とする訴え」の可
　　能性 ··· *89*
　3　父を定めることを目的とする訴えの当事者 ···························· *91*
　4　子が原告となり，母の配偶者および前配偶者を被告とする訴
　　えの裁判管轄 ··· *92*
　5　母が原告となり，母の配偶者および前配偶者を被告とする訴
　　えの裁判管轄 ··· *94*
　6　その他の訴えの場合の裁判管轄 ·· *97*
第6　実親子関係存否確認の訴え ───────────────── *98*
　1　概　要 ·· *98*
　2　身分関係の当事者間の実親子関係存否確認の訴えの裁判管轄 ····· *98*
　3　第三者から身分関係の当事者に対する訴えの裁判管轄につい
　　て ··· *100*
第7　審判・調停事件における国際裁判管轄 ──────────── *101*
　1　嫡出否認の訴えの特別代理人の選任の審判事件の管轄権（家
　　事法3条の4） ·· *101*
　2　家事調停事件の管轄権（家事法3条の13） ··························· *101*

IV　養子に関する国際裁判管轄

平田　厚······ *103*

第1　はじめに ─────────────────────────── *103*
第2　養親子に関する人事訴訟事件の国際裁判管轄 ───────── *103*
　1　制定された条文の内容 ·· *103*
　2　人事訴訟事件の国際裁判管轄に関する規律 ··························· *105*
第3　養子縁組の許可の審判事件の国際裁判管轄 ──────────── *105*

1　制定された条文の内容 …………………………………………… *105*
　　2　養子縁組の許可の審判事件の国際裁判管轄に関する規律 ……… *106*
　第4　死後離縁の許可の審判事件の国際裁判管轄 ───────── *108*
　　1　制定された条文の内容 …………………………………………… *108*
　　2　死後離縁の許可の審判事件の国際裁判管轄に関する規律 ……… *108*
　第5　特別養子縁組の離縁を目的とする審判事件の国際裁判管轄 ─── *109*
　　1　制定された条文の内容 …………………………………………… *109*
　　2　特別養子縁組の離縁を目的とする審判事件の国際裁判管轄に
　　　関する規律 ………………………………………………………… *110*
　第6　諸外国における養子制度の概要 ───────────── *111*

Ⅴ　親権・子の監護に関する事件等の国際裁判管轄

近藤　博徳…… *119*

　第1　親権・子の監護に関する審判事件等の国際裁判管轄 ────── *119*
　　1　裁判管轄に関する規定 …………………………………………… *119*
　　2　子の「居所」を管轄原因に含むこと …………………………… *120*
　　3　日本に住所又は居所を有しない子に関する親権及び子の監護
　　　に関する審判事件の国際裁判管轄 ………………………………… *120*
　　4　日本に住所又は居所を有しない子に関する事件の裁判管轄
　　　──いわゆる「ミラーオーダー」に関する調停手続について …… *122*
　　5　暫定的な保護措置のための裁判管轄 …………………………… *123*
　　6　常居所地国から不法に連れ去られ又は不法に留置された子に
　　　関する裁判管轄と審判手続の停止 ………………………………… *124*
　第2　婚姻の取消しや離婚に伴う子の監護者の指定その他の子の監
　　　護に関する処分についての裁判管轄権 ───────────── *125*

Ⅵ　成年後見・未成年後見・不在者の財産管理・失踪宣告の国際裁判管轄

目 次

平田　厚……*127*

第1 成年後見に関する審判事件の国際裁判管轄 ——————— *127*
 1 成年後見に関して新たな規律が設けられなかった経緯………… *127*
 2 任意後見に関して新たな規律が設けられなかった経緯………… *129*
第2 未成年後見に関する審判事件の国際裁判管轄 ——————— *131*
 1 制定された条文の内容 ……………………………………………… *131*
 2 未成年後見に関する審判事件の国際裁判管轄の規律…………… *132*
第3 不在者の財産管理に関する審判事件の国際裁判管轄 ——————— *133*
 1 制定された条文の内容 ……………………………………………… *133*
 2 不在者の財産管理に関する審判事件の国際裁判管轄の規律…… *133*
第4 失踪宣告に関する審判事件の国際裁判管轄 ——————— *134*
 1 制定された条文の内容 ……………………………………………… *134*
 2 失踪宣告に関する審判事件の国際裁判管轄の規律 ……………… *135*

Ⅶ　扶養に関する国際裁判管轄

武田　昌則……*137*

第1 新法制定前の扶養に関する国際裁判管轄についての考え方 —— *137*
 1 扶養義務者の住所地管轄 …………………………………………… *137*
 2 扶養権利者の住所地その他の管轄………………………………… *137*
第2 制定された条文の内容とこれに基づく規律，および関連する
　 問題点等について ——————————————————— *140*
 1 制定された条文の内容とこれに基づく規律 ……………………… *140*
 2 関連する問題点等について ………………………………………… *142*

Ⅷ　相続に関する事件の国際裁判管轄

増田　勝久……*147*

第1 相続に関する事件の意義 ——————————————— *147*
第2 相続に関する審判事件の原則的国際裁判管轄 ——————— *148*

目 次

　　　1　相続に関する審判事件に関する改正法の規定 …………… *148*
　　　2　管轄規定の適用範囲 ……………………………………… *150*
　　　3　緊急管轄について ………………………………………… *154*
　第 3　相続財産の管理等に関する審判事件の国際裁判管轄の特則 ── *155*
　　　1　国際裁判管轄規定の特則 ………………………………… *155*
　　　2　管轄規定の適用範囲 ……………………………………… *155*
　第 4　相続に関する調停事件の国際裁判管轄 ──────────── *155*
　　　1　調停事件の意義 …………………………………………… *155*
　　　2　国際的裁判管轄の規定 …………………………………… *156*
　　　3　管轄規定の適用範囲 ……………………………………… *156*

IX　併合請求・関連請求・反訴

古田　啓昌 …… *157*

　第 1　人事訴訟における訴訟集中主義と国際裁判管轄 ────── *157*
　第 2　通常の主観的併合・客観的併合における国際裁判管轄 ─── *159*
　　　1　現在の実務 ………………………………………………… *159*
　　　2　新法の内容 ………………………………………………… *161*
　　　3　現行実務への影響 ………………………………………… *163*
　第 3　関連請求の国際裁判管轄 ─────────────── *163*
　　　1　現在の実務 ………………………………………………… *163*
　　　2　新法の内容 ………………………………………………… *164*
　　　3　現行実務への影響 ………………………………………… *166*
　第 4　反訴の国際裁判管轄 ──────────────── *166*
　　　1　現在の実務 ………………………………………………… *166*
　　　2　新法の内容 ………………………………………………… *168*
　　　3　現行実務への影響 ………………………………………… *170*
　第 5　附帯処分の国際裁判管轄 ─────────────── *171*
　　　1　現在の実務 ………………………………………………… *171*
　　　2　新法の内容 ………………………………………………… *172*

xv

|　　3　現行実務への影響……………………………………………… *174*
第 6　家事事件の併合申立てにおける国際裁判管轄 ———————— *175*
　　1　現在の実務…………………………………………………… *175*
　　2　新法の内容…………………………………………………… *176*
　　3　現行実務への影響…………………………………………… *176*

X　保全命令

手塚　裕之・小枝　未優…… *179*

第 1　保全——人事訴訟事件における国際裁判管轄 ———————— *179*
　　1　新法における規律…………………………………………… *179*
　　2　新法の趣旨…………………………………………………… *180*
　　3　個別の管轄原因についての検討…………………………… *180*
第 2　保全——家事審判事件における国際裁判管轄 ———————— *185*
　　1　現行法の規律………………………………………………… *185*
　　2　本法改正における議論……………………………………… *185*
　　3　今後の解釈運用……………………………………………… *187*

XI　外国裁判の承認・執行

古田　啓昌…… *189*

第 1　外国裁判の承認 ———————————————————————— *189*
　　1　外国裁判の承認とは………………………………………… *189*
　　2　人事訴訟に関する外国裁判の承認………………………… *190*
　　3　家事事件に関する外国裁判の承認………………………… *195*
第 2　外国裁判の執行 ———————————————————————— *197*
　　1　現在の実務…………………………………………………… *197*
　　2　新法の内容…………………………………………………… *199*
　　3　現行実務への影響…………………………………………… *202*

巻末資料

人事訴訟法等の一部を改正する法律新旧対照条文 ——————— 205
  1 人事訴訟法（平成15年法律第109号）……………………… 205
  2 家事事件手続法（平成23年法律第52号）…………………… 209
  3 民事執行法（昭和54年法律第4号）………………………… 222
  4 船舶油濁損害賠償保障法（昭和50年法律第95号）………… 224
人事訴訟法等の一部を改正する法律（平成30年法律第20号）附則 ——— 225

索　引 …………………………………………………………… 227

総論

池田　綾子

第1　新法制定の経緯・概要

1　財産法の国際裁判管轄と人事訴訟事件・家事事件の国際裁判管轄

　ある事件を，どこの国の裁判所で提起することができるか，どこの国の裁判所が管轄を有するか，これが，国際裁判管轄の問題である。

　このうち，財産法の国際裁判管轄については，2008（平成20）年10月から法制審議会の部会での検討を開始し，2010（平成22）年2月に「国際裁判管轄法制の整備に関する要綱」が採択された後，2011（平成23）年4月に民事訴訟における国際裁判管轄を定める法律が民事訴訟法等の改正の形で成立し，2012年4月1日にこれが施行された。

　この検討のころ，家事事件の審判について定めていた「家事審判法」の改正が予定されていたことから，人事訴訟及び家事事件の国際裁判管轄については，家事審判法改正後に検討することとされた。法制審議会の非訟事件手続法・家事審判法部会は，2009（平成21）年3月から，2011（平成23）年1月まで開催されていた。その後，家事審判等について定める新法である，家事事件手続法が2011（平成23）年5月に成立し，2013（平成25）年1月に施行されたが，これを前提として，人事訴訟及び家事事件の国際裁判管轄についても法制化の検討が始められた。

　広い意味での「国際私法」では，国際裁判管轄や準拠法で，よく家事事件が問題となる。財産法の中で，契約に関しては，多くの場合，裁判管轄や準拠法が契約中で定められ，あるいは，仲裁による解決をあらかじめ約束しているため，これらが問題となることは必ずしも多いとはいえない。一方，財産法の中でそのようなことができない不法行為については，様々な事例があり，訴訟等で実際に問題となってきた。これに類似して，人事訴訟・家事事件については，当事者間であらかじめ管轄や準拠法の定めをすることはまれであり，しかも仮に定めをしてもそれがどこまで拘束力があるかという問題

もあるため，管轄や準拠法が問題となることが多い。

　人事訴訟及び家事事件の国際裁判管轄は，「人事訴訟法等の一部を改正する法律」（平成30年法律20号）に定められ，公布の日である2018（平成30）年4月25日から1年6月以内に施行されるとされた。その後，同法の施行日を2019年4月1日とする政令が出された。国際裁判管轄の定めは，人事訴訟法と家事事件手続法の改正で，それぞれの法律に新たな条文として加えられた。

　国際裁判管轄について定める新法は，これまで判例等により積み上げられてきた考え方と連続的なものとして制定されており，新法施行によって大きな変更となる点は極めて限られている。

2　法制定まで

　人事訴訟及び家事事件の国際裁判管轄については，2012（平成24）年1月に，学者らによる諸外国の法制についての調査結果が，「人事訴訟事件等についての国際裁判管轄に関する外国法制等の調査研究報告書」として取りまとめられた[1]。その後，2012（平成24）年11月から2014（平成26）年1月まで，学者らを中心とする研究会（「人事訴訟事件等についての国際裁判管轄法制研究会」）が開催された[2]。その上で，2014（平成26）年4月に法制審議会の「国際裁判管轄（人事訴訟事件及び家事事件関係）部会」が設置され，部会は，平成26年4月25日開催の第1回会議から平成27年9月18日開催の第18回会議まで行われた。この間，2015（平成27）年2月27日には中間試案が取りまとめられ，これに対するパブリックコメントが平成27年3月19日から5月15日までの間求められた。そして，その後議論の末，同年9月18日に要綱案が取りまとめられ，同年10月9日，法制審議会総会（第175回会議）において，要綱が採択された。その後の国会情勢により，最終的には，2018（平成30）年の第196回国会（常会）で審議され，前記のとおり成立に至った。

---

[1] http://www.moj.go.jp/content/000103358.pdf
[2] https://www.shojihomu.or.jp/kenkyuu/jinjisosho　公益社団法人商事法務研究会のウェブサイトに資料や議事要旨が掲載されている。

3 法制審議会部会での議論概観

　法制審議会部会において，議論の中心となったのは，人事訴訟・家事事件の中でも最も数の多い離婚事件についてである。

　これについて，原告所在地での離婚請求を認める例が諸外国でもある程度認められている状況から，原告所在地を中心に考えるべきであるとする説と，従来の判例がとる被告住所地を原則とする説を軸として，議論が重ねられた。

　そして，家事事件手続法の別表に定める単位事件類型ごとに，管轄をどのように考えていくかを検討することとし，中間試案でもその枠組みで考え方を提示した。もっとも，家事事件手続法の別表に掲げてある事件には，相当程度行政的作用と考えられるものもあり，その多くについては，最終的には管轄に関する特段の規定を設けないこととなった。

　試案をパブリックコメントに付したあと，取りまとめに向けての議論がなされ，要綱案の段階では，単位事件類型ごとではなく，ある程度まとまりをもったものについて定める形式となった。

　以下，人事訴訟及び家事事件の国際裁判管轄全般に関する事項について新法を紹介する。

第2 総論

1 国際裁判管轄についての基本的な考え方

　国際裁判管轄について，今回の法制定前は，法律の定めがなかったため，判例の定めるところによっており，判例がない部分については，それぞれの裁判所の判断によってきた。

　前述のとおり，国際裁判管轄では，離婚事件が問題となる例が非常に多く，そこで基本となる判例は，最大判昭和39年3月25日（民集18巻3号486頁）と最判平成8年6月24日（民集50巻7号1451頁）である。

　最判昭和39年3月25日は，外国人夫婦間の離婚訴訟についてのものである。妻である原告（上告人）は，元日本人であったが，朝鮮人である被告（被上告人）と結婚し，上海で暮らした後，朝鮮に帰国した。その後，原告（上告

人）は，朝鮮から日本に引き揚げてきたが，被告からはその後連絡もなく所在も不明というものであった。裁判所は，

> 「離婚の国際的裁判管轄権の有無を決定するにあたっても，被告の住所がわが国にあることを原則とすべきことは，訴訟手続上の正義の要求にも合致し，また，いわゆる跛行婚の発生を避けることにもなり，相当に理由のあることではある。しかし，他面，原告が遺棄された場合，被告が行方不明である場合その他これに準ずる場合においても，いたずらにこの原則に膠着し，被告の住所がわが国になければ，原告の住所がわが国に存していても，なお，わが国に離婚の国際的裁判管轄権が認められないとすることは，わが国に住所を有する外国人で，わが国の法律によっても離婚の請求権を有すべき者の身分関係に十分な保護を与えないこととなり（略），国際私法生活における正義公平の理念にもとる結果を招来することとなる。」

として，わが国の裁判所に管轄権を認めた。原則は被告の住所地であり，例外として，「原告の遺棄」「被告の行方不明」その他これに準ずる場合に，原告の住所地にも管轄を認めるものである。

最判平成8年6月24日は，後に「緊急管轄」のところで，詳しく論ずるが，当事者が「我が国に離婚請求訴訟を提起する以外に方法はないと考えられ」る状況のもとで，「本件離婚請求訴訟につき我が国の国際裁判管轄を肯定することは条理にかなう」とした。

新法は，これらの考え方と連続的なものとするが，「原告が遺棄された」ということが実体に踏み込んでおり，管轄を決定するには適切ではないと考えられたため，その点を別の形で定めることになった。

全般的に，これまでの判例や実務の取扱いを大きく変える部分は少ないといってよいが，これまで必ずしも明らかでなかった点を明確化した部分はある。

2 管轄に関する一般的規定

裁判所は，管轄に関する事項について職権証拠調べをすることができる。財産法に関しては，民事訴訟法3条の11（職権証拠調べ）で，「裁判所は，日本の裁判所の管轄権に関する事項について，職権で証拠調べをすることができる。」と定めており，人事訴訟法には特別の規定がないが，民事訴訟法の

この規定が、人事訴訟でも適用されることとなる[3]。

管轄の標準時については、民事訴訟法3条の12（管轄権の標準時）において、「日本の裁判所の管轄権は、訴えの提起の時を標準として定める。」とされており、人事訴訟でもこれが適用されることとなる。

新たに定められた家事事件手続法3条の15は、「日本の裁判所の管轄権は、家事審判若しくは家事調停の申立てがあった時又は裁判所が職権で家事事件の手続を開始した時を標準として定める。」としている。

3 特別の事情による訴えの却下

(1) 人事訴訟法および家事事件手続法の規定

日本の裁判所に管轄があるものの、他国の裁判所で審理をなすべきという場合については、「特別の事情による訴えの却下」の規定がある。

人事訴訟法および家事事件手続法は、以下のとおり定めている。

> （特別の事情による訴えの却下）
> **人事訴訟法3条の5** 裁判所は、訴えについて日本の裁判所が管轄権を有することとなる場合においても、事案の性質、応訴による被告の負担の程度、証拠の所在地、当該訴えに係る身分関係の当事者間の成年に達しない子の利益その他の事情を考慮して、日本の裁判所が審理及び裁判をすることが当事者間の衡平を害し、又は適正かつ迅速な審理の実現を妨げることとなる特別の事情があると認めるときは、その訴えの全部又は一部を却下することができる。

> （特別の事情による申立ての却下）
> **家事事件手続法3条の14** 裁判所は、第3条の2から前条までに規定す

---

[3] 人事訴訟法は、1条において「この法律は、人事訴訟に関する手続について、民事訴訟法（平成8年法律第109号）の特例等を定めるものとする。」と定めており、人事訴訟法29条1項は、「人に関する訴えについては、民事訴訟法第3条の2から第3条の10まで、第145条第3項及び第146条第3項の規定は、適用しない。」とする。民事訴訟法3条の11および3条の12は人に関する訴えについて適用される。

総 論

> る事件について日本の裁判所が管轄権を有することとなる場合……においても，事案の性質，申立人以外の事件の関係人の負担の程度，証拠の所在地，未成年者である子の利益その他の事情を考慮して，日本の裁判所が審理及び裁判をすることが適正かつ迅速な審理の実現を妨げ，又は相手方がある事件について申立人と相手方との間の衡平を害することとなる特別の事情があると認めるときは，その申立ての全部又は一部を却下することができる。

　他の規定に従って日本の裁判所が管轄権を有することとなっても，裁判所が特別の事情があると認めるときに却下をすることができると定めるものである。

　この規定自体は，財産法に関する国際裁判管轄について，民事訴訟法3条の9で定めるのと同様の趣旨である。人事訴訟・家事事件については，考慮事項として，「未成年者である子の利益」が明示的に加わっている。

　日本国内であれば，「訴訟がその管轄に属する場合においても，当事者及び尋問を受けるべき証人の住所，使用すべき検証物の所在地その他の事情を考慮して，訴訟の著しい遅滞を避け，又は当事者間の衡平を図るため必要があると認めるときは，申立てにより又は職権で，訴訟の全部又は一部を他の管轄裁判所に移送することができる。」（民訴法17条）として，日本国内の他の裁判所に移送し，却下とはならない点が異なっている。

(2)　財産法上の同様の国際裁判管轄規定の適用例

　この規定がどのような場合に用いられることになるのかについての参考として，民事訴訟法の規定に関する判例がある。最判平成28年3月10日民集70巻3号846頁である。これは，米国法人がウェブサイトに掲載した記事による名誉等の毀損を理由とする不法行為に基づく損害賠償請求訴訟について，当該訴訟が，その提起当時に既に米国の裁判所に訴訟が係属していた被告の株式の強制的な償還等に関する当事者間の紛争から派生したものであり，本案の審理において想定される主な争点についての証拠方法が主に米国に所在するなどの事情がある場合においては，民事訴訟法3条の9にいう特別の事情があると判示されたものである。

下級審では，公海上で発生した外国船籍船舶間の衝突事故において，損害を受けた船舶が最初に到達した地を管轄する裁判所に提起された外国法人間の損害賠償の訴えについて，我が国の国際裁判管轄が否定された事例（仙台高判平成23年9月22日判タ1367号240頁）もある。

(3) 新法下での適用

新法の下で，特別事情による却下がなされる場合として，いくつかのことが考えられている。

人事訴訟法3条の4は，日本の裁判所が離婚について管轄権を有するときに，子の監護に関する処分についての裁判及び親権者の指定についての裁判に係る事件について管轄権を有すると定める。この規定について，人事訴訟法3条の5（特別の事情による訴えの却下）に「当該訴えに係る身分関係の当事者間の成年に達しない子の利益その他の事情を考慮して」とあることに鑑み，子が日本にいないときには，子の監護に関する処分や，場合によっては離婚請求もあわせて，特別事情による却下を認めるべき場合があるとの意見がある[4]。

新法下では，離婚事件等の人事に関する訴えにおいて，双方当事者が日本国籍を有していれば，ともに外国に居住していても日本の裁判所が管轄を有するという本国管轄を認めることとなった（人訴法3条の2第5号）が，これについて，特別事情による訴えの却下の余地があるのではないかといわれている。

一つは，昭和60年1月1日施行の改正国籍法により，父系優先血統主義から父母両系血統主義になったことから，今後日本国籍を有する者の数が増え，日本とほとんど関係がない者が出てくるのではないか，そのような者たち同

---

4) 座談会　高田裕成ほか「渉外的な人事訴訟・家事事件にかかる手続法制」論究ジュリストNo.27，16頁（2018）［大谷美紀子発言］。例として挙がっているのは，夫婦の最後の共通住所地が日本，原告の住所も日本にあり，被告が原告の同意を得て子どもを連れて外国に移住した場合である。当事者の最後の共通住所地と原告の住所が日本にあることから，人事訴訟法3条の2第6号により，日本の裁判所に離婚の管轄権がある。しかし子は外国におり，子自身の意見が聴かれる権利という子自身の手続保障もあり，子の住所地の裁判所が最もよく子の監護を判断するのに適しているであろうことから，子の監護については却下，あるいは場合によっては離婚もあわせて却下することが考えられるとする。

士の間の離婚事件について，却下することも出てくるだろう，との考えがある[5]。日本の戸籍に登載されていても，日本語を解することはなく，日本に来たこともない，といった者同士の場合に，戸籍だけのことで管轄を認めることになるかという問題である。

また，身分関係の当事者の双方が外国に住所を有する日本人である場合において，第三者が当該身分関係に関する訴えを日本の裁判所に提起した場合に，特別の事情が認められるとの意見がある[6]。

当事者双方が日本人であって，未成年の子がおり，ともに外国に住んでいる場合，あるいは，ハーグ子奪取条約[7]で問題となるような，一方の親による日本への子の連れ去りの事案では，この離婚の本国管轄の問題は深刻なものとなりそうである。

これは，日本で離婚の裁判を行えば，当然に日本法が適用となり[8]，子については単独親権となる（民法819条）ことによる。一方，欧米諸国の多くは，原則として離婚後の子について共同親権となっており，外国の裁判所においては，日本人同士の離婚の裁判であっても，共同親権とされることが多い[9]。親権者となることができないと予想される当事者（多くの場合は父親）は，共同親権を認める外国の裁判所で離婚の裁判を行いたいと考えるであろう。このような場合に，子が日本にいないとすれば，子の親権者を定めるについて十分な情報がないとして，子の監護についての処分を特別事情により却下する，あるいは，日本法では，離婚時において親権者を定めることが必須となっているため，離婚請求そのものを却下する場合があるのではないかと考

---

5) 高田ほか・前掲注4）14頁［追坦內止人発言］
6) 竹下啓介「新しい人事訴訟事件の国際裁判管轄規定」論究ジュリストNo.27，37頁 注45）（2018）。法制審部会第15回議事録30頁［和波宏典幹事発言］参照とある。
7) 正式名称は，「国際的な子の奪取の民事上の側面に関する条約」
8) 法の適用に関する通則法27条により，離婚の場合は婚姻の規定（25条）が準用され，「夫婦の本国法が同一であるときはその法によ」ることとなる。ここでは，夫婦について，本国法がいずれも日本法である。
9) 例えば，カナダでは，法廷地法であるカナダの法律によって離婚や離婚後の子の監護について判断されるとのことである。前掲注6）36頁注38）。竹下は，原告による法廷地選択が現実にどのように機能するか，今後の裁判例の展開に留意する必要があろう，とする。

えられる。

　ところで，子の監護に関する処分については，家事事件手続法3条の8により，日本の裁判所は，「子の住所が日本国内にあるときは，管轄権を有する。」とされている。子の「住所」に関連し，一方の親が，外国から，他方の親の同意なく子を日本に連れてきている場合はどうか。すなわち，ハーグ子奪取条約で返還請求がなされるような場面である。この場合，残された親（Left Behind Parent, LBPと呼ばれる）が連れ去り親（Taking Parent, TPと呼ばれる）に対して子の返還請求をしている場合には，親権者の指定や子の監護に関する処分について裁判をしてはならないことになっている（ハーグ条約実施法152条）。ハーグの返還請求手続が迅速な手続である[10]ことにも鑑み，妥当な規定であると考えられるが，この点は，ハーグ条約を締結していない国との関係でも同様の考慮が必要な場合があると考えられる。

　すなわち，ハーグ条約非締結国から日本に子が不法に連れ去られたとして，日本の裁判所において子の返還を求める裁判が提起されたような場合には，子の住所が日本国内にあるように見えても，日本で親権や子の監護に関する処分をすることには問題がある。「住所」の解釈を検討するか，「特別事情による却下」の構成をとるか，方法はいくつか考えられるが，日本での管轄が否定される場合があると考えられる。

4 緊急管轄
(1) 緊急管轄とは

　緊急管轄とは，我が国における管轄原因が認められない場合であっても，訴えを却下してしまうことが看過できない不正義をもたらす場合には，例外的に国際裁判管轄を認めるべきであるという考え方に基づき，日本の管轄権を認めることである。

---

[10] ハーグ条約実施法（正式名称は，「国際的な子の奪取の民事上の側面に関する条約の実施に関する法律」）151条では，「子の返還申立事件の申立人又は外務大臣は，子の返還の申立てから6週間が経過したときは，当該子の返還申立事件が係属している裁判所に対し，審理の状況について説明を求めることができる。」と定めており，実際，家庭裁判所は，通常，申立てから6週間以内に決定を発出している。

(2) **財産法に関する国際裁判管轄検討の際の議論**

　財産権上の訴えに関する法制審議会国際裁判管轄法制部会において，このような規定を設けるべきかどうか議論されたが，これまで財産権法の分野で緊急管轄が問題となった裁判例がなく，また，財産権上の訴えにおいて緊急管轄が問題となりうる事案も想定し難く，具体的な要件を定めることが困難であることなどを考慮し，特段の規定は設けないこととされた[11]。当時から，人事に関する訴えについては，緊急管轄が問題となった次の裁判例があることは認識されていた。

　第2総論で述べた，最判平成8年6月24日民集50巻7号1451頁では，日本に居住する日本人夫がドイツに居住するドイツ人妻に対する離婚請求訴訟を日本の裁判所に提起したものである。これに先立ち，ドイツ人妻が日本人夫に対してドイツの裁判所で離婚請求訴訟を提起し，公示送達がなされ，夫は応訴しないまま，請求認容の判決が確定していた。日本の裁判所は次のように述べた。

> 「ドイツ連邦共和国においては，前記一3記載の判決の確定により離婚の効力が生じ，被上告人（注・日本人夫）と上告人との婚姻は既に終了したとされている（記録によれば，上告人は，離婚により旧姓に復している事実が認められる。）が，我が国においては，右判決は民訴法200条2号（注・現在の民訴法118条2号）の要件を欠くためその効力を認めることができず，婚姻はいまだ終了していないといわざるを得ない。このような状況の下では，仮に被上告人がドイツ連邦共和国に離婚請求訴訟を提起しても，既に婚姻が終了していることを理由として訴えが不適法とされる可能性が高く，被上告人にとっては，我が国に離婚請求訴訟を提起する以外に方法はないと考えられるのであり，右の事情を考慮すると，本件離婚請求訴訟につき我が国の国際裁判管轄を肯定することは条理にかなうというべきである。」

　このように，他国での裁判が不可能または著しく困難であるといった事情がある場合には，日本での管轄を認めざるをえないと考えられる。

---

11) 佐藤達文・小林康彦編著『一問一答・平成23年民事訴訟法等改正　国際裁判管轄法制の整備』181頁（商事法務，2012）「同部会配布資料12・17及び第5・9回会議事録参照」とある。

(3) 新法での緊急管轄に関する規定

新法では，緊急管轄の考え方を示す規定がいくつかある。

人事訴訟法3条の2（人事に関する訴えの管轄権）の7号は，次のとおりとなっている。

> 「日本国内に住所がある身分関係の当事者の一方からの訴えであって，……他の一方の住所がある国においてされた当該訴えに係る身分関係と同一の身分関係についての訴えに係る確定した判決が日本国で効力を有しないときその他の日本の裁判所が審理及び裁判をすることが当事者間の衡平を図り，又は適正かつ迅速な審理の実現を確保することとなる特別の事情があると認められるとき。」

この規定は，まさに，上記最判平成8年判決の場合の管轄を定めるものとなっている。

また，家事事件手続法3条の7（特別養子縁組の離縁の審判事件の管轄権）の5号にも，次の定めがある。

> 「日本国内に住所がある養子からの申立てであって……養親の住所がある国においてされた離縁に係る確定した裁判が日本国で効力を有しないときその他の日本の裁判所が審理及び裁判をすることが養親と養子との間の衡平を図り，又は適正かつ迅速な審理の実現を確保することとなる特別の事情があると認められるとき。」

このほか，家事事件手続法3条の12（財産の分与に関する処分の審判事件の管轄権）にも同様の定めがある。

これらの条項においては，申立人や原告の住所が日本にあり，その上で「日本の裁判所が審理及び裁判をすることが当事者間の衡平を図り，又は適正かつ迅速な審理の実現を確保することとなる特別の事情があると認められるとき。」としており，申立人や原告が日本にいることが要件になっている。

以上のように，それぞれの事件類型に関して，緊急管轄の考え方を反映し

た条項が入れられたが，一般条項としての緊急管轄の条項は定められなかった。財産権についての法制審議会部会での検討に照らせば，人事に関する訴訟では緊急管轄が問題となる例は多いと考えられ，法制審議会の部会でも共通の認識であった[12]が，条文を設けることが容易でないとして，条文化は見送られた。

したがって，上記のように各論に緊急管轄の趣旨の規定があるからといって，それ以外の規定について緊急管轄を否定する趣旨でないことはもちろんである。また，上記のような緊急管轄の趣旨を定める文言の要件にそのまま該当しない場合でも，緊急管轄が認められる場合がありうることを念頭に置いておく必要がある。

例えば，上記の規定では，いずれも原告や申立人が日本に住所を有することが要件となっているが，原告が外国にいても，日本の裁判所の管轄を認めなければ不都合な場合があり，緊急管轄が認められる場合も考えられる。最判平成8年判決の事件で，日本人夫がドイツ在住であったとしてみよう。この場合，日本人夫がドイツの公示送達を経た離婚判決を戸籍に反映しようとしても，判決上公示送達によって訴訟が開始したことが明白であるとすれば，外国判決の承認は日本でなされない[13]ため，戸籍への離婚の記載は不可能であると考えられ，日本人夫の戸籍は，離婚していない状況のままとなってしまう。そうすると，この日本人夫が自分の戸籍に離婚を反映させようとすれば，日本における判決を取得するしかなく，これを封ずることは著しく正義に反すると考えられる。

---

12) 高田ほか・前掲注4) 19頁　高田裕成発言「緊急管轄自体を否定する趣旨ではないということを，この機会に改めて確認しておきたいと思います。」，山本和彦発言「要件が難しいというのはそのとおりかと思いますし，(中略) あとは解釈論ということで結論としてはしようがなかったかと思います。」，内野宗揮発言「今回このような法制に至っておりますけれども，緊急管轄は否定されていないというところは，1つの我々の部会の意思だったと思います。」など。

13) 日本の戸籍実務では，民事訴訟法118条の要件を「明らかに」満たさない場合は受理できないとされている（平成元年10月2日法務省民二3900通達第2の2前段参照）。民事訴訟法118条2号は，外国判決が公示送達以外の方法で送達されて開始したか応訴がなされたことが要件となっているため，公示送達によって開始された離婚判決では，日本での離婚届（報告的届出）として受理することができない。

新法の下で，我が国の裁判所が条文上管轄を持たないことになってしまうことにより，著しく不都合な結果となる場合に，代理人としては，簡単にあきらめることなく，緊急管轄の主張を考える必要がある。

(4) **緊急管轄が認められると考えられる例**

これまで国際裁判管轄を検討する中で，日本の裁判所が条文上管轄を持たないことになってしまって不都合であると考えられる場合がいくつかあり，現時点で，このような場合には緊急管轄が認められるべきであると考えられる。

　ア　一定の場合の相続の放棄

相続に関しては，家事事件手続法3条の11により，「相続開始の時における被相続人の住所が日本国内にあるとき」に日本の裁判所が管轄権を有するとされ，外国に住所を有していたときには，日本の裁判所には管轄権がないものとされている。ただし，遺産の分割に関する審判事件については，当事者の合意管轄の規定がある。

被相続人である日本人が，外国で多額の債務を負って亡くなった場合に，日本にいる相続人が相続の放棄をして相続債務の支払を免れたいと考えたとする。相続債権者は，被相続人の債務について相続人の財産を差し押さえることができ，被相続人が外国にいる場合も例外ではない。しかし，上記の規定によれば，日本の裁判所には管轄権がなく，相続の放棄を受理することができないことになりそうである。そして，外国では，日本と異なり，そもそも「相続の放棄」という手続がなく，財産管理人が財産から債務を弁済するといったところもある。この場合には，相続人は，「相続の放棄」をすることができない。仮に外国で類似の制度があるとしても，それを調査して外国で届出を提出することは非常にやっかいなことであると考えられる。したがって，被相続人が日本に住所を有していなかったとしても，日本人である場合の相続放棄の手続は，日本の裁判所で認めることとしないと，相続人にとっては非常に酷なこととなる。

相続の放棄は，家事事件手続法201条で，「相続の承認及び放棄に関する審判事件（かっこ内省略）は，相続が開始した地を管轄する家庭裁判所の管轄に属する。」と定められており，通常は日本国内の被相続人の住所地1か所

総　論

が予定されている。もっとも，これが定められないときは，家事事件手続法7条で，「この法律の他の規定により家事事件の管轄が定まらないときは，その家事事件は，審判又は調停を求める事項に係る財産の所在地又は最高裁判所規則で定める地を管轄する家庭裁判所の管轄に属する。」とされ，東京家庭裁判所の管轄とすることができる。

このような手続を行うことは，日本国内で，相続人が相続債権者の追及を免れる目的にとどまるものであり，外国における相続手続に重大な影響を与えるものとは考えられない。したがって，このような手続の管轄は認められるべきである。

　　イ　外国の相続手続において日本の不動産だけが漏れてしまった場合

相続については，相続開始の時における被相続人の住所が日本国内にあるときに，日本の裁判所が管轄権を有するとされている（家事法3条の11）。そして，相続は，相続財産全体について審理されるべきものであるから，財産の一部があるからといって複数の場所で相続手続を行うことは適切ではないと考えられてきた。

ところが，外国で日本人が亡くなった場合に，それが例えば米国であれば，米国の遺産管理人は，動産や預貯金のほか米国内の不動産を管理するが外国の不動産は管轄外としている。したがって，日本に不動産を有する日本人が米国で亡くなったとき，日本の不動産は，必然的に米国の相続手続に含まれず，漏れてしまう仕組みとなっている。

このような場合には，日本の不動産についてのみ相続手続ができることとしなければならず，法制審議会の部会の場では，これを緊急管轄として行うことが議論されていた[14]。

なお，その後，相続法が改正され（民法及び家事事件手続法の一部を改正する法律（平成30年法律第72号），平成30年7月6日可決成立），それまで相続財産の一部について遺産分割ができないとされていたところ，一部であっても遺産分割を行うことができるようになった。改正された民法907条1項は，共同相続人がいつでも，その協議で遺産の「全部又は一部の」分割をすること

---

14) 畑瑞穂「家事事件にかかる国際裁判管轄」論究ジュリストNo.27，43頁（2018）

ができると定め，2項は，遺産の「全部又は一部の」分割を家庭裁判所に請求することができるとしている。そして，遺産分割請求は，相続人全員の合意によって管轄を定めることができる（家事法3条の11第4項）。したがって，少なくとも，2019（令和元）年7月1日施行の相続法においては，相続人全員が合意すれば，遺産の一部についての遺産分割ができるようになった。

そして，合意ができないような場合でも，緊急管轄の考え方により，遺産分割から漏れてしまった日本における不動産について，日本の裁判所の管轄を認める余地があると考えられる。

⑤ 合意管轄

財産法に関する国際裁判管轄では，合意管轄が認められている（民訴法3条の7）が，人事訴訟・家事事件に関する国際裁判管轄では，合意管轄は認められないこととされた。

人事訴訟法は，4条で，「人事に関する訴えは，当該訴えに係る身分関係の当事者が普通裁判籍を有する地又はその死亡の時にこれを有した地を管轄する家庭裁判所の管轄に専属する。」と「専属管轄」とし，合意管轄を認めていない。これは，人事訴訟の対象である身分関係が正しく確定されるということに公益性があるためであるとされている。

国際裁判管轄においてもこれは認めないこととされている。国際裁判管轄で，合意管轄が認められるのは，家事調停事件（家事法3条の13）及び遺産分割事件（家事法3条の11第4項）のみである。そして，人事訴訟法2条に規定する人事に関する訴えを提起することができる事項についての調停事件については，離婚及び離縁の訴えについてのみ管轄の合意が認められることとなっている（家事法3条の13第3項）。

日本国内における管轄の合意は，裁判をする場所についての合意だけであり，日本国内のどこで裁判をしても，適用される法律は異ならない。しかし，国際裁判管轄について合意をすれば，裁判をする場所のみならず，適用される法が全く異なってしまうことになりうる。そのような重大な影響をもたらすような管轄の合意については，仮にこれを認めると，当事者がどこまで理解して管轄の合意をしたのか，合意について錯誤はなかったか，といった問

題が起きることも予想される。

　調停については，その結果は，基本的には当事者の合意に基づくものでなければならず，当事者は調停案の内容を理解した上で合意するか否かを決めればよいから，当事者にとって予想外の結果となることはない。当事者が合意しなければ調停不成立として終了することになる。したがって，管轄に関する合意についてたとえ錯誤があったとしても，最終的な調停条項に合意をしないことにより，不都合な結果に至ることを避けることができるということができる。

　これに対して，裁判の場合は，当初管轄に合意すれば，その後当事者の意思にかかわらず，裁判所の判断によって結論が決まってしまうということになるため，最初の管轄合意の時点で十分な法的アドバイスを得ているのか，内容がわかった上で管轄の合意をしているのか，といったことが問題となり，特に予想外の判決を得た当事者が管轄合意が無効であると主張するなど，紛争を複雑にする可能性がある。

　もっとも，身分関係訴訟で，原告の住所地（である日本）で裁判を提起することについて，外国にいる被告が同意している場合に，日本で訴訟をする余地はありうるようにも思われた。これは，外国にいる被告から訴訟を提起しようとすれば，原告（訴訟における相手方）の住所地である日本が原則的な管轄になることに照らせば，管轄として不相当とはいえないこと，諸外国においても，joint applicationといった形で原被告双方が申立てをする例があることから，そのような仕組みを持たない我が国において同様の結論を導き出すことが考えられてもよいこと，などによる。我が国と何の関係もない当事者同士が日本を管轄裁判所とする場合と異なり，原告の住所地が日本にあるという関連があり，かつ応訴の負担を負う被告がこれに同意するのであれば，そのような管轄を否定をする理由は論理的にないようにも思われた。

　これについては，原被告が逆になって訴訟を提起すればよいとの提案もあったが，実務的には，訴訟提起の負担，そのための弁護士費用等の問題，実際にどちらから訴訟を提起した形にしたいかのこだわりなど様々な問題があり，原被告を逆にして訴訟を提起することは容易ではない。

　最終的には，新法において，身分関係訴訟は，調停の申立てを除いて，

いっさい合意管轄が認められないこととなった。実務的には，調停申立てにおいては合意管轄が認められていることから，調停段階では，当事者の合意する我が国において手続を進めることができるが，調停が不成立になった場合には，外国に居住する者を相手方とする訴訟提起を我が国で行うことができないかもしれないことに留意して手続を進めることとなろう。

合意管轄については，家事事件手続法3条の13第2項により，民事訴訟法3条の7第2項及び第3項の規定が準用され，合意は，一定の法律関係に基づく訴え（申立て）に関し，かつ，書面でしなければ，その効力を生じないとされる。また，合意がその内容を記録した電磁的記録（電子的方式，磁気的方式その他人の知覚によっては認識することができない方式で作られる記録であって，電子計算機による情報処理の用に供されるものをいう。）によってされたときは，その合意は，書面によってされたものとみなして，この規定が適用される。

6 国際的手続競合

国際的手続競合とは，外国と日本とで，同一の内容の裁判が係属することについての問題である。

例えば，離婚訴訟が一つの国で提起されているところ，他国での提起も許すかどうか。これについては，訴訟提起の早い者順と考える国もある。他国で既に同一の内容の訴訟が起こされている場合には，それが係属する限り，訴訟追行を認めないこととなる。

このような国との関係では，「離婚訴訟提起」の先後という文言が使われるものの，日本で離婚調停を提起した時点で，既に手続が始まったと解するのか，あるいは，調停が成立せず訴訟を提起した時点で手続が始まったと解するのかが問題となりうる。このように「早い者順」とされるおそれがある場合には，日本における申立人・原告の代理人としては，それを意識した活動をする必要がある。[15]

---

15) 例えば，最後の共通住所地が日本にあり，外国にいる当事者を相手方とする日本での離婚訴訟については，これに先立つ調停を行うことが実務的に不可能であるとして，直ちに訴訟を提起することも考えられる。

総　論

　国によっては，自国でも他国でも同一の訴訟が係属していることが明らかになった時点で，他国の訴訟を進めないよう，当事者に命ずる国もある。[16]

　我が国は，しかし，財産関係の民事訴訟において，国際的訴訟競合について特段の規定を設けていない。財産関係の法制審議会の部会でも規定を設けるか否か審議され，外国裁判所に係属する事件と同一の事件について訴えの提起があった場合において，外国裁判所の判決が確定して我が国で効力を有することとなると見込まれるときには，日本の裁判所は訴訟手続を中止することができるものとする規定を創設することが検討された。しかし，①外国判決が承認される可能性を予測することは極めて困難であり，審理の長期化を招くおそれがある，②外国の裁判所の審理状況を見守るのが適切な場合には，期日の間隔を調整するなどして対応すれば足りる，③外国に同様の規定がない場合，外国の裁判手続の中止を求めることができず，相互保証の点から問題がある，といった理由で，規定の創設をしないとする意見が多数を占めたとされる。[17]

　そして，実務の運用としては，日本の裁判所の管轄権の有無の判断の要素としては考慮され，日本の裁判所の管轄権が認められる場合には，外国の裁判所における審理の進行，証拠調べの状況，包括的な和解の可能性等も考慮しながら，期日の指定がされ，審理が進められるものと考えられるとされている。[18]

　人事訴訟に関しても，矛盾する裁判が出ることを懸念して，二重訴訟を避けるような制度とすべきではないかとの考えが法制審議会の部会で研究者から示されたが，様々な事案のことを考えると，画一的な取扱いは困難であると考えられた。例えば，外国で裁判が係属していたとしても，それが日本で承認されるとは限らず，日本での訴訟が必要となることが考えられる。「承

---

16) 筆者は，米国のある州における手続でこれを経験した。米国の手続では，命令に違背すると，法廷侮辱として重い制裁を受ける。米国の裁判官は，日本の裁判官と直接電話で話がしたいとして，米国代理人を通して裁判所名称，事件番号および電話番号を尋ねてきたが，電話番号については，日本の裁判官が米国の裁判官と直接電話で話をすることはないと助言した。
17) 佐藤・小林・前掲注11) 177頁
18) 前掲注11) 178頁

認が予想される場合」に日本での裁判を許さないといった定めは,「承認の予想」自体確実なものとはいえず,非常にやっかいなものとなる。

実際,例えば,外国での離婚訴訟に膨大な時間と費用がかかる一方で,日本での離婚訴訟が迅速に行われる例も見られ,日本での訴訟提起が遅れたからといって,それを認めないのは,ときに,双方当事者にとって不都合であることもある。

結局,人事訴訟等に関しても,この点について,特段の定めは置かないこととされた。今後も,外国で同一の訴訟が係属していることは,当然に日本での訴訟の妨げになるとはいえないから,代理人としては,事案に応じて,依頼者の利益を考えて必要な手続の遂行を検討すべきであろう。

7 家事調停事件についての管轄権

家事調停事件の管轄権について,家事事件手続法は,次のとおり定めている。

（家事調停事件の管轄権）
家事事件手続法3条の13 裁判所は,家事調停事件について,次の各号のいずれかに該当するときは,管轄権を有する。
　一　当該調停を求める事項についての訴訟事件又は家事審判事件について日本の裁判所が管轄権を有するとき。
　二　相手方の住所（住所がない場合又は住所が知れない場合には,居所）が日本国内にあるとき。
　三　当事者が日本の裁判所に家事調停の申立てをすることができる旨の合意をしたとき。
2　民事訴訟法第3条の7第2項及び第3項の規定は,前項第3号の合意について準用する。
3　人事訴訟法（平15年法律第109号）第2条に規定する人事に関する訴え（離婚及び離縁の訴えを除く。）を提起することができる事項についての調停事件については,第1項（第2号及び第3号に係る部分に限る。）の規定は,適用しない。

1項1号は，人事訴訟や家事審判の前に調停を行うことを念頭に置いて，それら人事訴訟事件や家事審判事件について日本の裁判所が管轄権を有する場合をいう。調停が不成立になり審判に移行する場合や，調停が不成立になって訴訟を提起する場合に，いずれも日本の裁判所でそれらが行われる場合には，調停を日本で行うことができるということになる。

1項2号は，相手方の住所地であり，1項3号は合意によるものである。なお，3項により，人事訴訟法2条に規定する人事に関する訴えについては，離婚及び離縁の訴えを除いて，相手方の住所地の管轄や合意による管轄は認められないこととなっている。

家事調停事件について，外国にいる者を相手方とする場合，現在の取扱いは，合意管轄の書面がなくともこれを受理して期日を指定し，裁判所からの書類を申立人の代理人が翻訳して，外国にいる相手方に申立人代理人または裁判所から手紙を出し，一件書類を送るとともに，日本の調停に応じるかどうか尋ねるといったもののようである。[19] これは，応訴管轄に近い考え方のようにも思われるが，調停の場合，実質的に合意をするか否か尋ねているものとも思われる。

新法施行後は，調停事件について，合意管轄には，書面による合意が必要であるとすることになったことから，あらかじめ申立人と相手方とが管轄について合意した上，その書面を提出したときには裁判所が期日を指定するという取扱いとするのが，法律の規定と整合的であるように思われる。

8 応訴管轄

応訴管轄は，被告が特に異議を述べず，裁判に応じることを示した場合に，その裁判所の管轄を認めるものである。財産法に関する民事訴訟法では，国際裁判管轄について応訴管轄を認め，「被告が日本の裁判所が管轄権を有しない旨の抗弁を提出しないで本案について弁論をし，又は弁論準備手続にお

---

19) 裁判所によっては，条約等に基づく送達でなく直接海外に書面を郵送することについては問題があると考えているためか，申立人の代理人から書面を郵送しているようであるが，そのために，受け取った者が混乱する場合もある。したがって，この点については，慎重な検討が必要と考えられる。

いて申述をしたときは，裁判所は管轄権を有する。」と定めている（民訴法3条の8（応訴による管轄権））。

　被告が裁判所を争わず，原告がその裁判所での裁判を望んでいるという点では，合意管轄に類似するが，あらかじめ合意をしていない点が異なる。また，合意管轄では，訴訟提起時に，書面により管轄に合意している旨の書面が添付されるが，応訴管轄ではそのようなものはない。

　一方，国内の人事訴訟については，人事訴訟法4条1項で，「人事に関する訴えは，当該訴えに係る身分関係の当事者が普通裁判籍を有する地又はその死亡の時にこれを有した地を管轄する家庭裁判所の管轄に専属する。」と定めており，「専属管轄」であることから，「応訴管轄」を考える余地がない。人事訴訟については，身分の変動という公益性を伴う事項であることから，管轄について厳格に考えているということができる。

　これと同様，人事訴訟の国際裁判管轄では応訴管轄は認めない。一般に，裁判所としては，その裁判所に管轄がないと考えられる事件について，それを知りつつ被告に訴状を送達して，応訴するかどうか確かめるというのが応訴管轄の場合の手順である。ここで，被告が外国に住所（または住所がない場合の居所）を有するときに被告に送達をしようとすると，外国への送達は，中央当局送達にせよ，領事送達にせよ，関係者多数が関わり煩瑣なものであり，管轄がないときにそのような手続をすることは事務上の負担が多すぎる。したがって，このような送達を試みることはせず，応訴管轄を認めないとすることはやむをえないものと考えられる。

⑨ 日本における管轄裁判所

(1) 前　提

　国際裁判管轄に関する規定で，日本の裁判所に管轄があるとして，さらに日本国内のどの裁判所に管轄があるかという問題がある。

　これについて，国内の裁判管轄に関する人事訴訟法の規定は次のとおりである。

> （人事に関する訴えの管轄）
> **人事訴訟法4条**　人事に関する訴えは，当該訴えに係る身分関係の当事者が普通裁判籍を有する地又はその死亡の時にこれを有した地を管轄する家庭裁判所の管轄に専属する。
> 2　前項の規定による管轄裁判所が定まらないときは，人事に関する訴えは，最高裁判所規則で定める地を管轄する家庭裁判所の管轄に専属する。

2項に関し，人事訴訟規則2条は，次のとおり定めている。

> 人事訴訟法（法令番号略）第4条（法令番号略）第2項の最高裁判所規則で定める地は，東京都千代田区とする。家事事件手続法7条，家事事件手続規則6条も同様である。

(2) 被告・相手方の住所等

「被告・相手方の住所」「最後の共通の住所」「財産の所在地」が日本にあるという理由で日本の裁判所に管轄がある場合には，その後，人事訴訟法や家事事件手続法に従って，日本国内の土地管轄規定が適用され，それぞれ，被告の住所や財産の所在地を管轄する家庭裁判所等に管轄があるとすることになると考えられる。

(3) 被告・相手方が行方不明

被告・相手方が行方不明であるなどして，原告・申立人が所在する日本に管轄があるとされる場合の管轄は，どうであろうか。

この点に関し，先に挙げた最判昭和39年3月25日は，「本件訴訟がわが国の裁判管轄権に属するといっても，如何なる第一審裁判所の管轄に属するかは別個の問題であって，上告人は原告の住所地の地方裁判所の管轄に属するものとして本訴を提起しているが，本訴は人事訴訟手続法1条3項，昭和23年最高裁判所規則第30号の定めるところにより，東京地方裁判所の管轄に専属すると解するのが相当である。」とした。ここでは人事訴訟法制定前の「人事訴訟手続法」（しかも，旧法である人事訴訟手続法自体も昭和51年に大きな

改正がなされており，それより以前のものとなる。）の条文が挙げられており，この判決当時の人事訴訟手続法1条3項は，日本国内の管轄について，「前二項ノ規定ニ依リ管轄裁判所ガ定マラザルトキハ第1項ノ訴ハ最高裁判所ノ指定シタル地ノ地方裁判所ノ管轄ニ専属ス」としていた。そして1項は，離婚等の訴えについては，「夫婦ガ夫ノ氏ヲ称スルトキハ夫，妻ノ氏ヲ称スルトキハ妻ガ普通裁判籍ヲ有スル地」の「地方裁判所」の管轄に専属するものとされていた。

　この事件ではおそらく原告が夫の氏を称していたと思われるところ，この判例当時は，その「氏」を称する者の普通裁判籍に管轄があるとされており，この管轄に関する定めを国内において適用すると，夫の普通裁判籍がどこにあるかは不明であることから，上記1条3項によって「最高裁判所の指定した地」とすることが論理的であったと考えられる。

　しかしながら，現在は，国内裁判管轄について氏で決まる方式でなくなり，身分関係の当事者の普通裁判籍となっていることもあり，日本の裁判所の管轄を認めた後に，あえて「管轄裁判所が定まらない」と考える余地はなく，国際裁判管轄について，「被告・相手方が行方不明であるなどして，原告・申立人が所在する日本に管轄があるとされる場合」には，原告・申立人の住所地の家庭裁判所に管轄があるとすることに問題はないと考えられる。

(4) 身分関係の双方が日本国籍

　今回新たに定められたのは，身分関係の双方が日本国籍の場合である。原告・申立人が日本に所在するのであれば，上記(3)でも検討したとおり，原告・申立人の住所地の裁判所が管轄裁判所になると考えられる。双方とも外国に居住している場合については，上記(1)前提に掲げたとおり，日本国内の管轄が定まらないとして，人事訴訟法4条2項および人事訴訟規則2条により，「東京都千代田区」を管轄する家庭裁判所，すなわち，東京家庭裁判所が管轄を有することになる。家事事件手続法7条にも同旨の規定がある。

総論

第3 今後の解釈に委ねたもの

1 概説

　今回の立法にあたっては，当初，家事事件手続法別表を念頭に置いて，それぞれの単位事件類型についての国際裁判管轄を検討しようとしたが，この中には，行政事件に近いものもあり，それらは，家事事件の国際裁判管轄の考え方とはなじまないものと考えられた。

　中間試案策定までは，単位事件類型を念頭に置いて検討してきたため，中間試案においては，「特に規律を設けないものとする。」としたものが数多く挙がっている。これらの事件については，国際裁判管轄の条文が見当たらないということになるが，行政事件に近いものはあまり管轄の問題とならないとしても，他については，様々な管轄の問題が生じると思われ，従来どおり，解釈によって管轄が決まることになる。

　二以上の当事者が関与する手続においては，申立人と相手方とは，管轄について相反する利益を有することがあり，管轄の有無を決定するには慎重な考慮が必要であると考えられる。

　一方，家事事件手続法別表第一の審判は，もっぱら申立人と裁判所との関係である。もともと日本の裁判所が審理することが想定されていなかったとしても，実務の現場ではその必要が感じられる場合がありうると考えられる。その場合，日本にいる外国人や，外国在住であっても日本国籍のある者の申立てについては，広く認める方向にしても一般に弊害は少ないものと思われる。日本の裁判所が管轄を認めず，外国の裁判所で審理するよう命ずることは，当事者にとって大きな負担となることもあり，実務的には，できるだけ広く管轄を認めることが望まれる。

2 各論

(1) 戸籍法に規定する審判事件及び民法791条に規定する子の氏の変更についての審判事件

　中間試案においては，次の甲案，乙案の2案が提示されたが，結局，特に

第3　今後の解釈に委ねたもの

規律を設けないこととなった。

【甲案】戸籍法に規定する審判事件及び民法第791条に規定する子の氏の変更についての許可の審判事件の管轄権は，日本の裁判所に専属するものとする。

【乙案】特に規律を設けないこととする。

戸籍法に規定する審判事件とは，氏又は名の変更についての許可に係る審判事件（家事法別表第一の122の項），就籍許可に係る審判事件（同法別表第一の123の項），戸籍の訂正についての許可に係る審判事件（同法別表第一の124の項），戸籍事件についての市町村長の処分に対する不服に係る審判事件（同法別表第一の125の項）をいう。

氏名の変更等については，日本国籍の者にとっては，戸籍と密接に結びついていることから，日本の裁判所が判断し，それを戸籍に反映することが望まれている。このように，日本国籍の者には，その住所にかかわらず，日本の裁判所が管轄を有することは，おそらく法律の条文がなくとも疑義のないところではないかと思われる。しかし，それだけで足りるかは問題である。「日本の裁判所に専属」としてしまうと外国の裁判所には管轄がなく，たとえ外国の裁判所がこれを認めても，日本では，いかなる場合にもその承認ができないことになってしまう。

外国の裁判所で日本国籍の者の氏名変更の許可がなされ，それを行うことが合理的な事態も十分に考えられることもあり，「日本の裁判所に専属」という規定を入れないほうが好都合であると考えられる。

また，日本国籍のない外国人については，日本国内で外国人住民票の記載などがあるところ，外国人が日本の裁判所で氏又は名を変更する余地がないと言い切れるのか，疑問もある。

国によっては，氏名の変更についての厳格な手続がないところもあるが，一方で，日本国内においては，パスポートの氏名と住民票等の氏名の一致が求められるところでもあり，これと整合的な制度にする必要があるとも考えられる。

したがって，今後，どのような場合に日本の裁判所での氏名の変更の許可ができるかについて，実務での蓄積が待たれる。

(2) 性同一性障害者の性別の取扱いの特例に関する法律に基づく性別の取扱いの変更

これについても，特に規律を設けないものとなった。

性同一性障害者の性別の取扱いの特例に関する法律（以下，「特例法」という。）に基づく性別の取扱いは，家事事件手続法別表第一の126項に挙がっているが，特例法は，その適用範囲について特に何も述べていない。

家事事件手続法232条は，「性別の取扱いの変更の審判事件……は，申立人の住所地を管轄する家庭裁判所の管轄に属する。」と定めている。

戸籍法20条の4は，「性同一性障害者の性別の取扱いの特例に関する法律（平成15年法律第111号）第3条第1項の規定による性別の取扱いの変更の審判があった場合において，当該性別の取扱いの変更の審判を受けた者の戸籍に記載されている者（その戸籍から除かれた者を含む。）が他にあるときは，当該性別の取扱いの変更の審判を受けた者について新戸籍を編製する。」との定めを設けている。

これらのことから，少なくとも我が国に居住する日本国籍の者については，その住所地の裁判所が管轄を有することは間違いないと考えられる。

そして，日本国籍の者は，我が国に居住していなくとも，戸籍との関係，パスポートの記載などの都合で，我が国の裁判所において性別の取扱いを変更することが必要になると考えられる。これに関しては，海外に在住している場合には，日本の医師免許を持っている医師に，必要な診断書を書いてもらい（医師2名の連署），当事者の本籍地を管轄する日本の家庭裁判所に申立書等を送付することとされている[20]。

一方，日本国籍の者が海外に居住する場合に，外国の裁判所に性別変更の申立てをすることができるかという点については，国によって取扱いが異なるという[21]。1972年のスウェーデンの特例法では「スウェーデン国籍を有している者」，1980年のドイツの特例法も「ドイツ人」に限定しているという（ただし，その後の連邦憲法裁判所の決定により一部変更）。カナダ・ケベック州で

---

20) 針間克己ほか『プロブレムQ&A　性同一性障害と戸籍［増補改訂版］』152頁（緑風出版，2013）
21) 以下，この段落全て前掲注20）154頁

第3　今後の解釈に委ねたもの

は，カナダ国籍を有し，申立て前に1年以上ケベック州内に居住することが要件とされ，アメリカの州法の多くも，出生登録がなされている州での申立てとされているとのことである。一方，オランダ法は，明確にオランダ国籍を持たない者にも性別変更への道が開かれており，有効な滞在資格に基づいてオランダに1年以上居住している外国人には性別変更が認められるという。ただし，オランダで認められたイギリス人の性別変更が英国では承認されなかった例がかつてのヨーロッパ人権裁判所の判決で報告されているとのことである。

したがって，この点は，それぞれの国の裁判所で決めることとなるが，そのことは裁判の承認に影響する問題となる。

逆に，我が国に居住している外国人が，その居住地である日本国内において，性別の取扱いの変更の申請ができるかは，困難な問題である。日本の特例法の要件を満たす場合にこれを否定しなければならないか否かについては，上記のような状況に照らせば，例えば，オランダ国籍の者についてはそれが認められてもよく，オランダにおいて日本の審判の結果が承認されてもよいのではないかと考えられる。

一方，その他の国々においては，たとえ日本において性別変更の審判がなされたとしても，その本国においては，それが承認されず，性別変更が認められないのではないかと考えられる。すなわち，パスポートの性別を変えることはできず，日本での審判の結果とパスポートの記載との間に齟齬ができてしまうことになる[22]

とはいえ，国籍は外国であるものの生活の全ての本拠が日本にあり，およそ外国に帰国する予定がないような者の場合に，日本の裁判所の管轄を否定することには問題があるように思われる。また，上記カナダ・ケベック州の法制を前提とすれば，ケベック州に居住する予定の全くないカナダ人は，日本でこれを否定されると，性別変更の可能性を奪われてしまうことになりうる。また，国によっては，このような法制がないところもあるが，だからと

---

[22] なお，オーストリアでは，パスポートに性別の記載がないという。石原明・大島俊之編著『性同一性障害と法律—論説・資料・Q&A—』221頁（晃洋書房，2001）

いって日本に居住している場合に，特例法を用いることがいっさい否定されてよいであろうか。少なくとも，もっぱら日本における手続上，性別の取扱いの変更が必要であるという場合には，これが認められてしかるべきである。すなわち，本国での承認がなされないとしても，パスポート等との食い違いと比して，我が国における性別の取扱いの変更の必要性がこれを上回るような場合には，少なくとも我が国の裁判所の管轄を認めるべきである。

以上のように，原則・例外を明確に定めてしまうことは困難であると思われたが，今後の事例の中で，当事者らに困難を強いることがないような形で，日本の裁判所が管轄を有することが期待される。なお，一般に，特例法に基づく審判については，弁護士に依頼する必要はないとされているが[23]，外国人が我が国での審判を検討する場合には，管轄を保証することは現状難しいが，弁護士への依頼が必須であろう。

(3) **生活保護法等に規定する審判事件**

単位事件類型としての「生活保護法等に規定する審判事件」とは，生活保護法30条3項に基づく施設への入所等についての許可に係る審判事件（家事法別表第一の129の項）及び生活保護法77条2項（ハンセン病問題の解決の促進に関する法律21条2項において準用する場合を含む。）に基づく扶養義務者の負担すべき費用額の確定に係る審判事件（家事法別表第二の16の項）をいうとされている。

これらについても，国際裁判管轄について特に規律を設けないものとなった。

家事事件手続法は，24節で「生活保護法等に規定する審判事件」の条項を設け，240条1項・2項で，「施設への入所等についての許可の審判事件（別表第一の129の項の事項についての審判事件をいう。以下略）は，被保護者の住所地を管轄する家庭裁判所の管轄に属する。」

「2 扶養義務者の負担すべき費用額の確定の審判事件（別表第二の16の項の事項についての審判事件をいう。）は，扶養義務者（数人に対する申立てに係るものにあっては，そのうちの一人）の住所地を管轄する家庭裁判所の管轄に

---

23) 前掲注22) 63頁，167頁

第3　今後の解釈に委ねたもの

属する。」との定めを置いている。

　上記のうち，生活保護法30条3項は，「保護の実施機関は，被保護者の親権者又は後見人がその権利を適切に行わない場合においては，その異議があっても，家庭裁判所の許可を得て，第1項但書[24]の措置をとることができる。」とするものであり，もっぱら，我が国における保護の実施機関が行う，行政的な事項に関する手続であり，通常の国際裁判管轄の考え方にはなじまないものである。

　次に，生活保護法77条は，「被保護者に対して民法の規定により扶養の義務を履行しなければならない者があるときは，その義務の範囲内において，保護費を支弁した都道府県又は市町村の長は，その費用の全部又は一部を，その者から徴収することができる。」（1項），「前項の場合において，扶養義務者の負担すべき額について，保護の実施機関と扶養義務者の間に協議が調わないとき，又は協議をすることができないときは，保護の実施機関の申立により家庭裁判所が，これを定める。」（2項）としている。2項は，保護の実施機関が扶養義務者らを相手方として申立てを行うものであり，やはり行政的な色彩を伴っている。ここで，扶養義務者の一部又は全部が海外にいる場合はどうか，といった問題が理論的には考えられるが，送達等の回収コストのほうがはるかに上回ると思われ，現実の問題とはならない。それに，行政機関からの申立てということになると，そもそも民事・家事の問題として外国にいる者に対して申立てができるのかという理論的問題もある。

　なお，我が国の国内においてすら，この種類の事件は，全国で，数年に1件程度申し立てられるにとどまっている[25]。

---

[24] 生活保護法30条1項は，「生活扶助は，被保護者の居宅において行うものとする。ただし，これによることができないとき，これによっては保護の目的を達しがたいとき，又は被保護者が希望したときは，被保護者を救護施設，更生施設若しくはその他の適当な施設に入所させ，若しくはこれらの施設に入所を委託し，又は私人の家庭に養護を委託して行うことができる。」と定める。

[25] 司法統計年報　家事平成29年度　第2表「家事審判・調停事件の事件別新受件数―全家庭裁判所」

総論

(4) 心神喪失等の状態で重大な他害行為を行った者の医療及び観察等に関する法律に規定する審判事件

中間試案では，次のとおり記載されている。

> 心神喪失等の状態で重大な他害行為を行った者の医療及び観察等に関する法律（以下「医療観察法」という。）は，特定の刑法上の行為を行った者について，心神喪失を理由に不起訴処分又は無罪判決を受けこれが確定した場合及び心神耗弱を理由に不起訴処分又は刑を減軽する旨の確定裁判を受けた場合等に，裁判所が，検察官の申立てを受け，上記の者を医療を受けさせるために入院をさせる旨の決定をすることができる旨等を規定しているところ，退院の許可や医療観察法に基づく医療の終了の申立て等をすることができる者の一人として保護者を規定し，このような保護者となるべき者及びその順位を定め，先順位の者が保護者の権限を行うことができないときは，次順位の者が保護者となるが，後見人又は保佐人がいない場合において，対象者の保護のため特に必要があると認めるときは，家庭裁判所が利害関係人の申立てによってその順位の変更及び保護者の選任をすることができることとしている（医療観察法第23条の2第2項）。単位事件類型としての「心神喪失等の状態で重大な他害行為を行った者の医療及び観察等に関する法律に規定する審判事件」とは，医療観察法第23条の2第2項ただし書及び同項第4号に基づく保護者の順位の変更及び保護者の選任に係る審判事件（家事事件手続法別表第一の130の項）をいう。

これも，特に規律を設けないこととされた。

医療観察法は，刑事処分と密接に関連し，我が国において不起訴処分や無罪判決を受けたり，心神耗弱を理由に刑の減軽を受けた場合等に検察官の申立てにより適用されるものであり，別表第一の130の審判事件は，我が国に所在する対象者（被疑者・被告人であった者）に関し，その者の保護者の順位変更や選任をするものである。対象者については，日本人も外国人も我が国に所在すれば対象となり，保護者は，医療観察法23条の2で定める後見人，配偶者，親権を行う者，そして他の扶養義務者から家庭裁判所が選任した者，そしてこれらがいないときは，対象者の居住地を管轄する市町村長が保護者となる。全体として，行政的な色彩があり，国際裁判管轄が問題となる余地はあまりないと思われる。

(5) 夫婦財産契約に関する審判事件

中間試案では次のとおり記載されている。

> 単位事件類型としての「夫婦財産契約に関する審判事件」とは，夫婦財産契約による財産の管理者の変更等に係る審判事件（家事事件手続法別表第一の58の項）及び破産手続が開始された場合における夫婦財産契約による財産の管理者の変更等に係る審判事件（同法別表第一の131の項）をいい，外国法において当該事件類型に相当するものと解されるものを含む趣旨である。

これについても，特に規律を設けないこととされた。

我が国においては，夫婦財産契約は，婚姻の届出前に行うものとされ（民法755条），婚姻の届出後は，変更することができないとされている（民法758条1項）。夫婦の財産関係は，婚姻前に夫婦財産契約を締結しない限り，法定財産制により，夫も妻も等しく自分の特有財産を管理・収益する権利を取得する，夫婦別産制である。

婚姻前に夫婦財産契約を締結することによってこれと異なる定めをすることができ，夫婦の一方が他方の特有財産や共有財産を管理する契約をすることができる。そのような場合において，民法758条2項は，「夫婦の一方が，他の一方の財産を管理する場合において，管理が失当であったことによってその財産を危うくしたときは，他の一方は，自らその管理をすることを家庭裁判所に請求することができる。」とし，3項は，「共有財産については，前項の請求とともに，その分割を請求することができる。」としている。また，破産手続が開始された場合に，破産法61条により準用する民法758条2項，3項により，管理者の変更をすることや共有財産の分割請求をすることが定められている。破産手続開始決定を受けた者は，類型的に財産管理能力に欠けるとされているためである。

我が国においては，夫婦財産契約の数は多くなく，一般的ではない。しかし，一方当事者が外国人である場合には，外国法によって夫婦財産契約が締結される場合がある（その目的の多くは，婚姻時の各自の財産を確認することと，離婚時の給付額を定めることであるように思われる。）。それらの夫婦財産契約において，管理者の変更のために裁判所の審判が必要となるか否かは，準拠法によって異なると思われるが，もし裁判所の審判が必要であるとすれば，

33

外国法による夫婦財産契約の場合にもこの審判が行われる可能性があると考えられる。

　少なくとも，申立人又は管理が失当であった管理者や破産者の住所のいずれかが我が国にある場合には，日本の裁判所は管轄を有するものと考えるべきであろう。いずれの当事者も日本に住所がない場合であっても，夫婦財産契約を日本法に従って締結し，登記した場合も，日本の裁判所は管轄を有すると解すべきであろう。登記に関する事項については，外国の裁判所に管轄がないとされているためである。

(6) 破産法に規定するその他の審判事件

中間試案には，次のとおり記載されている。

> 　破産法に規定するその他の審判事件とは，（中略）破産手続における相続の放棄の承認についての申述の受理に係る審判事件（家事事件手続法別表第一の133の項）をいい，外国法において当該事件類型に相当するものと解されるものを含む趣旨である。）をいう。

これについても，特に規律を設けないものとされた。

　別表第一の133は，破産法238条において，破産者が破産手続開始後に相続の放棄をしたときに，破産管財人が相続の放棄の効力を認めることができ，その旨を家庭裁判所に申述することとされていることに関するものである。破産手続に関しては，外国倒産処理手続の承認援助に関する法律があり，これに従って，外国倒産処理手続の承認等が行われるため，この法律と整合的な形で管轄を考える必要があろう。

(7) 中小企業における経営の承継の円滑化に関する法律に規定する審判事件

中間試案には，次のとおり記載されている。

> 　中小企業における経営の承継の円滑化に関する法律（以下「中小企業経営承継円滑化法」という。）においては，中小企業の先代経営者の全ての遺留分権利者の合意に基づき，先代経営者が生前贈与等をした会社株式等の財産を，遺留分算定の基礎となる財産の価額に算入せず，又は算入する際の価額を合意時の価額とすることを可能としており（中小企業経営承継円滑化法第

第3　今後の解釈に委ねたもの

4条から第6条まで参照），これにより，相続開始後の相続人間の紛争を防止するとともに，相続開始に伴い散逸することとなる財産をある程度予見することを可能とすることで，その後の経営戦略を立案しやすい環境を整え，経営の安定化を通じた円滑な事業の継続を図ることを目指している。この合意が効力を生ずるための手続要件として，経済産業大臣による確認及び家庭裁判所の許可が必要であるとされているところ（中小企業経営承継円滑化法第7条及び第8条参照），単位事件類型としての「中小企業における経営の承継の円滑化に関する法律に規定する審判事件」とは，上記の遺留分の算定に係る合意についての許可に係る審判事件（家事事件手続法別表第一の134の項）をいう。

これについても，特に規律を設けないこととされた。

この審判は，遺留分の算定に係る合意に関するものであるが，合意が効力を生ずるための手続要件として，経済産業大臣による確認と家庭裁判所の許可との双方が必要になっている。一部行政作用が入っていることから，外国の裁判所で行われることは観念しにくい。

中小企業経営承継円滑化法の2章は，「遺留分に関する民法の特例」と題しており，通常は，被相続人としては，民法が適用される日本人が念頭に置かれている。被相続人や相続人の住所が日本にあることは必ずしも求められておらず，会社株式等も日本の会社のそれに限られないであろう。

一方，被相続人が外国人であった場合にどうか，というと，外国では，およそ「遺留分」を観念しないところもあるとのことであり，そのような国の被相続人にとってはこの制度の大枠に意味がないこととなる。しかし，もし遺留分について同様の制度を持つ国の国籍を持っている被相続人が日本にいるとすれば，この適用を否定する理由はないように思われる。

中小企業経営承継円滑化法自体には，国籍の要件は見当たらない。なお，経済産業大臣や家庭裁判所には，戸籍謄本を提出することとなっているが，これは日本人であることを前提にした一般的な場合を書いてあるだけで，相続関係を証明できる資料を添付すればよいと考えられる。

(8)　**同性婚の解消**

同性婚の解消については，現在，我が国の実務で同性婚を認めていない（法的に認められないか否かについては，議論がある。）ことから，その解消（「離

婚」）についても家事事件手続法その他には同性婚を明示した規定がない。しかし、外国で認められた同性婚の当事者の双方が日本にいて、日本でその解消を求めようとすることは考えられる（同意により解消できれば問題は少ないが、一方が同意しない場合に何らかの調停や訴訟を起こすことが考えられる。）。少なくとも双方当事者が日本に居住する場合には、内縁に準じ、日本において手続をとることが考えられるであろう。

(9) その他

事件の蓄積が非常に少ないものについては、どのような事態が起きるかわからないまま、管轄だけが定められてしまうことの不都合さを考え、規定を置かないこととなっている。誰もが当然だと考える管轄原因は考えられるが、それを管轄原因として取り出した場合に、それ以外を否定すると受け止められることとなってしまう。そのようなことは、後日事件を担当するかもしれない代理人にとっては避けたいところである。

したがって、現在定めを置いていないものについても、今後事例の蓄積が進み、一定の判断基準ができるようになれば、将来明確な規定を置くことも考えられるであろう。

（いけだ　あやこ）

各 論

離婚・婚姻の取消し等に関する国際裁判管轄

武田　昌則

第1　新法制定前の離婚・婚姻の取消し等に関する国際裁判管轄についての考え方

1　2つの最高裁判例（昭和39年大法廷判決と平成8年判決）とその関係

　民事訴訟法における国際裁判管轄に関する規定は人事に関する訴えには適用されない（人訴法29条1項）。新法制定前には，離婚事件の国際裁判管轄に関する明文の規定はなかった。それゆえ，条理に従って，解釈によって決せられるものとされてきた。

　この条理に従った解釈の内実を具体的に示したものとして，2つの最高裁判例（昭和39年大法廷判決[1]と平成8年判決[2]）がその代表的なものとして挙げられてきた。ここでは，新法の規定の中身について説明する前提として，新法が基本とするこの2つの判例[3]と両者の関係についての考え方を紹介する。

(1)　**昭和39年大法廷判決**

　　ア　事実関係

　Xは，朝鮮人夫Yと戦前に婚姻したことによって朝鮮籍を取得した元日本人であったが，朝鮮での被告家族との同居に慣習や環境の相違から堪えることができず，戦後すぐに被告から離婚の承諾を得て日本に引き揚げてきた。それ以来，夫から1回の音信もなく，夫の所在も不明であった。XはYに対する離婚訴訟を日本の裁判所に提起した。

---

1) 最判昭和39年3月25日民集18巻3号486頁
2) 最判平成8年6月24日民集50巻7号1451頁
3) 竹下啓介「新しい人事訴訟事件の国際裁判管轄規定」論究ジュリストNo.27，31頁（2018）

I　離婚・婚姻の取消し等に関する国際裁判管轄

　　イ　判　旨

　離婚の国際的裁判管轄権の有無を決定するにあたっても，被告の住所が我が国にあることを原則とすべきことは，訴訟手続上の正義の要求にも合致し，また，いわゆる跛行婚の発生を避けることにもなり，相当に理由のあることではある。しかし，他面，原告が遺棄された場合，被告が行方不明である場合その他これに準ずる場合においても，いたずらにこの原則に膠着し，被告の住所がわが国になければ，原告の住所がわが国に存していても，なお，わが国に離婚の国際的裁判管轄権が認められないとすることは，わが国に住所を有する外国人で，わが国の法律によっても離婚の請求権を有すべき者の身分関係に十分な保護を与えないこととなり（法例16条但書[4] 参照），国際私法生活における正義公平の理念にもとる結果を招来することとなる。

　本件離婚請求はXが主張する前記事情によるものであり，しかもXが昭和21年12月以降わが国に住所を有している以上，たとえYがわが国に最後の住所をも有しない者であっても，本件訴訟はわが国の裁判管轄権に属するものと解するを相当とする。

　　ウ　判決に関する問題点

　昭和39年大法廷判決については，同判決が原告の住所地管轄を肯定する条件として挙げた「原告が遺棄された場合，被告が行方不明である場合その他これに準ずる場合」の意味に関し，次のような未解決の問題があったと指摘されている[5]。

　　(ア)　「遺棄」について，日本在住の夫婦の一方が他方を遺棄して国外に去った場合に限定されるのか，それとも，外国で遺棄された夫婦の一方が日本に帰国した場合も含まれるのか。
　　(イ)　「行方不明」については，どの程度の行方不明期間を要するのか。
　　(ウ)　「その他これに準ずる場合」については，具体的にどのような場合を指すのか。

---

[4]　現在の法の適用に関する通則法27条ただし書
[5]　松岡博編『国際関係私法入門』320頁（有斐閣，第3版，2012）

第1　新法制定前の離婚・婚姻の取消し等に関する国際裁判管轄についての考え方

(2) 平成8年判決
ア　事実関係

日本人Xとドイツ人Yは，婚姻して子を授かりドイツで婚姻生活を継続していたがYがXとの同居を拒絶した後，Xは旅行の名目で長女を連れて来日した後，Yに対してドイツに戻る意思のないことを告げ，以後，長女とともに日本に居住していた。Yは，ドイツの家庭裁判所にXとの離婚を求める離婚請求訴訟を提起し，その訴状の送達は，公示送達によって行われ，Xが応訴することなく訴訟手続が進められ，Yの離婚請求を認容し子の親権者をYと定める旨の判決が確定した。Xは，Yがドイツの家庭裁判所に離婚訴訟を提起した後，日本の家庭裁判所に離婚訴訟を提起した。

イ　判　旨

ドイツにおいては，離婚判決の確定により離婚の効力が生じ，XとYの婚姻は既に終了したとされているが，わが国においては，上記離婚判決は民訴法200条2号[6]の要件を欠くためその効力を認めることができず，婚姻はいまだ終了していないといわざるを得ない。このような状況の下では，仮にXがドイツに離婚請求訴訟を提起しても，既に婚姻が終了していることを理由として訴えが不適法とされる可能性が高く，Xにとっては，わが国に離婚請求訴訟を提起する以外に方法はないと考えられるのであり，上記の事情を考慮すると，本件離婚請求訴訟につきわが国の国際裁判管轄を肯定することは条理にかなうというべきである。上記昭和39年大法廷判決は事案を異にし本件に適切ではない。

(3) 昭和39年大法廷判決と平成8年判決との関係

両判決の関係については，①平成8年判決は，昭和39年大法廷判決の射程範囲を外国人間の離婚事件に限定した上で，それ以外の日本人を含む離婚事件についての基準を提示したものであるとの見解や，②平成8年判決は，ドイツ離婚判決が日本で承認されないことから，日本在住の原告の権利を保護するために例外的に緊急管轄を認めたものとする見解を含め様々な考え方が示された。

---

6) 現行民事訴訟法118条2号

Ⅰ　離婚・婚姻の取消し等に関する国際裁判管轄

この点，平成8年判決の後，平成16年に下級審で日本人である原告がフランス人である被告と婚姻しフランスに居住していたが被告の度重なる暴力により子どもを連れて帰国した後フランスに居住する被告に対し離婚訴訟を提起した場合の国際裁判管轄が争われた事案について，「原告が被告の住所地国に離婚請求訴訟を提起することにつき法律上又は事実上の障害があるかどうか及びその程度をも考慮し，離婚を求める原告の権利の保護に欠けることのないよう留意しなければならない。」旨の平成8年判決の判示を引用した一方で，昭和39年大法廷判決につき，「いずれも日本国籍を有しない外国人間の離婚訴訟の国際裁判管轄に関する判断であり，本件とは事案を異にし，適切ではない」として，日本の国際裁判管轄を認める判決が出されたこと[7]や，司法研修所が刊行し平成22年に頒布された資料[8]において，①の見解を「有力」であるとし，最高裁が①の見解を「採用していると解される」と記載されたこと[9]から，平成8年判決の示した基準が実務に大きな影響を与えた時期もあった[10]。

もっとも，今般制定された人事訴訟法の国際裁判管轄規定の審議のために設けられた法制審議会部会においては，離婚訴訟の国際裁判管轄の一般的な基準となるのはあくまで昭和39年大法廷判決で示された法理であるとして，②の見解に立つことを前提として議論が進められたようである[11]。

2　原告の住所を管轄原因とする考え方について

人事訴訟法の国際裁判管轄規定の審議のために設けられた法制審議会部会

---

[7]　東京地判平成16年1月30日判時1854号51頁
[8]　司法研修所編『渉外家事・人事訴訟事件の審理に関する研究』（法曹会，2010）
[9]　前掲注8）93頁
[10]　ちなみに，裁判所の英文サイトでは，平成8年判決の英訳は掲載されているものの（http://www.courts.go.jp/app/hanrei_en/detail?id=263），昭和39年大法廷判決の英訳は掲載されていない。
[11]　法制審議会部会第2回会議でも大谷美紀子幹事が「今日的には，昭和39年判決は，離婚の国際裁判管轄について，一般原則的な被告の住所地基準を認めて，原告の住所地を例外的に幾つかの要件を課して管轄原因とすることを定めたものであって，当事者の国籍に関係なくこの基準が適用されると，少なくとも実務の弁護士の間，あるいは裁判所においてもそのような理解がされていると，実際の事件の中で感じております。」と発言されている（同会議議事録8頁）。

第1 新法制定前の離婚・婚姻の取消し等に関する国際裁判管轄についての考え方

を通じて最も議論され,取りまとめに時間をかけたのは,身分関係の当事者の一方が相手方に対して訴えを提起する場合において,原告住所地に管轄が認められるのはどのような場合かという問題であった[12]。

この点,原告住所地にも原則として管轄を認めるべきではないかという案が審議され,その根拠として,国際的な潮流[13]や昭和39年大法廷判決の形式的な射程の狭さ[14]が挙げられた。審議の結果,この案は時期尚早として採用されなかったが,[15][16]原告の住所地に管轄を認めるべき場合として,人事訴訟法3条の2第5号の夫婦双方が日本国籍の場合と,同条6号の夫婦の最後の共通住所地が日本にある場合には,特別の事情がない限り日本に管轄を認めることができることとなり,これらの規定に該当する場合には,日本に住所のある原告は特別の事情の存在を明らかにする負担を負うことなく,日本の裁判所の管轄を得ることができる旨が規定されるに至った[17]。その意味では,被告の利益にも配慮しながら,あるいは関連性についてある程度しっかりとした要件を定めながら,バランスの良い形で原告の住所地管轄が定められた

---

[12] 座談会　高田裕成ほか「渉外的な人事訴訟・家事事件にかかる手続法制」論究ジュリスト№27, 9頁（2018）
[13] 高田ほか・前掲注12）「身分関係において離婚を希望するとか,あるいは親子関係を成立させるとか,そういう身分に関わる問題について,当事者が住んでいる所での裁判所へのアクセスを認めるということは国際的な潮流かなと私は思っています。」［大谷美紀子発言］
[14] 高田ほか・前掲注12）「実務でケースをいろいろやっていますと,昭和39年判決はやはり実際にはちょっと狭い。なぜかというと,あそこで例外といっている「行方不明」とか「遺棄」の要件を,比較的広く解釈して実際には認めていて,その中身を見てみると,両方,日本人だったりとか,あるいは結局は原告が日本に住んでいる場合で,行方不明とか,その他の事情のところなどで,割と広く拾っていたところがあって,だから現実にはやはりこのぐらいの範囲で管轄を認めた方がいいのではないかというような,実務的に一定程度の感覚が共有されていたのかなという気がするのです。」［大谷美紀子発言］との見識は渉外家事事件を担当したことのある弁護士にとって共感できるものではなかろうか。
[15] 高田ほか・前掲注12）「理念的には特別の事情というもののセイフガードを付けた上で,原告住所地に管轄を認めるという法制もあり得た」［高田裕成発言］。
[16] 高田ほか・前掲注12）10頁。「今後,原告住所地が認められる場合というのが事例として積み重なっていくと,人訴の国内管轄でもそうであったように,原告住所地管轄を正面から認めて,特段の事情で外すという処理も,将来的にはあり得る」［山本和彦発言］。
[17] 高田ほか・前掲注12）［高田裕成発言］。

と評価できよう。[18]

第2 制定された条文の内容とその規律および解釈上の問題点

　新たに制定された人事訴訟法の国際裁判管轄に関する規定は，昭和39年大法廷判決や平成8年判決等の法理の蓄積に基づきつつも，昭和39年大法廷判決が離婚訴訟において原告の住所地国に管轄を認めるための重要な要件としていた「遺棄」の有無を原則として問題としない形となっている。さらに，その規律を，離婚訴訟以外の人事訴訟の事件類型にも拡大して適用することを明確にした。人事訴訟法3条の2は，「人事に関する訴えは，次の各号のいずれかに該当するときは，日本の裁判所に提起することができる。」として，日本の裁判所が国際裁判管轄を有する場合について規定しているので，以下，各号につき，離婚及び婚姻の取消し等に関する部分について検討する。

1　3条の2第1号（被告の住所地管轄）

　人事訴訟法3条の2第1号は，日本の裁判所に訴えを提起できる場合として，「身分関係の当事者の一方に対する訴えであって，当該当事者の住所（住所がない場合又は住所が知れない場合には，居所）が日本国内にあるとき。」を規定している。ここにいう「身分関係の当事者」とは，改正法による改正前の人事訴訟法4条にいう「身分関係の当事者」と同じ概念であり，人事訴訟事件において形成又は存否の確認が求められている夫婦や親子といった身分関係の当事者をいう。[19] そして，ここにいう「住所」は，日本に管轄が認められるか否かの問題であることから，民法上の住所（民法22条）にならい，生活の本拠を意味すると解される。[20] また，括弧書きの「住所がない場合又は住

---

18) 高田ほか・前掲注12)［大谷美紀子発言］
19) 内野宗揮編著『一問一答・平成30年人事訴訟法・家事事件手続法等改正』26〜27頁（商事法務，2019）
20) 竹下・前掲注3）32頁7）

所が知れない場合」とは，日本のみならず世界のどこにも住所がない場合又は住所が知れない場合を指すと解される。[21]

2　3条の2第2号（身分関係の当事者双方に対する訴えにつき一方又は双方当事者の住所地管轄）

　人事訴訟法3条の2第2号は，日本の裁判所に訴えを提起できる場合として，「身分関係の当事者の双方に対する訴えであって，その一方又は双方の住所（住所がない場合又は住所が知れない場合には，居所）が日本国内にあるとき。」を規定する。婚姻関係の当事者以外の者が当事者双方に対して婚姻又は離婚の無効（あるいは婚姻関係の存否の）確認を求める訴えを提起する場合の規律を含むものと解される。

3　3条の2第3号（被告死亡時住所地管轄）

　人事訴訟法3条の2第3号は，日本の裁判所に訴えを提起できる場合として，「身分関係の当事者の一方からの訴えであって，他の一方がその死亡の時に日本国内に住所を有していたとき。」を規定する。婚姻関係の当事者の一方が他方当事者に対し，婚姻又は離婚の無効（あるいは婚姻関係の存否の）確認を求める訴えを提起する場合の規律を含むものと解される。

4　3条の2第4号（身分関係の当事者双方に対する訴えにつき一方又は双方当事者の死亡時住所地管轄）

　人事訴訟法3条の2第4号は，日本の裁判所に訴えを提起できる場合として，「身分関係の当事者の双方が死亡し，その一方又は双方がその死亡の時に日本国内に住所を有していたとき。」を規定する。2号と同様に，婚姻関係の当事者以外の者が当事者双方に対して婚姻又は離婚の無効（あるいは婚姻関係の存否の）確認を求める訴えを提起する場合の規律を含むものと解される。

21）竹下・前掲注3）32頁8）

Ⅰ　離婚・婚姻の取消し等に関する国際裁判管轄

⑤　3条の2第5号（本国管轄）

　人事訴訟法3条の2第5号は，日本の裁判所に訴えを提起できる場合として，「身分関係の当事者の双方が日本の国籍を有するとき（その一方又は双方がその死亡の時に日本の国籍を有していたときを含む。）。」を規定する。当事者双方にとって衡平な管轄原因であるほか，一般的には，日本の国籍を有する者の身分関係については我が国として関心を有すべき事柄ということができるところであり[22]，また，日本の国籍を有する者は，日本に近親者の住所があると考えられるなど，我が国との関連性を有しているものと考えられること[23]から，従来の判例法の枠組みを超える新たな規律を設けた規定であると解される。

　この規定では，当事者の住所がどの国にあるのかということは問題とされていないので，規定上は，当事者双方の住所が外国にある場合でも日本の裁判所が管轄権を有することになる。

　もっとも，人事訴訟法3条の4で，日本の裁判所が婚姻の取消し又は離婚の訴えについて管轄権を有するときは子の監護者の指定その他の子の監護に関する処分についての裁判及び親権者の指定についての裁判に係る事件についても管轄権を有することが規定されていることから，人事訴訟法3条の2第5号に基づいて日本の裁判所の管轄を認めると，当該夫婦間の子の親権者の指定についても，日本の裁判所が管轄権を有することとなる。この点，日本の裁判所では，離婚後の親権者の指定の問題について，法の適用に関する通則法32条が適用されると解されていることから[24]，日本人夫婦の間に生ま

---

[22] 国家としての関心については，「私は戸籍制度の存在が重要だと思います。日本国として，戸籍で身分関係を把握しようとしているわけです。それにもかかわらず，両者が日本人で，2人とも戸籍があるにもかかわらず，その身分関係に関係する裁判を日本ではせず，外国でやっていらっしゃいと突き放すのはいかがなものかと思います。」との意見［道垣内正人発言］があるほか，「個人にとっても自らの身分を公証してくれる存在としての国家というものとの関係を，戸籍というものが結んでいるという観点」［内野宗揮発言］を指摘することができる（以上につき，高田ほか・前掲注12）14〜15頁）。
[23] 内野宗揮ほか「人事訴訟法等の一部を改正する法律の概要」NBL №1135（2018）
[24] 東京地判平成2年11月28日判タ759号250頁によれば「離婚の際の親権の帰属については，法例は，離婚の準拠法（16条，14条（注・法の適用に関する通則法27条・25条））と親子関係の準拠法（21条（注・法の適用に関する通則法32条）のいずれによるべきかにつき，明言していないが，離婚の際の親権の帰属問題は，子の福祉を基準にして判断

第2　制定された条文の内容とその規律および解釈上の問題点

れた子が日本国籍を有しない場合でない限り，子の本国法と父母の本国法が同一の日本法である以上，親権者の指定に関する準拠法は日本法となり，いずれか一方の親に単独親権が認められることとなる（民法819条2項）。しかし，諸外国では，離婚後も共同親権を認める国が多く，これらの国の裁判所で法廷地法による判断がされ，離婚後も共同親権が認められることがありうる。そうすると，そのような諸外国に居住している日本人間で離婚訴訟が提起される場合において，原告側が，単独親権者として指定されたいがゆえに日本の裁判所に離婚訴訟を提起することが十分に考えられる[25]かかる場合に，人事訴訟法3条の2第5号が適用されるとしても，「事案の性質，応訴による被告の負担の程度，証拠の所在地，当該訴えに係る身分関係の当事者間の成年に達しない子の利益その他の事情を考慮して，日本の裁判所が審理及び裁判をすることが当事者間の公平を害し，又は適正かつ迅速な審理の実現を妨げることとなる特別の事情があると認めるとき」（人訴法3条の5）にあたるとして，訴えが却下されうることとなろう。訴えが却下される場合，日本人夫婦間の離婚であり，日本法で離婚の裁判と親権者指定の裁判を分離することが予定されていないこと（民法819条2項）を踏まえれば，子の親権者指定に係る事件のみが却下されるのではなく，離婚事件も含めて全部が却下されるのが相当であろう[26]。

すべき問題であるから，法例21条の対象とされている親権の帰属・行使，親権の内容等とその判断基準を同じくするというべきである。してみれば，離婚の際の親権の帰属については，法例21条が適用されることとなる。）としている。もっとも，夫婦双方が日本人の場合，離婚の準拠法によるべきだとしても，夫婦双方の本国法である日本法が適用されることになろう（法の適用に関する通則法27条・25条）。

[25] 一方又は双方が米国に居住する日本人間の離婚事件において，原告が日本の裁判所に離婚訴訟を提起し，被告が米国の裁判所に離婚訴訟を提起した例として，東京家判平成26年3月27日戸籍時報vol.752 38頁（2017）及び東京地判平成11年11月4日判決判タ1023号267頁が挙げられるほか（竹下・前掲注3）36頁），渡辺惺之「外国在住の日本人夫婦間の離婚及び子の親権者指定をめぐり内外で裁判が競合する中で先確定の外国判決について提起された無効確認訴訟（福岡家小倉支判平成25年11月6日）」戸籍時報vol.727（2015）掲載の判例等がある。

[26] 高田ほか・前掲注12) 16頁（山本和彦）

Ⅰ　離婚・婚姻の取消し等に関する国際裁判管轄

6　人事訴訟法3条の2第6号（最後の共通の住所地管轄）

　人事訴訟法3条の2第6号は，日本の裁判所に訴えを提起できる場合として「日本国内に住所がある身分関係の当事者の一方からの訴えであって，当該身分関係の当事者が最後の共通の住所を日本国内に有していたとき。」を規定する。

　管轄原因としては，人事訴訟法の国内管轄の規律でも第一義的な管轄であったことから妥当なものと考えられるが[27]，複数の国にまたがる事件の場合「共通の住所」地とは何かが問題となる。

　この点，例えば認知事件のような事件では一緒に住んでいるほうが珍しいのではないかと思われることから，同じ国に両者が住んでいれば「共通の住所」があるのではないかとの意見[28]もある。

　しかしながら，やはり共通の生活基盤がそこにあるというところに身分関係にまつわる様々な証拠関係が存在するのではないか，それによって，適切な判断が裁判所において期待できるのではないかといった議論を素地として，最後の共通住所が選ばれたという議論の経緯[29]を踏まえれば，「共通の住所」とは，最後の婚姻生活地があった住所をいうものと解される。

　なお，離婚等の訴訟が提起された時点で，特に，身分関係の当事者が最後の共通の住所を日本国内に有していた時から長期間経過したような場合には，時間の経過によって関係証拠が散逸するなど，我が国が当該訴えについて審理・裁判するには十分な関連性を有しないものとなっている可能性があることから，人事訴訟法3条の2第6号は原告の現在の住所が日本国内にあることも必要としたものと解される[30]。とすれば，人事訴訟法3条の2第6号に形式的に該当する場合であっても，その後の事情の推移（例えば，最後の共通の住所が日本にあったが，その後，原告が被告と同じ国で長期間別居した後，日本に帰国して離婚訴訟を提起したような場合）により我が国が当該訴えについて審理・裁判するには十分な関連性を有しないものとなったと認められる場

27）高田ほか・前掲注12）10頁（山本和彦）
28）高田ほか・前掲注12）11頁（道垣内正人）
29）高田ほか・前掲注12）（内野宗揮）
30）内野ほか・前掲注23）26頁

合には，人事訴訟法3条の2第5号に関しても述べたとおり，人事訴訟法3条の5により訴えの全部又は一部が却下されることとなろう。

7 人事訴訟法3条の2第7号（原告住所地に管轄を認めるべき特段の事情）

人事訴訟法3条の2第7号は，日本の裁判所に訴えを提起できる場合として，「日本国内に住所がある身分関係の当事者の一方からの訴えであって，他の一方が行方不明であるとき，他の一方の住所がある国においてされた当該訴えに係る身分関係と同一の身分関係についての訴えに係る確定した判決が日本国で効力を有しないときその他の日本の裁判所が審理及び裁判をすることが当事者間の衡平を図り，又は適正かつ迅速な審理の実現を確保することとなる特別の事情があると認められるとき。」を規定する。

この規定は，判例法における，被告の住所がなくても原告の住所が日本にあるのみで日本の裁判所の管轄権を肯定すべき場合のうち，昭和39年大法廷判決の「遺棄」以外の事情及び平成8年判決が挙げた具体的事情に基づいて管轄権を認める趣旨のものであると解される[31]。

この規定においても，昭和39年大法廷判決後も未解決の問題とされていた「行方不明」の意味が問題となる。

この点，これまでの実務で実際には被告と連絡が取れている場合であっても行方不明としてきたことがあるが，それでもよいのかという趣旨の意見[32]もある。基本的には，「行方不明」とは，いわゆる合理的な調査をしても当該国における住所や居所が明らかにならないような場合をいい，かかる場合であれば日本に原告の住所があることを前提に国際公示送達で裁判を行うことを正当化することができると考えてよいであろう。そうすると，eメール等では連絡がつくけれども，合理的な調査をしても当該国における住所や居所が明らかにならないので，やはり「行方不明」にあたるということがあり

---

31) 竹下・前掲注3) 34頁
32) 髙田ほか・前掲注12) 13頁（大谷美紀子）

うるといえる。[33]いわゆる住所不定者[34]であってもネット環境さえ整えればeメールでの連絡を取ることは可能であるから，そのようなケースも十分にありうるといえよう。

　「行方不明」と並列的に規定されている「他の一方の住所がある国においてされた当該訴えに係る身分関係と同一の身分関係についての訴えに係る確定した判決が日本国で効力を有しないとき」は，平成8年判決の事案のように外国での離婚訴訟の訴状が公示送達により送達されて被告が応訴しないまま判決が下された場合のほかに，これにあたる例として，離婚の訴えについて日本には管轄がなく，外国に管轄があるけれども，日本と当該外国との間で相互の保証がないといった事情から当該外国の判決が日本で承認されないという場合を挙げる見解[35]や，被告の住所がある国で離婚が禁止されているなどの事情から，仮に原告がその国の裁判所に離婚の訴えを提起しても請求が確実に棄却され，離婚を認めない判決の承認が日本の公序（民訴法118条3号）に反することが明らかな場合を挙げる見解[36]もある。

　もっとも，「行方不明」も「他の一方の住所がある国においてされた当該訴えに係る身分関係と同一の身分関係についての訴えに係る確定した判決が日本国で効力を有しないとき」も，いずれも，文言上は例示であり，結局人事訴訟法3条の2第7号は当事者間の衡平，適正・迅速な審理の実現という要請が満たされるのであれば原告の住所のある日本の国際裁判管轄を認めるというものである。[37]

　例示された事情のほかに，外国で配偶者からドメスティック・バイオレンスを受けた被害者である当事者が，ドメスティック・バイオレンスから自分や子の安全を確保するために日本に帰国して離婚訴訟を提起したような場合

---

33) 高田ほか・前掲注12)（内野宗揮）
34) アドレスホッピング（固定の住居を持たずに転々とする超多拠点生活）という居住スタイルを採用するいわゆる「アドレスホッパー」が若者の間で増えていることがニュースとなっている（http://news.livedoor.com/article/detail/15852176/）。もっとも，このようなアドレスホッパーが，離婚や婚姻取消しの訴訟にどの程度関わることがありうるのかの予測は，現状では困難といわざるをえない。
35) 高田ほか・前掲注12) 11頁（道垣内正人）
36) 竹下・前掲注3) 34頁
37) 竹下・前掲注3)（山本和彦）

第2　制定された条文の内容とその規律および解釈上の問題点

も上記の要請を満たす余地があるかと思われる。もっとも，諸外国でも，虚偽のドメスティック・バイオレンスの告発により裁判所の保護命令が発令されたり，虚偽の告発を受けた者が不当に逮捕されたりするなどといった事情がしばしば見られるところであるから，単に配偶者によるドメスティック・バイオレンスに基づき裁判所の保護命令が出されたので帰国したという事情のみで，それ以外の事情を何ら考慮することなく一律に3条の2第7号の要件が満たされる，と解すべきとはいえないであろう[38]。

　なお，人事訴訟法改正後施行前の裁判例として，日本人である原告がメキシコ国籍である被告に対して離婚訴訟を提起した事案で，原告と被告が日本で婚姻届を提出したこと，原告が婚姻期間（13年を超える。）のうち約3年間を除いた期間は子らとともに日本で生活していたこと，原告が判決時点で子らとともに日本で生活していること，被告が米軍の刑務所に収容されていたところ判決時点でその住居所が不明であること，を挙げた上で，平成8年判決を引用して日本の裁判所が国際裁判管轄権を有する旨判断したものがある[39]。この事案では，夫婦の最後の共通の住所が米国にあったものであるから，仮に改正後の人事訴訟法が適用されていたとすれば人事訴訟法3条の5も3条の2第6号も適用することはできず，人事訴訟法3条の2第7号が適用できるか否かが問題となっていたであろう事案であるから，改正後の人事訴訟法3条の2第7号が適用されうる事案として参考となろう[40]。

　また，人事訴訟法3条の2第7号の要件が3条の5の裏返しとなっていることから，3条の2第7号で管轄を認めたものが3条の5で却下されるということはありえないとも考えられそうであるが，3条の5が訴えの一部の却下を認めていることを考えると，3条の2第7号で離婚訴訟については管轄を認めたとしても，離婚訴訟に附帯して財産分与請求や養育費請求等が申し立てられた場合に，3条の4第1項に基づき日本の裁判所が管轄権を有する

---

38) 竹下・前掲注3) 12〜13頁（大谷美紀子）
39) 那覇家判平成31年2月20日那覇家裁家(ホ)第41号事件（判例集未登載）
40) なお，この事案では，米国内の刑務所にいると思われた被告に訴状を送達しようとしたが奏功しなかったために公示送達がなされていることから，被告の住居所が不明であるという事実がなかったとしても，裁判所としては我が国の裁判所が国際裁判管轄権を有すると考えていたものと想定される。

子の監護に関する処分（養育費請求等）や同条2項に基づき日本の裁判所が管轄権を有する財産分与請求について、3条の5に基づいて却下する、というような扱いもありうると考えられる[41]。

第3 その他の関連問題・新法後も残された問題の検討

1 合意管轄・応訴管轄が否定されたことに伴う問題の検討

今般の人事訴訟法の改正にあたっては、離婚事件においては合意管轄ないし応訴管轄を認めるべきではないかとの意見もあったようであるが、結局は認める規定を置かない結果となった[42]。

この点、応訴が人事訴訟法3条の2第7号の「特別の事情」を基礎づけるものか否かにつき、応訴という要素が相当重要な管轄原因となりうることからこれを否定する意見[43]もあれば、両方の当事者が日本の裁判所での裁判を希望している場合には当事者間の衡平がそれで図られることになることを根拠に重要な考慮要素になるとする意見[44]もある。この点、原告の住所が日本国内にある場合に被告の応訴を考慮して日本での審理を認めた裁判例もあること[45]も踏まえれば、被告の応訴は被告側の利益を斟酌する一事情として、3条の2第7号における考慮要素にはなると解される[46]。

もっとも、訴えが提起された時点で被告の応訴が見込まれることが客観的に期待できる状況にないような場合にまで被告の応訴を期待して国外にいる被告に訴状を送達するというのでは、応訴管轄を認めなかった法の趣旨が損

---

41) 竹下・前掲注3) 17頁（大谷美紀子、山本和彦）
42) 高田ほか・前掲注12) 17頁（高田裕成）
43) 高田ほか・前掲注12) 18頁（道垣内正人）
44) 高田ほか・前掲注12)（山本和彦）
45) 水戸家判平成28年12月16日判タ1439号251頁（婚姻無効確認請求事件）。もっとも、この判決では、原告及び被告が最後の共通の住所を我が国内に有していたことが認定されて我が国の国際裁判管轄を肯定する理由の一つとされているから、新たに制定された人事訴訟法3条の2第6号によっても管轄が認められうる事案といえる。
46) 竹下・前掲注3) 38頁。高田ほか・前掲注12) 18頁（内野宗揮・大谷美紀子）

第3　その他の関連問題・新法後も残された問題の検討

なわれよう。そこで，具体的には，離婚事件について，管轄合意（新たに制定された家事法3条の13第1項3号）により調停が行われたが不調となって離婚訴訟が提起されたような場合において，被告が日本での離婚訴訟に応じる旨を表明している客観的な証拠（被告が訴訟提起に近接した時期にその旨を表明して署名した書面等）がある場合には，訴訟事件の管轄を認めて訴状を国外にいる被告に送達してよいと考えることができよう[47]。

なお，離婚訴訟の管轄合意それ自体については，事前に夫婦間のパワーバランスを悪用して一方当事者に有利な管轄合意がなされてしまう可能性もあることから，単に合意があるというだけでは人事訴訟法3条の2第7号の「特別の事情」を基礎づけるものとはなりえないと解すべきであろう。

2　外国で認められた同性婚の解消に関する問題の検討

今後の解釈に委ねられた問題として，外国で認められた同性婚の取消しに関し，池田綾子弁護士により興味深い指摘がなされているので以下に紹介[48]したい。「同性婚の解消については，現在，我が国で実効の同性婚を認めていないことから，その解消（「離婚」）についても家事事件手続法その他には規定がない。しかし，外国で認められた同性婚の当事者の双方が日本にいて，日本でその解消を求めようとすることは考えられる（同意により解消できれば問題は少ないが，一方が同意しない場合に何らかの調停や訴訟を起こすことが考えられる。）。少なくとも双方当事者が日本に居住する場合には，内縁に準じ，日本において手続をとることが考えられるであろう。」

もし実現すれば同性婚の当事者にとっての選択肢が広まることになる点で大変興味深い指摘といえる。外国における同性婚の当事者も人事訴訟法3条の2各号にいう「身分関係の当事者」にあたると解され，同性婚の解消を求める訴えも人事訴訟法3条の2本文にいう「人事に関する訴え」にあたると解されることから，人事訴訟法3条の2第1号，3条の2第5号，3条の2第6号，又は3条の2第7号のいずれかの要件を満たす限り，我が国の裁判

---

[47] この問題点につき詳細な検討をしたものとして，池田綾子「人事訴訟及び家事事件の国際裁判管轄　総論・離婚」自由と正義vol.70 No.1，23頁（2019）
[48] 池田・前掲注47）18頁。本書総論第3の2(8)（池田綾子）

I　離婚・婚姻の取消し等に関する国際裁判管轄

所が同性婚の解消を求める訴えにつき国際裁判管轄を有することとなろう。

ただし，同性婚が我が国の公序（民法90条）に反するものとされてしまいかねない現状において，日本の裁判所が同性婚を解消する裁判をなしうるかが問題となろう。

この点，同性婚の解消につき外国法が適用される場合には，「外国法によるべき場合において，その規定の適用が公の秩序又は善良の風俗に反するときは，これを適用しない。」と規定する法の適用に関する通則法42条の適用が問題となる。

同条に違反するといえるためには，同条の「その規定の適用が」という文言に照らし，外国法の内容そのものが日本の公序に反すると抽象的に判断するのではなく，指定された外国法を実際に適用した結果，我が国の私法秩序が害されるおそれがある場合でなければならないと解される。そうすると，同性婚の解消につき外国法が適用される場合には，我が国の裁判所が当該外国法を適用してもそれは同性婚という公序に反する状態の解消に向かうのであるから法の適用に関する通則法42条には違反しない，ということになりそうである。

もっとも，同性婚の解消につき日本法が適用される場合（離婚については，法の適用に関する通則法27条ただし書により一方が日本に常居所を有する日本人であるときはこれにあたるし，そうでなくとも，両当事者が日本人であってその本国法が日本法である場合，あるいはそうでなくとも両当事者の常居所地が日本法である場合，さらにそうでなくとも当事者に最も密接な関係がある国が日本である場合には，法の適用に関する通則法27条・25条により日本法が適用されることとなる。）に，我が国の裁判所が同性婚を予定していない日本法を適用して外国で成立した同性婚の解消を命じる判決を下すことができるのであろうか。

この点については，外国法が適用される場合との権衡から，我が国の裁判所が日本法を適用して同性婚の解消を命ずる判決を下すことができると考えてよいと思われる。このことは，例えば，外国においては合法とされるが日本の公序には反するような婚姻（例えば，一夫多妻制での婚姻等）をしたところ婚姻関係が破たんして日本に帰国した日本人の妻が日本の裁判所に婚姻の

第3　その他の関連問題・新法後も残された問題の検討

解消を求めるような場合で，かつ，我が国の裁判所が国際裁判管轄権を有するような場合にも同様に妥当しよう。

(たけだ　まさのり)

財産分与その他離婚の附帯請求（子に関するものを除く）

池田　綾子

第1　財産分与の請求の2つの場面

　我が国の民法では、財産分与は離婚請求と同時に行うこともできるが、離婚後に別途行うこともできる。

> （財産分与）
> **民法768条**　協議上の離婚をした者の一方は、相手方に対して財産の分与を請求することができる。
> 2　前項の規定による財産の分与について、当事者間に協議が調わないとき、又は協議をすることができないときは、当事者は、家庭裁判所に対して協議に代わる処分を請求することができる。ただし、離婚の時から2年を経過したときは、この限りでない。
> 3　（略）
> （協議上の離婚の規定の準用）
> **771条**　第766条から第769条までの規定は、裁判上の離婚について準用する。

これに関する人事訴訟法の規定は次のとおりである。

> （附帯処分についての裁判等）
> **人事訴訟法32条**　裁判所は、申立てにより、夫婦の一方が他の一方に対して提起した婚姻の取消し又は離婚の訴えに係る請求を認容する判決において、子の監護者の指定その他の子の監護に関する処分、財産の分与に関する処分又は厚生年金保険法（編注：法令番号省略）第78条の2第2項の規定による処分（以下「附帯処分」と総称する。）についての裁判をしなければならない。
> 2　前項の場合においては、裁判所は、同項の判決において、当事者に対し、子の引渡し又は金銭の支払その他の財産上の給付その他の給付を命ずるこ

Ⅱ　財産分与その他離婚の附帯請求（子に関するものを除く）

とができる。

　家事事件手続法は，別表第二の４に「財産の分与に関する処分」を挙げ，根拠となる法律の規定を，「民法第768条第２項（同法第749条及び第771条において準用する場合を含む。）」としている。家庭裁判所は，別表第二に掲げる事件について審判をし（家事法39条），人事に関する訴訟事件その他家庭に関する事件（別表第一に掲げる事項についての事件を除く。）について調停を行う（同法244条）。

　このように，離婚請求の附帯処分として財産分与の請求をすることができる一方，離婚の時から２年間，財産分与の請求をすることができる。

　以下，もっぱら日本での財産分与法制を前提として，国際裁判管轄について述べるが，外国法が適用される場面では，例えば，離婚と財産分与を同時に行わなければならないこともあると考えられるので，注意が必要である。

第2　財産分与—家事事件手続法の国際裁判管轄の規定

　財産分与単独の請求，すなわち，離婚後の財産分与について，家事事件手続法における国際裁判管轄の定めは，次のとおりである。

> （財産の分与に関する処分の審判事件の管轄権）
> **家事事件手続法３条の12**　裁判所は，財産の分与に関する処分の審判事件（別表第二の４の項の事項についての審判事件をいう。第150条第５号において同じ。）について，次の各号のいずれかに該当するときは，管轄権を有する。
> 　一　夫又は妻であった者の一方からの申立てであって，他の一方の住所（住所がない場合又は住所が知れない場合には，居所）が日本国内にあるとき。
> 　二　夫であった者及び妻であった者の双方が日本の国籍を有するとき。

第2　財産分与―家事事件手続法の国際裁判管轄の規定

> 三　日本国内に住所がある夫又は妻であった者の一方からの申立てであって，夫であった者及び妻であった者が最後の共通の住所を日本国内に有していたとき。
> 四　日本国内に住所がある夫又は妻であった者の一方からの申立てであって，他の一方が行方不明であるとき，他の一方の住所がある国においてされた財産の分与に関する処分に係る確定した裁判が日本国で効力を有しないときその他の日本の裁判所が審理及び裁判をすることが当事者間の衡平を図り，又は適正かつ迅速な審理の実現を確保することとなる特別の事情があると認められるとき。

　家事事件手続法3条の12の内容は，日本国内の財産分与に関する管轄の定めとは異なる。国内では，財産分与に関する処分の審判事件は，「夫又は妻であった者の住所地」の家庭裁判所の管轄に属するとされている（家事法150条5号）。国内での離婚等の管轄は，「当該訴えに係る身分関係の当事者が普通裁判籍を有する地」とされており（人訴法4条1項），離婚等の管轄と財産分与の管轄は同様になっている。

　国際裁判管轄についての家事事件手続法3条の12の内容は，離婚訴訟についての国際裁判管轄を定める人事訴訟法3条の2と同じであり，その意味では，整合的だといえるであろう。

　第一に，相手方の住所が日本国内にあるときは，日本において，財産分与の審判を求めることができる。

　第二に，離婚した当事者双方が日本国籍を有しているときには，当事者の誰も日本に居住していない場合でも，日本で財産分与を求めることができる。

　第三に，当事者双方の最後の住所が日本国内にあった場合である。この場合，日本にいる者は日本で財産分与を求めることができる。

　第四に，日本にいる者から，行方不明の相手方に対して財産分与を求める場合。このほか，日本にいる者からの申立てで，外国で財産分与に関する処分が確定したが，その裁判が日本で効力を生じない場合が挙げられている。それ以外にも，日本の裁判所が審理および裁判をすることが当事者間の衡平を図り，または適正かつ迅速な審理の実現を確保することとなる特別の事情

Ⅱ　財産分与その他離婚の附帯請求（子に関するものを除く）

があるときには，日本で財産分与を求めることができる。総論で「緊急管轄」について論じたが，この部分はその趣旨を反映した規定である。

　上記第四で，外国の確定した裁判が効力を生じない場合として代表的なものとしては，被告には公示送達がなされただけで応訴がなされなかった場合がある。「Ⅺ　外国裁判の承認・執行」で述べるとおり，外国判決については，これが承認・執行されるための要件があり（民訴法118条），民事訴訟法118条2号は，外国判決承認の要件として，敗訴被告が訴訟の開始に必要な呼出し若しくは命令の送達（公示送達その他これに類する送達を除く。）を受けたこと又はこれを受けなかったが応訴したことを挙げている。したがって，外国の裁判が公示送達で始まり，被告が応訴しなかった場合には，その確定した裁判を我が国で承認・執行することはできない。財産分与について外国で裁判があったとしても，これが公示送達でなされた場合には，日本で再度行うことが認められる。

　外国の裁判が日本で効力を生じない場合としては，ほかにも考えられる。例えば，中国での裁判については，離婚自体は日本で承認され，戸籍に記載されることとなっているが，財産権上の請求は，民事訴訟法118条4号の「相互の保証」がなく，承認・執行されないこととなっている[1]。したがって，財産分与についての中国の判決があっても，これは日本では執行できず，日本での裁判を行う必要があることとなる。

　このほか，外国の裁判所で離婚とともに財産分与についての判決が出されたが，その中で，日本にある財産の全部又は一部が漏れていたというような事案も考えられる。例えば，外国に住んでいた日本人妻，外国人夫について，夫が日本に財産を有していたが外国での判決の中にはそれが含まれていなかったとして，日本人妻がその財産分与を求めようとするとき。この場合，家事事件手続法3条の12の1号から3号までのいずれにも該当しない。日本人妻が日本に住所を有していれば，4号に該当するとして管轄を認める余地があると考えられる。外国の判決が「日本国で効力を有しない」という文言

---

[1] 中国との相互の保証を否定した事例として，大阪高判平成15年4月9日判時1841号111頁

に，日本の財産を欠いている場合も含まれると解することができよう[2]。実際，財産の引渡しや不動産の登記移転[3]のことなどを考えると，財産が日本にあるのに，日本に管轄がないとして，外国の裁判をやり直すよう命じることは，当事者に困難を強いるものであるように思われる。

　仮に，日本人妻が引き続き外国にいる場合はどうであろうか。日本の財産について，外国の財産分与の裁判から漏れている場合に，その外国での裁判のやり直しは，日本に当事者がいる場合よりは負担が少ないと思われるものの，財産が日本にあり，それについての審理を日本の裁判所が行うことが便宜であることや，将来の執行のことを考えると，日本の裁判所の管轄を認めることが望ましいと思われる。これは，文言上は，家事事件手続法3条の12に該当するものではないが，最初の外国の財産分与の判決に誤りがある，あるいは，日本法上問題があるといった変則的な事態に照らし，一般論としての緊急管轄が認められてよいと考えられる。

第3　財産分与─人事訴訟法の国際裁判管轄の規定

　上記，家事事件手続法の定めは，離婚後の財産分与の問題であるが，離婚時に行う財産分与については，人事訴訟法の定めによることとなる。人事訴訟法は，次のとおり定める。

> **人事訴訟法3条の4第2項**　裁判所は，日本の裁判所が婚姻の取消し又は離婚の訴えについて管轄権を有する場合において，家事事件手続法（平成23年法律第52号）第3条の12各号のいずれかに該当するときは，第32条第1項の財産の分与に関する処分についての裁判に係る事件について，管轄権を有する。

---

[2] 日本人妻が，もとの財産分与についての外国の判決が誤りであったとしてその変更を求める裁判を申し立てることも理論的には考えられるが，我が国に引き直してみても，そのような手続はかなり手間のかかるものであり，紛争の蒸し返しにつながるおそれもあることから，実務的には通常選択したくないところと考えられる。
[3] 詳細は，後記第6参照。

Ⅱ　財産分与その他離婚の附帯請求（子に関するものを除く）

　日本国内での手続については，先に述べたとおり，人事訴訟法32条で，離婚に附帯する財産分与請求のことが定められている。国際裁判管轄に関する上記の定めは，日本の裁判所が離婚等の請求について国際裁判管轄を有する場合で，家事事件手続法3条の12（上記第2で論じたもの）に該当するときは，（日本法の場合に附帯請求とされる）財産分与請求についても管轄権を有すると定めるものである。この点について第5を参照。

　ここで，家事事件手続法3条の12は，離婚後について述べていることを除けば，内容的には，離婚に関する管轄権の定めと同じものになっているから，離婚訴訟についての国際裁判管轄のあるところには，附帯請求としての財産分与請求の国際裁判管轄があるということになる。

第4　離婚および財産分与の調停の場合

　家事調停事件の国際裁判管轄について，家事事件手続法は次のとおり定めている。

> （家事調停事件の管轄権）
> **家事事件手続法3条の13**　裁判所は，家事調停事件について，次の各号のいずれかに該当するときは，管轄権を有する。
> 　一　当該調停を求める事項についての訴訟事件又は家事審判事件について日本の裁判所が管轄権を有するとき。
> 　二　相手方の住所（住所がない場合又は住所が知れない場合には，居所）が日本国内にあるとき。
> 　三　当事者が日本の裁判所に家事調停の申立てをすることができる旨の合意をしたとき。
> 　2　（略）
> 　3　人事訴訟法（平成15年法律第109号）第2条に規定する人事に関する訴え（離婚及び離縁の訴えを除く。）を提起することができる事項についての調停事件については，第1項（第2号及び第3号に係る部分に限る。）の規定は，適用しない。

　まず，財産分与単独の請求の場合は，家事事件手続法3条の13第1項で，

家事審判事件の管轄（同法3条の12），相手方の住所の管轄となるほか，合意管轄があるということになる。相手方の住所の管轄は，同法3条の12にも含まれている。

　これを離婚調停とともに行う場合は次のとおりとなる。まず，人事訴訟法3条の4第2項により，財産分与請求は，離婚請求に附帯して，国際裁判管轄が決定される。そのうえで，上記家事事件手続法3条の13第1項1号を適用し，訴訟事件について日本の裁判所が管轄権を有するときは，家事調停事件についても日本の裁判所が管轄権を有することとなる。また，同法3条の13第1項2号，3号についても，離婚事件については適用がある。

第5　財産分与と財産所在地

　上記の国際裁判管轄の規定を見ると，財産分与に関しては，財産所在地に管轄権がないことがわかる。日本に財産があるが，当事者双方が日本に在住しておらず，最後の共通住所地も日本でなく，当事者の少なくとも一方が日本人でない場合には，家事事件手続法3条の12のいずれの号にも該当せず，管轄がないことになる。

　一般の財産法の請求に関しては，金銭の支払を請求する財産権上の訴えについて，差し押さえることができる被告の財産が日本国内にあるときには，日本の裁判所が管轄権を有することになっている（民訴法3条の3第3号）。ただし，同号には，「（その財産の価額が著しく低いときを除く。）」との文言がある。

　これとの比較を考えると，財産分与で，特定の財産の引渡しや金銭の支払を請求することに着目すれば，財産所在地に管轄がないことが不都合であるように見える。これに関する法制審議会部会での議論は，財産分与というものが，夫婦財産全体を対象に行われるものであって，少しでも財産がある地で全部の財産について審理することになるのは不適切である，というもので

Ⅱ 財産分与その他離婚の附帯請求（子に関するものを除く）

あった[4]。

この点は，保全処分の制度が文言上整備されていないため，現状で不確実な問題を残している[5]。

第6 財産分与と不動産の登記移転

　日本にある不動産について，財産分与に基づき登記移転を請求しようとする場合には，外国での財産分与判決において，いかに明確に登記移転のことが記載されていても，そのままでは日本の登記所で登記移転することができないと考えられる。不動産登記法に，「確定判決による」ことが必要であると定められている[6]ほか，国際裁判管轄を定める民事訴訟法3条の5第2項に，「登記又は登録に関する訴えの管轄権は，登記又は登録をすべき地が日本国内にあるときは，日本の裁判所に専属する。」との規定があり，登記請求訴訟は，日本の裁判所でないと行うことができないとされているためである。すなわち，外国の裁判所で登記移転を命じたとしても，そのような外国の裁判所の判決は，執行判決によって承認されることはないし，登記所がこれをそのまま受け取って登記移転をすることもないであろう。なぜなら，民事訴訟法118条1号で，外国判決承認の要件として，「法令又は条約により外国裁判所の裁判権が認められること。」が挙げられているが，日本の裁判所の管轄に専属する事項について外国裁判所が裁判をしても，これを承認する余地がないからである。

　したがって，財産分与の判決を外国で得ても，不動産の登記のためには，

---

4) 畑瑞穂「家事事件にかかる国際裁判管轄」論究ジュリストNo.27, 42頁, 注28)（2018）
5) 後記第7参照。
6) 不動産登記法60条は，「権利に関する登記の申請は，法令に別段の定めがある場合を除き，登記権利者及び登記義務者が共同してしなければならない。」と共同申請の旨を定め，同法63条は，「第60条，（中略）の規定にかかわらず，これらの規定により申請を共同してしなければならない者の一方に登記手続をすべきことを命ずる確定判決による登記は，当該申請を共同してしなければならない者の他方が単独で申請することができる。」と定めている。

相手方からの協力が得られない限り，日本で訴訟を起こさなければならなくなる。これは，被告が外国にいる場合には，外国にいる者に対する送達を必要とし，現状では，送達だけで通常半年以上もかかる話となる。既に財産分与についての判決が確定しているにもかかわらず，さらにこのように時間のかかる仕組みになっていることは問題である。

これについての実務的な対応としては，可能であれば，外国で，日本の不動産に関する財産分与の登記手続への協力義務も判決の内容として定めてもらうこと，そうでなくても，事実上の協力を求めることなどであろうか。

外国での財産分与の手続の際に，日本の不動産に関しては，登記手続が必要であり，それが日本の裁判所に専属する，そのため，当事者の協力が得られないと思いがけず時間がかかってしまうことに留意する必要がある。

第7 財産分与と保全処分

保全処分については別途論じられるが，財産分与については，上記のとおり，財産所在地の裁判所に管轄権がないこともあり，現状ではっきりしない問題がある。

一般に，家事事件手続法では，「審判前の保全処分」の定めがあり，157条1項4号において，財産分与を，仮差押えの保全処分ができる審判事件として挙げている。

同法105条の「審判前の保全処分」の規定では，

> 本案の家事審判事件（家事審判事件に係る事項について家事調停の申立てがあった場合にあっては，その家事調停事件）が係属する家庭裁判所は，この法律の定めるところにより，仮差押え，仮処分，財産の管理者の選任その他の必要な保全処分を命ずる審判をすることができる。

と定めている。すなわち，家事調停事件または家事審判事件が係属する家庭裁判所において，仮差押えを命ずることとしている。

先に述べたとおり，財産分与の国際裁判管轄においては，財産所在地の管

Ⅱ　財産分与その他離婚の附帯請求（子に関するものを除く）

轄は認められておらず，日本に当事者の財産があっても，日本で財産分与の調停・審判を行うことができない場合がある。

事例検討
離婚に伴って財産を保全しようとする，いくつかの例を想定してみよう。
（例1）日本人妻（日本在住）と外国人夫（A国在住）との間で，妻が夫に対する離婚請求をし，財産分与も求める場合。日本に夫の不動産がある。
　原則として，相手方住所地で離婚請求を提起する必要があるため，日本人妻は，A国で離婚と財産分与を求めることとなる。
　民事保全法11条は，「保全命令の申立ては，日本の裁判所に本案の訴えを提起することができるとき，又は仮に差し押さえるべき物若しくは係争物が日本国内にあるときに限り，することができる。」と定める。そうすると，日本人妻は，A国での離婚と財産分与請求を前提として，「仮に差し押さえるべき物」または「係争物」が日本にあるとして，日本で保全命令の申立てができると考えられる。この場合には，財産の保全ができる。
　この点に関し，国内事件についてではあるが「実務上人事訴訟事件について行われる民事保全の申立ては，……離婚訴訟の附帯申立てとしての財産分与請求権に基づく仮差押えと処分禁止の仮処分にほぼ限られていた」[7]とされ，「離婚訴訟に附帯する財産分与の申立てが現に係属しているかまたは係属する可能性がある場合には財産分与請求権を被保全権利とする民事保全（仮差押えを含む）の申立てを行いうるとするのが通説であり，実務上も異論なく肯定されていた」とされている[8]。そして，離婚に基づく財産分与請求権については，「人事訴訟法32条の附帯請求としてされるものである限り，請求権の被保全適格としては問題がない。」[9]とされている。離婚請求権と財産分与請求権については，外国でも同様のものが観念されると考えられるので，国際裁判管轄が問題にな

7）瀬木比呂志『民事保全法［新訂版］』24頁（日本評論社，2014）
8）瀬木・前掲注7）24頁
9）瀬木・前掲注7）495頁

る場合でも違いはない。

その後の強制執行は、日本人妻が外国で財産分与についての判決を得たあと、これについて、日本で執行判決を得て、強制執行を行うことになる。

(例2) 日本人夫（A国在住）と外国人妻（B国在住）との間で、外国人妻が日本人夫に対する離婚請求をし、財産分与も求める場合。A国が最後の共通住所地であり、日本に夫の不動産がある。外国人妻が日本人夫に対する離婚の請求とともに財産分与を求めようとするとき、日本の考え方では、外国人妻は、A国で離婚請求と財産分与請求をすることとなる。この場合も、外国人妻は、民事保全法11条により、夫の財産のある日本において民事保全の申立てを行うことができるであろう。例1の場合とほとんど違いはないこととなる。

(例3) 日本人夫（日本在住）と外国人妻（B国在住）との間で、外国人妻が日本人夫に対する離婚請求をし、財産分与も求める場合。日本が最後の共通住所地であり、B国に夫の不動産がある。外国人妻が日本人夫に対する離婚の請求とともに財産分与を求めようとするとき、日本の考え方では、外国人妻は、日本で離婚請求と財産分与請求をすることとなる。この場合も、外国人妻は、民事保全法11条により、「日本の裁判所に本案の訴えを提起することができるとき」日本において民事保全の申立てを行うことができる。財産はB国にあるので、保全命令のみ発令し、執行はできないということになる。

(例4) 離婚後の財産分与請求として、日本人の元妻（日本在住）と外国人の元夫（A国在住）との間で、元妻が元夫に対して財産分与を求める場合。最後の共通住所地はA国にあり、日本に元夫の不動産がある。

この場合、財産分与に関する国際裁判管轄の規定である家事事件手続法3条の12によれば、元妻は元夫のいるA国で請求をせざるをえず、日本で財産分与請求をする余地はなさそうに見える。

家事事件手続法105条により、本案の家事審判事件が係属する家庭裁判所は、仮差押えや仮処分その他必要な保全処分を命ずることができるとされるが、財産所在地ではこれができないため、財産分与請求権を保

Ⅱ　財産分与その他離婚の附帯請求（子に関するものを除く）

全するため日本で仮差押え，仮処分ができないことになってしまいそうである。

　民事保全法は，その1条で，「民事訴訟の本案の権利の実現を保全するための仮差押え及び係争物に関する仮処分並びに民事訴訟の本案の権利関係につき仮の地位を定めるための仮処分（以下「民事保全」と総称する。）については，他の法令に定めるもののほか，この法律の定めるところによる。」とし，家事事件手続法に基づく権利の保全に関しては，家事事件手続法上の「審判前の保全処分」が用いられるべきとされている[10]。そして，審判前の保全処分が適切であるにもかかわらず無理に民事訴訟の本案を想定して民事保全の申立てをする傾向が見られたことが批判されている[11]。そこでは，審判前の保全処分は，被保全権利との結びつきに縛られることなく必要かつ適切な処分を行いうるという意味で裁判所の裁量の幅が広いものであるとして，これが活用されるべきであるとする。

　そして，離婚成立後に財産分与の申立てをする場合の保全については，審判前の保全処分によることになるとし，[12]「家事審判の申立て（財産分与の申立てを含む）については，（民事保全）法1条の『民事訴訟の本案の権利，権利関係の保全』との文言に正面から抵触し，本案適格性は否定せざるをえないであろう。」とする[13]。日本国内で完結する問題であれば，財産分与請求の審判を申し立て，審判前の保全処分によって財産を保全することができるため，これに加えて民事保全を認めなければならない実益はない，ということとしても大きな支障はないと思われる。

　ところが，例4のように，財産分与請求だけを外国で行うとした場合に，日本では家事審判事件に該当するから審判前の保全処分を行うべきであって，民事保全を許容しないということになると，結局日本の不動産を保全する道がないことになってしまう。財産分与請求の本案は，外国で行わざるをえず，そうなると，「本案の係属している裁判所」に申し立てること

---

10) 瀬木・前掲注7) 27頁以下
11) 瀬木・前掲注7) 28頁
12) 瀬木・前掲注7) 26頁
13) 瀬木・前掲注7) 390頁

とされている審判前の保全処分ができないためである。

　この問題点は，日本弁護士連合会の中間試案に対する意見書[14]でも指摘され，法制審議会の部会でも議論されたが，本案の家事審判事件が係属している裁判所のみが保全処分を命じうるという手続構造がとられており，国際裁判管轄だけの問題ではないことから，今次改正で対応することは難しいと考えられ，結局規定の整備自体が断念された[15]。

第8　新法下で，外国で財産分与請求のみを行う場合の保全処分

　翻って，現在の立法を前提とした場合に，離婚後の財産分与請求を海外で行う場合には，日本の不動産の仮差押えや仮処分は本当にできないと考えるべきなのであろうか。

　家事事件手続法制定前は，「審判前の保全処分」の申立てをするには，本案の家事審判の申立てがあったことを要するものとされており，家事調停の申立てがされているだけでは審判前の保全処分の申立てをすることはできないものとされていた。それが，家事事件手続法制定により，家事調停の申立てをしたときに保全処分の申立てができることとなった（同法157条1項4号）[16]。もともと本案の申立てがあったことを要するとの説明は，家事審判の本案手続では，権利義務関係の形成の当否および形成される内容が判断の対象となり，民事保全のように一定の請求権の客観的存否が問題となるものではないため，その保全処分を命ずる場合には，被保全権利の存在の蓋然性に代えて，本案審判において一定の具体的な権利義務が形成される蓋然性が必要となる

14）日本弁護士連合会「人事訴訟事件及び家事事件の国際裁判管轄法制に関する中間試案に対する意見」（2015年5月8日）https://www.nichibenren.or.jp/library/ja/opinion/report/data/2015/opinion_150508_2.pdf

15）畑・前掲注4）39頁，41頁，注13。法制審議会部会第14回会議「部会資料14-5」16頁以下，「同議事録」45頁以下，同第15回会議「部会資料15-2」5頁，「同議事録」54頁以下参照とする。

16）金子修編著『逐条解説　家事事件手続法』342頁（商事法務，2013）

Ⅱ　財産分与その他離婚の附帯請求（子に関するものを除く）

と考えられ，そのような蓋然性を認めるためには，少なくとも本案の家事審判事件が係属していることが必要であると考えられてきたという。[17] 家事事件手続法では，調停の段階で審判前の保全処分ができるようになったが，あくまで保全するのは，審判によって定まる権利であり，調停の合意によって得られる権利ではない。

　しかしながら，このような一般的な説明とはうらはらに，離婚請求の附帯請求の場合には，財産分与請求権を被保全債権として民事保全ができることとなっている。そして，財産分与請求のみがなされるときは，既に離婚が成立しているわけであるから，「具体的な権利義務の蓋然性」はより明確になっていると考えられる。

　こうした前提をもとにすれば，財産分与請求だけを外国で行わざるをえないときであっても，仮に差し押さえるべき物又は係争物が日本にあるときには，民事保全ができるものと解すべきではなかろうか。

　これを許容しないとすれば，財産分与を外国でしか請求できない者には，日本における財産を保全する方途がなくなり，著しく正義に反するものと考えられる。したがって，緊急管轄として，仮に差し押さえるべき物又は係争物の所在地の裁判所は，管轄を有し，民事保全は可能であると解される。現行法の下では，立法の不備があるというべきであろうが，少なくとも，状況に応じて民事保全の管轄が認められてしかるべきであろう。

　なお，このような場合において，「民事保全」の可否の判断を避け，「審判前の保全処分」を行うために，財産分与請求そのものの緊急管轄を検討する余地があるかもしれない。我が国には，本来ならば財産分与請求の管轄がないが，我が国に重要な財産があってこれを仮に差し押さえる必要があり，そのためには，我が国において財産分与請求を許すべきであるとするものである。民事保全の裁判所が迅速に判断しなければならないことに鑑みると，保全の段階で管轄について議論することは困難であり，実務的には本案の管轄の検討を求めるほうが現実的かもしれない。いずれにせよ，実務の蓄積により，不都合が解消されることが望まれる。

17）金子・前掲注16）342頁

第9 厚生年金保険法78条の2第2項の規定による処分の国際裁判管轄

　人事訴訟法32条に定める離婚の訴えの附帯処分として，次のものがある。
　家事事件手続法別表二の15の項には，「請求すべき按分割合に関する処分」の審判事件が挙げられており，根拠となる法律の規定は，「厚生年金保険法（昭和29年法律第115号）第78条の2第2項」である。この規定は，離婚等をした場合に，厚生年金保険の特定の被保険者が実施機関に対し標準報酬改定請求をするについて，家庭裁判所は，当該婚姻期間等における保険料納付に対する当事者の寄与の程度その他一切の事情を考慮して，請求すべき按分割合を定めることができるとする，いわゆる「年金分割」についてのものである。家事事件手続法233条は，この事件の国内での管轄について，申立人又は相手方の住所地を管轄する家庭裁判所の管轄に属すると定めている。
　この審判に関する国際裁判管轄をどのように定めるかについて，中間試案の段階では，日本の裁判所に専属するものとするという案と，規定を設けないものとする案とが出ていたが，検討の結果，規定を設けないこととなった。
　この規定は，我が国の行政行為と密接に関連してはいるものの，離婚に伴う年金の処理の問題であり，実際には外国の裁判所が請求すべき按分割合を定めることがあるようである。したがって，これを日本の家庭裁判所の専属管轄とすることは不都合であると考えられた。厚生年金保険自体は，我が国における適用事業所で使用される者のみが被保険者になると考えられるが，その被保険者が離婚時に我が国に住所がある場合のみならず，以前に我が国に住所を有していたときにも按分の問題は出てくると考えられる。そして，日本国籍を有しない者も対象となっており，そのような者には，脱退一時金の制度がある（厚生年金保険法附則29条）。このように，対象者に住所や国籍の限定はないと考えられるため，外国の裁判所による按分割合の決定も禁止されていないと考えるべきである。そうでないと，外国の裁判所で離婚手続をした当事者が，厚生年金保険法の按分割合の決定だけのために，日本の家庭裁判所で審判を申し立てなければならないこととなり，当事者に負担とな

Ⅱ　財産分与その他離婚の附帯請求（子に関するものを除く）

ると考えられる。
　なお，国際的には，年金等に関し，複雑なルールがある場合がある。その国の専門家に尋ねて適切な措置をとるなど，注意が必要である。

（いけだ　あやこ）

実親子に関する国際裁判管轄

近藤　博徳

第1　はじめに

1　実親子関係訴訟と準拠法，国際裁判管轄

　実親子関係訴訟とは，嫡出否認の訴え，認知の訴え，認知の無効及び取消しの訴え，父を定めることを目的とする訴え，実親子関係の存否の確認の訴えの5つの類型をいう（人訴法2条2号）。

> **人事訴訟法2条**　この法律において「人事訴訟」とは，次に掲げる訴えその他の身分関係の形成又は存否の確認を目的とする訴え（以下「人事に関する訴え」という。）に係る訴訟をいう。
> 一　（略）
> 二　嫡出否認の訴え，認知の訴え，認知の無効及び取消しの訴え，民法（明治29年法律第89号）第773条の規定により父を定めることを目的とする訴え並びに実親子関係の存否の確認の訴え
> 三　（略）

　実親子関係（嫡出親子関係，非嫡出親子関係）の成立に関する準拠法は，法の適用に関する通則法28条及び29条により定められている。

> （嫡出である子の親子関係の成立）
> **法の適用に関する通則法28条**　夫婦の一方の本国法で子の出生の当時におけるものにより子が嫡出となるべきときは，その子は，嫡出である子とする。
> 2　夫が子の出生前に死亡したときは，その死亡の当時における夫の本国法を前項の夫の本国法とみなす。
>
> （嫡出でない子の親子関係の成立）
> **29条**　嫡出でない子の親子関係の成立は，父との間の親子関係については子の出生の当時における父の本国法により，母との間の親子関係については

III　実親子に関する国際裁判管轄

> その当時における母の本国法による。この場合において，子の認知による親子関係の成立については，認知の当時における子の本国法によればその子又は第三者の承諾又は同意があることが認知の要件であるときは，その要件をも備えなければならない。
> 2　子の認知は，前項前段の規定により適用すべき法によるほか，認知の当時における認知する者又は子の本国法による。この場合において，認知する者の本国法によるときは，同項後段の規定を準用する。
> 3　父が子の出生前に死亡したときは，その死亡の当時における父の本国法を第1項の父の本国法とみなす。前項に規定する者が認知前に死亡したときは，その死亡の当時におけるその者の本国法を同項のその者の本国法とみなす。

　実親子関係訴訟における国際裁判管轄は，一般規定である人事訴訟法3条の2によって規律される。

> （人事に関する訴えの管轄権）
> **人事訴訟法3条の2**　人事に関する訴えは，次の各号のいずれかに該当するときは，日本の裁判所に提起することができる。
> 　一　身分関係の当事者の一方に対する訴えであって，当該当事者の住所（住所がない場合又は住所が知れない場合には，居所）が日本国内にあるとき。
> 　二　身分関係の当事者の双方に対する訴えであって，その一方又は双方の住所（住所がない場合又は住所が知れない場合には，居所）が日本国内にあるとき。
> 　三　身分関係の当事者の一方からの訴えであって，他の一方がその死亡の時に日本国内に住所を有していたとき。
> 　四　身分関係の当事者の双方が死亡し，その一方又は双方がその死亡の時に日本国内に住所を有していたとき。
> 　五　身分関係の当事者の双方が日本の国籍を有するとき（その一方又は双方がその死亡の時に日本の国籍を有していたときを含む。）。
> 　六　日本国内に住所がある身分関係の当事者の一方からの訴えであっ

て，当該身分関係の当事者が最後の共通の住所を日本国内に有していたとき。
　七　日本国内に住所がある身分関係の当事者の一方からの訴えであって，他の一方が行方不明であるとき，他の一方の住所がある国においてされた当該訴えに係る身分関係と同一の身分関係についての訴えに係る確定した判決が日本国で効力を有しないときその他の日本の裁判所が審理及び裁判をすることが当事者間の衡平を図り，又は適正かつ迅速な審理の実現を確保することとなる特別の事情があると認められるとき。

2 実親子関係訴訟の類型ごとの検討

　実親子関係訴訟の中には，身分関係の当事者以外の第三者が訴訟当事者となることが想定されていない訴訟類型（嫡出否認の訴え，認知の訴え[1]）と，第三者が身分関係の当事者を相手方として訴えることも想定されている訴訟類型（認知の無効及び取消しの訴え，父を定めることを目的とする訴え，実親子関係の存否の訴え）とがある。

　他方，人事訴訟法3条の2において列記される国際裁判管轄に関する規定の中には，身分関係の当事者間の訴訟に対して適用されるもの（1号・3号・5号～7号）と，第三者が身分関係の当事者を相手方として提起する訴訟に対して適用されるもの（1号・2号・4号・5号）とが混在しており，条文の理解をやや困難にしている。また，実務ではまず訴訟類型の選択があり，その上で国際裁判管轄の有無を検討することとなるので，むしろ訴訟類型ごとに管轄について整理すると理解しやすいと思われる。

　なお，被告が日本国内に住所を有しない場合であって日本の裁判所に国際裁判管轄権がある場合，国内管轄は人事訴訟法4条2項，人事訴訟規則2条により東京家庭裁判所となる。

---

1) 認知の訴えは子の直系卑属はそれらの者の法定代理人も原告となることが予定されている（民法787条）が，後述のとおりこれらの者は身分関係の当事者である子に準ずる立場にあるものとして扱うのが相当である。

Ⅲ　実親子に関する国際裁判管轄

（人事に関する訴えの管轄）
人事訴訟法4条　人事に関する訴えは，当該訴えに係る身分関係の当事者が普通裁判籍を有する地又はその死亡の時にこれを有した地を管轄する家庭裁判所の管轄に専属する。
2　前項の規定による管轄裁判所が定まらないときは，人事に関する訴えは，最高裁判所規則で定める地を管轄する家庭裁判所の管轄に専属する。

人事訴訟規則2条　人事訴訟法……第4条（人事に関する訴えの管轄）第2項の最高裁判所規則で定める地は，東京都千代田区とする。

3　国際裁判管轄を定めるにあたっての要考慮事項

(1)　第一に，実親子関係訴訟においては，実体的真実，すなわち生物学的な親子関係の存否の解明が重要な一要素をなしている。そして，近時のDNA鑑定技術の高度化と費用の低廉化により，訴訟における生物学的な親子関係の存否の判断の多くがこのDNA鑑定に依拠している。このことを考えるならば，生物学的な親子関係の存否が争点となる訴訟においては，DNA鑑定の円滑な実施，具体的には問題となる身分関係当事者双方のDNA鑑定試料の入手が容易であること，また正確かつ適正・廉価な費用でDNA鑑定を実施する信頼できる鑑定機関が存在すること，が審理の適正かつ迅速な審査に資することとなる。実親子関係訴訟に関する国際裁判管轄権の有無については，このような事情も考慮される必要がある。

(2)　第二に，実親子関係訴訟が子から提起される場合，特に子の身分関係の早期安定という要請を無視することはできない。このような場合には，子にとって日本の裁判所が訴えを提起しやすい場所である場合には，なるべく日本の裁判所に国際裁判管轄権を認めるような配慮も必要であろう。

(3)　第三に，実親子関係訴訟の結果は，当該身分関係当事者の戸籍の記載内容に変動を生じさせる可能性があるのみならず，当該身分関係当事者に加えその親族の身分関係や権利義務に影響をもたらす。例えば東京高判平成26年12月24日判時2286号48頁，判タ1424号132頁は，男性が女性配偶者の連れ子を認知したのに対し男性の父母が男性と認知された子を被告として認知無

効の訴えを提起した事案において，男性の父母が認知された子の養育義務を負う可能性があること（民法877条1項）や相続人の地位に影響する可能性があること（民法889条1項1号）を理由として民法786条の「利害関係人」に該当するとした。このように実親子関係訴訟の帰趨が身分関係の当事者である日本人の戸籍および親族関係に影響を及ぼす可能性がある場合には，やはり日本の裁判所に広く国際裁判管轄権を認めるべきことを考慮する必要があるといえる。

(4) 第四に，一般的に裁判所には自国の法律の解釈適用の方がより的確な判断が期待できる，という事情がある。特に取引法の分野と比較して身分法の分野では各国の法制の特性があることから，日本の民法に関する事件の国際裁判管轄権はなるべく広く日本の裁判所に認めることが，結局は適正かつ迅速な身分関係の確定につながり，紛争の早期解決につながる場合もある。

例えば，実親子関係訴訟においては嫡出父子関係の有無が争われる事例が少なくないが，民法772条による嫡出推定の範囲の制限に関し，日本の裁判所は裁判例の集積により判例法理を形成しており，また学説においても「推定されない嫡出子」などの解釈を導き出している。外国の裁判所において当該事件についての準拠法が日本法となった場合には，このような解釈が問題となりうるが，たとえ日本法についての専門家証人の意見をきくとしても，これらの判例・解釈法理を外国の裁判所が十分に理解した上で判断を下すことは必ずしも期待できるものではない。このような事情も，日本の裁判所に国際裁判管轄権を認めるか否かにあたっては考慮されるべき要素の一つといえる。

(5) したがって，実親子関係訴訟においては，人事訴訟法3条の2第1号〜6号に該当しない場合においても，以上のような事情からなお日本の裁判所に国際裁判管轄権を認めることが適切であるか否かを検討する必要があり，これが肯定される場合には同条7号後段に基づき日本の裁判所に国際裁判管轄権を認めることが望ましいといえる。

第2 嫡出否認の訴え

1 概　要

　嫡出否認の訴えは，父が，民法772条により嫡出と推定される子に対して，その嫡出性を否定する訴えである。法の適用に関する通則法28条は「夫婦の一方の本国法で子の出生の当時におけるものにより子が嫡出となるべきときは，その子は，嫡出である子とする。」と定める。したがって，日本人と外国人の夫婦の夫が子に対して嫡出否認の訴えを提起する場合には，民法772条の嫡出推定を排除するとともに，他方配偶者の本国法に基づく嫡出性をも排除することが，嫡出否認の訴えの内容となる。

　嫡出否認の訴えについて日本の裁判所に国際裁判管轄権が認められるときは，その訴えは民法775条の手続によることとなる。

2 裁判管轄について

　嫡出否認の訴えは，身分関係の当事者の一方である父から他方当事者である子に対して提起される訴えである。したがって，日本の裁判所に国際裁判管轄権が認められるのは，以下の場合である（人訴法3条の2）。

① 被告（子，以下同じ。）が日本国内に住所を有するとき（1号）
② 被告がその死亡の時に日本国内に住所を有していたとき（3号）
③ 原告（父，以下同じ。）及び被告の双方が日本国籍を有するとき（5号）
　日本人父と外国人母の間に生まれ重国籍の子を被告とする嫡出否認の訴えの事案では，請求が認容されると子は出生時に遡って日本国籍がないことになる。しかしながら，日本の裁判所の管轄権の有無の基準時である訴え提起時（人訴法1条，民訴法3条の12）には請求が認容されるか否かは不明である上，その時点では子は日本国籍を有するものとして扱われているのであるから，このような場合にも本号に該当するものとするのが妥当である。
④ 原告が日本国内に住所を有し，被告との最後の共通の住所を日本国内に有していたとき（6号）

⑤ 原告が日本国内に住所を有し，被告が行方不明であるとき（7号前段）
⑥ 原告が日本国内に住所を有し，被告の住所がある国においてされた嫡出否認の訴えに係る確定判決が日本国内で効力を有しないときその他の日本の裁判所が審理及び裁判をすることが当事者間の衡平を図り，又は適切かつ迅速な審理の実現を確保することとなる特別の事情があると認められるとき（7号後段）

例えば，子の住所がある国の法制に，嫡出否認の訴えに相当する訴訟手続が存在しない場合などは，かかる「特別の事情があると認められるとき。」に該当する可能性がある。

第3 認知の訴え

1 概要

認知の訴え（死後認知の訴えを含む。）は，身分当事者の一方である子，その直系卑属またはこれらの者の法定代理人が，他方当事者である父または母とされる者に対して，認知を求める事件である。法の適用に関する通則法29条は非嫡出親子関係の成立に関する準拠法について定めているが，母と非嫡出子の親子関係は分娩の事実により当然に発生するとされている[2]から，現実には認知の訴えの対象となるのは非嫡出父子関係であり，認知の訴えの被告も父とされる者である。

通則法29条は，非嫡出父子関係の成立は，子の出生時における父の本国法（1項前段）または認知の当時における認知する者または子の本国法による（2項前段）と定める。したがって，父が日本人である場合には，認知（民法779条または認知の当時における子の本国法による認知の手続）によって非嫡出父子関係が成立することとなる。そして日本の裁判所に認知の訴えを提起する場合には民法787条の認知の訴えによることになる。

---

2) 最判昭和37年4月27日民集16巻7号1247頁

Ⅲ 実親子に関する国際裁判管轄

2 裁判管轄について

　認知の訴えにおける原告は，子，その直系卑属またはこれらの者の法定代理人である[3]。このうち子は身分関係の当事者であり，子の法定代理人はこれに準じる立場にある者と解してよい。また，子の直系卑属およびその法定代理人は，認知の訴えの対象となる身分関係の当事者ではないが，認知の成否が父とされる者との身分関係の有無を直接に左右する関係にあること，通説的見解は子の直系卑属は子の死後においてのみ認知の訴えを提起できるものと解していること[4]からすれば，やはり子に準じる立場として扱うのが妥当である。

　したがって，子，その直系卑属またはこれらの者の法定代理人を原告とし，父とされる者を被告とする認知の訴えは，身分関係の当事者間の訴訟として，以下の場合に日本の裁判所に国際裁判管轄が認められる（人訴法3条の2）。

① 　被告（父とされる者，以下同じ。）が日本国内に住所または居所を有するとき（1号）

② 　被告がその死亡の時に日本国内に住所を有していたとき（3号）
　この死後認知の訴えは検察官が被告となる（12条3項）。

③ 　原告（子と主張する者，以下同じ。）及び被告の双方が日本国籍を有するとき（被告がその死亡時に日本国籍を有したときを含む。）（5号）
　　外国籍の子が日本国籍を有する父に対して認知の訴えを提起する場合，認知が認められれば届出によって日本国籍を取得することができる場合がある（国籍法3条1項）。しかし，訴えの提起時にはまだ日本国籍を有しておらず，その時点では請求が認容されるか否か不明な上，日本国籍の取得には認知に加えて法務大臣に対する届出という別個の行為を要し，かつそこには年齢による制限があることから，訴え提起の時点で本号により日本の裁判所の管轄権を認めることはできないと考えるのが妥当である。

④ 　原告が日本国内に住所を有し，かつ，原告と被告が最後の共通の住所

---

[3] 最判昭和43年8月27日家月21巻1号99頁は，本人に意思能力がある場合であっても法定代理人が本人の代理人として認知の訴えを提起することができるとする。
[4] 新版注釈民法(23)416頁

第 3　認知の訴え

を日本国内に有していたとき（6 号）
⑤　原告が日本国内に住所を有し，かつ，被告が行方不明であるとき（7 号前段）
⑥　原告が日本国内に住所を有し，かつ，被告の住所がある国においてされた認知の訴えに係る確定判決が日本国内で効力を有しないときその他の日本の裁判所が審理及び裁判をすることが当事者間の衡平を図り，又は適切かつ迅速な審理の実現を確保することとなる特別の事情があると認められるとき（7 号後段）

3　7 号により裁判管轄を認めることを検討する必要性が生じる場面

(1)　これらの規定により，子から父に対する認知の訴えの多くの事案について，日本の裁判所に国際裁判管轄権が認められることになるものと推測される。

　他方，父が現に外国に住所を有し，父と子の最後の共通の住所地を日本国内に有しておらず，かつ子と父の少なくともいずれか一方が外国籍である場合には，子から父に対する認知の訴えについて日本の裁判所は国際裁判管轄権を有しない。この場合には子は父が住所を有する国において認知の訴えを提起することになる。

　しかしながら，父が日本人の場合，認知の成否は父の戸籍の記載に影響し，また父のその他の親族（通常はその多くが日本国籍を有する。）の身分関係や権利義務の変動を生じさせる可能性がある。また，その子が国籍法 3 条 1 項の適用対象者である場合には日本国籍取得の可能性が生じ，子本人の法的地位に重大な変動を生じさせる可能性がある。このように，父を中心とする身分関係への変動および子本人の国籍取得の成否という影響の大きさを考えると，日本人父に対する認知の訴えはなるべく日本の裁判所で判断されることが望ましい，という考慮がありうる。

　加えて，非嫡出親子関係の成立について認知主義ではなく事実主義を採用する法制の国においては，そもそも認知制度が存在しないのであるから，当該国の裁判所が認知の成否について適切な判断を下しうるか，例えば母が婚姻中に夫以外の男性の子を出産したという事案でどのような場合に「嫡出の

81

Ⅲ　実親子に関する国際裁判管轄

及ばない子」として認知が認められるか，といった問題について，外国の裁判所がたとえば日本法が準拠法となる場合でも我が国の判例法理を十分に理解をした上で判断を下すことができるか，という懸念もありうる。このような懸念も，日本人父に対する認知の訴えはなるべく日本の裁判所で判断されることが望ましい，という考え方を後押しするものといえる。

(2) 具体例を挙げると，国籍法3条1項の改正（2009年1月1日施行）によって，日本人父から認知を受けた20歳未満の外国籍の子は，法務大臣に届け出ることによって日本国籍を取得することが可能となった。これにより，日本国外に住所を有する外国籍の子またはその法定代理人から日本人父に対して認知を求める案件が増加し，認知調停，認知の訴えに至るケースも少なくない。その多くは父が日本に在住もしくは死亡時の住所が日本国内にあるため，日本の家庭裁判所に調停申立あるいは訴えの提起がなされている。日本国内には信頼できる民間のDNA鑑定業者が複数あり，またその鑑定費用も近年大幅に低廉化していることから，日本国内でDNA鑑定を実施する環境は整っているといえ，裁判所も原則としてDNA鑑定の実施を求める取扱いを行っているのが実情である。そして被告となる父が日本国内に住所を有している場合にはその鑑定試料を入手することも容易である。ただ，原告となる子が日本国外に在住するためその鑑定試料の入手が問題となるが，当該子は既に日本で認知の訴えを提起するために日本の弁護士にアクセスしていること，また近年は外国における需要に着目した民間のDNA鑑定業者が国外での鑑定試料の採取も行っている（ただしこれに要する追加費用の多寡は業者によって様々なようである。）ことから，子の鑑定試料の確実な入手も期待できる事案が少なくない。加えて認知の結果は父の戸籍に記載されること，認知による身分関係の変動は父のその他の親族にも影響を及ぼすことを考えれば，日本人父に対する認知の訴えを日本の裁判所が審理することには合理性がある。

仮に，前述のように人事訴訟法3条の2第1号〜7号前段のいずれによっても日本の裁判所に国際裁判管轄権が認められない場合であっても，父が日本の裁判所で審理をすることに同意し，かつ同条7号後段の規定する事情が認められる場合には，日本の裁判所が国際裁判管轄権を有すると判断するこ

とも許容されるものというべきであろう。

　(3)　日本人父が外国で死亡し，子と父の最後の共通の住所を日本国内に有せず，かつ子と父の少なくともいずれか一方が外国籍である場合も，人事訴訟法3条2第1号～7号前段によっては日本の裁判所に国際裁判管轄権は認められず，子は父の死亡時の住所のある国で認知の訴えを提起することになる。

　しかしながら当該国に死後認知の訴えの制度がない，あるいは日本の手続における検察官のような死亡した父に代わって被告の地位に就くべき者が明確になっていない場合には，果たして当該国の裁判所で死亡した父の認知を認める判断が下せるか否かすら明らかではない。このような場合に当該国での裁判手続の可能性を探って長期間を経過し，あるいはせっかく当該国で得た認知の判決が，日本の裁判所で承認を得られず，その間に子が国籍法3条1項の年齢制限を超過し国籍取得の機会を失うという事態をもたらすおそれもある。加えて，日本人父自身は死亡時に外国に住所を有していたとしても，DNA鑑定のために試料提供を求めるべきその親族は一般的には日本に在住する可能性が高く，他方でこれら親族が死後認知の訴えに補助参加する手続機会を確保するという必要もある。

　これらの事情から，日本人父が外国で死亡し，人事訴訟法3条の2第1号～7号前段によっては日本の裁判所に国際裁判管轄権が認められない事案においても，なお同条7号後段によって日本の裁判所に国際裁判管轄権を認めるべき必要性について十分考慮する必要がある。

4　調停前置の実効性

　認知の訴えは調停前置が定められている（家事法257条）。認知の訴えについて日本の裁判所に国際裁判管轄権が認められる場合には，認知調停事件についても日本の裁判所に国際裁判管轄権が認められる（家事法3条の13第1項1号・3項）から，制度上は，認知調停の手続と，調停不成立に終わったときの認知の訴えを，日本国内の同じ家庭裁判所で行うことができることとなっている。

　ただし，家事調停は話合いによる解決という手続の性格上，原則として当

事者の出頭が求められ，代理人がついている場合でも事案によっては当事者の出頭を強く促される場合があるが，被告が外国に在住する場合には，調停への出頭は必ずしも容易ではない場合も少なくないであろうから，調停手続を必ず先行させることに常に実効性があるかは不明である。

　また，認知調停は「合意に相当する審判」（家事法277条）の対象事件であるが，申立人である子が外国に在住する事案で，裁判官によっては，当事者が調停手続に出頭できない場合は当該審判をすることができないとの見解を示す場合がある（このような考え方をとるか否かは裁判官によってまちまちであり，同一の家庭裁判所内でも合意に相当する審判に際して当事者の出頭を必須とする裁判官とこれを求めない裁判官とが存在する。）。この点からも，調停手続を先行させることの実効性に疑問を抱くケースがある。

　これらのことを考慮するならば，むしろ，相手方の調停への出頭が期待できないこと，あるいは裁判官が合意に相当する審判をしない可能性があることを指摘して，調停に付することが相当でない（家事法257条2項ただし書）として認知調停の申立てをせずに認知の訴えを提起する，という選択肢もありうる。この場合において，裁判所の判断で調停に付することも可能である（家事法257条2項本文）とともに，相手方（被告）の不出頭によって調停が不成立となったときには，調停の取下げ・認知の訴えの提起という手続を要せず，直ちに訴訟手続が再開する，という訴訟経済上の利点もある。

第4 認知の無効および取消しの訴え

1 認知無効の訴えの概要

　認知無効の訴えには，血縁上の父子関係の不存在を理由とする場合と，認知届が届出人の意思によらないことを理由とする場合（他人による認知届，意思無能力者による認知届，など。最判昭和52年2月14日家月29巻9号78頁）とがある。

　子その他の利害関係人は，認知に対して反対の事実を主張することができる（民法786条）。また，判例は，自ら血縁上の父子関係がないことを知りな

がら認知の届出をした者も，認知無効の訴えを提起することができるとする[5]。したがって，認知の無効の訴えは身分関係の当事者である父子のほか，利害関係を有する第三者も提起することができる。後者の場合，身分関係の当事者双方，すなわち認知をした父と認知をされた子が被告となる。

なお，前述のとおり，配偶者の連れ子を血縁関係がないと知りつつ認知した男性の父母が男性及び連れ子を被告として認知無効の訴えを提起した事案で，前掲東京高判平成26年12月24日判決は，男性の父母が民法786条の利害関係人に該当するとした。

また，認知届が無効であることを理由とする認知の無効の訴えに対しては，血縁上の父子関係の存在を理由とする認知の訴えの反訴が提起される可能性がある（前掲最判昭和52年2月14日）。

2　認知取消しの訴えの概要

他方，いかなる場合に認知の取消しの訴えが認められるかに関しては，争いがある。

(1)　まず，認知が詐欺または強迫によってなされた場合に認知取消しの訴えが認められるかについて，今日の通説はこれを否定する。他方，この点に関する裁判例を見ると，大判大正11年3月27日民集1巻137頁はこれを肯定した判例とされるものの，最高裁判所の判例は存在せず，下級審判例では詐欺・強迫による認知の取消しを認める（ただし不実認知を理由とする取消しは否定する。）ものとこれを否定するものとに分かれている[6]。

(2)　次に，法定の承諾（成年者を認知する場合のその成年者の承諾，胎児認知の場合の母の承諾，死亡した子の認知の場合の子の直系卑属の承諾。民法782条・783条）を欠いた認知の取消しについても，これを認める見解が多数説であるものの，血縁関係がある限り承諾がなくとも認知は有効とする少数説もある。他方，この点に関する判例は見当たらない[7]。

(3)　日本人父が民法および戸籍法の定める手続に従って認知の届出を行う

---

5) 最判平成26年1月14日民集68巻1号1頁
6) 新版注釈民法(23)364頁以下
7) 新版注釈民法(23)368頁以下

限り，誤認（錯誤）による認知という事態は考えにくいが，外国法の定める認知手続による場合には，当該手続が認知の手続であることを知らなかった（例えば，出生の登録に関する手続であると誤認した，等）という事態が生じる可能性がある。

また，外国の非嫡出親子関係に関する法制においては，子または第三者の承諾または同意があることを認知の要件としているものがあり，通則法29条1項第2文は「子の認知による親子関係の成立については，認知の当時における子の本国法によればその子又は第三者の承諾又は同意があることが認知の要件であるときは，その要件をも備えなければならない。」と規定していることから，民法の規定に従って認知をした場合でも，この本国法が定める保護要件を欠いていた場合には，当該認知が取消しの対象となる可能性がある。

(4) 認知における意思の瑕疵（詐欺，強迫，錯誤）を理由とする認知の取消しについて，これが認められるとの立場に立った場合，当該訴えの原告は，瑕疵ある認知届をした父であり，被告は子または子が死亡したときは検察官である。

(5) また，認知に法定の承諾あるいは子の保護要件を欠いたことを理由とする認知の取消しについて，これが認められるとの立場に立った場合，当該訴えの原告は子またはその法定代理人，子が死亡したときは子の直系卑属であり，被告は認知者である。

なお，新版注釈民法(22)370頁では「子が原告でないときの被告は認知者及び子である」とされており，これは人事訴訟法12条2項の適用を指すものと解される。しかし，認知された子の直系卑属が原告となるのは，子が既に死亡しているときであるから，被告は認知者のみとなる。また認知された子の母は子の法定代理人として身分関係の当事者に準ずる立場にあるから，この者が訴えを提起する場合にも認知者のみを被告とすれば足ると考えるのが妥当である。これに対し，認知者の配偶者，認知者の嫡出子あるいは別の非嫡出子が訴えを提起する場合には，身分関係の当事者以外の者による訴えの提起となるから，人事訴訟法12条2項により，認知者及び認知を受けた子の双方を被告とすることになる。

第4　認知の無効および取消しの訴え

3 裁判管轄について

　認知の無効および取消しの訴えについて，日本の裁判所に国際裁判管轄権が認められる場面は，以下のとおりである。

　(1) 父から子（子が死亡したときは検察官）に対して訴えを提起する場合（認知無効の訴え，意思の瑕疵を理由とする認知取消しの訴え），もしくは子，その直系卑属またはこれらの者の法定代理人から父（父が死亡したときは検察官）に対して訴えを提起する場合（認知無効の訴え，法定の承諾あるいは保護要件を欠くことを理由とする認知取消しの訴え）

　身分関係の当事者間の訴訟であり，日本の裁判所に国際裁判管轄権が認められる場面は，以下のとおりである（人訴法3条の2）。

　① 被告が日本国内に住所または居所を有するとき（1号）
　② 被告がその死亡の時に日本国内に住所を有していたとき（3号）
　③ 原告及び被告の双方が日本国籍を有するとき（被告がその死亡時に日本国籍を有したときを含む。）（5号）

　　日本人父から子に対する認知無効または取消しの訴えで請求が認容された場合には子の日本国籍が出生時に遡ってなかったものとされる場合であっても，嫡出否認の訴えに関して述べたのと同様の理由から，本号に該当し日本の裁判所は管轄権を有するものとするのが妥当である。

　④ 原告が日本国内に住所を有し，かつ，原告と被告が最後の共通の住所を日本国内に有していたとき（6号）
　⑤ 原告が日本国内に住所を有し，かつ，被告が行方不明であるとき（7号前段）
　⑥ 原告が日本国内に住所を有し，かつ，被告の住所がある国においてされた認知の訴えにかかる確定判決が日本国内で効力を有しないときその他の日本の裁判所が審理及び裁判をすることが当事者間の衡平を図り，又は適切かつ迅速な審理の実現を確保することとなる特別の事情があると認められるとき（7号後段）

　(2) 身分関係の第三者が身分関係の当事者（父及び子）に対して訴えを提起する場合（認知無効の訴え）

　① 父と子の一方または双方の住所（住所がない場合又は住所が知れない場

合は居所）が日本国内にあるとき（2号）
② 父と子の双方が死亡し，その一方又は双方がその死亡時に日本国内に住所を有していたとき（4号）
③ 父と子の双方が日本の国籍を有するとき（その一方又は双方がその死亡の時に日本の国籍を有していたときを含む。）（5条）

4 認知無効・取消しの訴えの国際裁判管轄を定めるにあたって考慮するべき事柄

(1) 血縁関係の不存在を理由とする認知無効の訴えにおいては，血縁上の父子関係の有無が中心争点であり，実体的真実すなわち血縁上の父子関係存否の解明という観点からは，DNA鑑定の試料の確実な採取および信頼できる鑑定人の確保の可能性が重要な要素となる。子および父がそれぞれ原被告当事者となる場合には，被告が住所を有する国で裁判を遂行するのが最もDNA鑑定の試料の入手が容易で，鑑定を実施しやすいという事情がある。

他方，訴訟当事者にとって利用可能な費用で正確なDNA鑑定を実施することが困難であるとか，外国の裁判所でなされた認知無効・取消しの判決が日本の裁判所で承認されない可能性が合理的に予測できるという事情がある場合には，むしろ日本の裁判所に国際裁判管轄権を認める方向で検討することも認められてよい。特に日本人父との非嫡出親子関係に関する事件については，既に指摘した戸籍との関係や父の他の親族との身分関係や権利義務への影響という点からも，日本の裁判所で審理がなされることに合理性があるといえる。

(2) 認知の届出が本人の意思によらないことを理由とする認知無効の訴えにおいては，提出された認知届に記載された父の署名の筆跡や，認知届が提出された当時の父の意思能力や行動が争点となるから，父が認知届を提出した国の裁判所で審理が行われる方が適正かつ迅速な審理が期待できる場合もありうる。このような場合には，人事訴訟法3条の2第1項～7号前段により日本の裁判所に国際裁判管轄権が認められる場合であっても，同法3条の5によりその訴えを却下するのが適切な場合もありえよう。

第5 父を定めることを目的とする訴え（民法773条）

1 概要

　父を定めることを目的とする訴えは，妻が再婚禁止期間の規定（民法733条）に反して前婚の解消又は取消しの後100日以内に再婚し，前婚解消後300日以内かつ後婚成立後200日経過後に子を出産した場合に，前婚と後婚の嫡出推定が重複することになることから，関係者の申立てにより裁判所が父を定める手続である。

　婚姻届は，その婚姻が妻の前婚の解消又は取消しから100日を経過したことを認めた後でなければ受理されない（民法747条）。また，万が一民法733条に反した婚姻届が受理されたとしても，前婚の解消又は取消後300日以内でかつ後婚の成立後200日経過後に子が出生した場合でなければ嫡出推定の重複は生じない。さらに，前婚の解消又は取消後300日以内でかつ後婚の成立後200日経過後に子が出生した場合であっても，前婚の夫と長期間別居中で，実質的にその夫の子と推定することができない場合（いわゆる「推定の及ばない嫡出子」）にも，嫡出推定の重複は生じない。加えて，多くの場合には婚姻に伴って妻が夫の氏を称し（民法750条），夫が筆頭者である戸籍に配偶者として記載されるから，後婚の戸籍を見てもその妻の前婚がいつ解消または取り消されたかは判断できない。したがって，実務的には，後婚の子の出生届の際にその子に嫡出推定の重複が生じているか否かは通常わからないのであり，そのまま後婚の子として戸籍に記載され，何の問題も生じない，ということも考えられる。

　これらの事情から，父を定めることを目的とする訴えが利用される事例は，極めて希有であるとされている[8]。

2 渉外事件における「父を定めることを目的とする訴え」の可能性

　しかしながら，日本人と外国人の婚姻においては，このような嫡出推定の

---

8) 新版注釈民法(23)184頁以下

重複が生じる可能性は，日本人同士の婚姻の場合よりも高くなる可能性がある。その1つは重婚による嫡出推定の重複であり，もう1つは嫡出推定に関する法の定めの食い違いによる嫡出推定の重複である。

(1) 通説は，父を定めることを目的とする訴えに関する規定は，民法733条に違反して再婚した場合のみならず，前婚と後婚の重婚状態が生じ，その間に子が出生した場合にも類推適用される，とする。

日本人同士の婚姻において重婚が成立することは極めてまれであるといえるが，日本人と外国人の婚姻の場合には，外国で成立した婚姻の本国への報告的届出を怠っていたために本国では記録上未婚となっており，これを奇貨として新たな婚姻を成立させて重婚となる事例が時折見られる。また，国によっては出生証明書や婚姻要件具備証明書等の偽造が比較的容易であるためにこれらを偽造して別の婚姻を成立させ，重婚となる事例も散見される[9]。

このようにして重婚の状態にあるときに出生した子について，前婚後婚いずれからも嫡出推定が生じる場合には，父を定めることを目的とする訴えの提起によって嫡出親子関係を確定する必要がある。

(2) また，同じく日本人と外国人の婚姻の場合には，それぞれの本国法が定める嫡出推定の規定の食い違いによって嫡出推定の重複が発生する場合もある。

例えば，法の適用に関する通則法28条1項は，「夫婦の一方の本国法で子の出生の当時におけるものにより子が嫡出となるべきときは，その子は，嫡出である子とする。」と規定するところ，フィリピン家族法168条は以下のとおり規定する。

> **フィリピン家族法168条** 婚姻が解消し，前婚の解消の日から300日以内に母が再婚をした場合は，反対の証拠がない限り，次の各規定を適用する。
> (1) 後婚の挙行の日から180日以内に出生した子は，前婚の解消の日から300日以内に出生した場合に限り，前婚中に懐胎したものとみなす。
> (2) 後婚の挙行から180日を経過した後に出生した子は，前婚の解消の日から300日以内に出生した場合であっても，後婚中に懐胎したものとみなす。

---

[9] 重婚を後婚の取消原因とする法制（例えば民法732条・774条）においては，前婚・後婚とも有効に存在することになる。

第5　父を定めることを目的とする訴え（民法773条）

そのため，フィリピン人女性が日本人男性との前婚を解消または取り消して100日後に新たな男性との間に後婚を成立させ，その180日経過後200日以内（すなわち前婚の解消または取消後300日以内）に子を出産した場合，民法772条2項によれば前婚の夫との嫡出親子関係が発生し，フィリピン家族法168条によれば後婚の夫との嫡出親子関係が発生することになって，嫡出推定の重複が生じることとなる。

(3)　重婚，あるいは嫡出推定の規定の食い違いによる嫡出推定の重複は，国際結婚に伴って一般的に生じる事態ではなく，国際結婚の増加と比例して父を定めることを目的とする訴えが今後急増することが予測されるわけではない。しかし従前あまり想定されていなかった場面でこの訴えの類型が利用される可能性がありうることは留意しておく必要がある。

3　父を定めることを目的とする訴えの当事者

(1)　父を定めることを目的とする訴えの当事者は法定されている（人訴法43条1項2項）。

> （父を定めることを目的とする訴えの当事者等）
> **人事訴訟法43条**　子，母，母の配偶者又はその前配偶者は，民法第773条の規定により父を定めることを目的とする訴えを提起することができる。
> 2　次の各号に掲げる者が提起する前項の訴えにおいては，それぞれ当該各号に定める者を被告とし，これらの者が死亡した後は，検察官を被告とする。
> 　一　子又は母　母の配偶者及びその前配偶者（その一方が死亡した後は，他の一方）
> 　二　母の配偶者　母の前配偶者
> 　三　母の前配偶者　母の配偶者

(2)　父を定めることを目的とする訴えにおいて問題となる身分関係は，子と母の配偶者との父子関係，および子と母の前配偶者との父子関係の2つである。したがって，「身分関係の当事者」とは，子と母の配偶者，および子と母の前配偶者，である。

人事訴訟法43条2項1号のうち，子が原告となり，母の配偶者および前配

偶者が被告となる訴えは身分関係の当事者の訴えである。この訴えは一つの訴訟において２つの身分関係が同時に審理の対象となる点に特徴がある。２つの身分関係は別個のものではあるが，両立しえない択一的な関係にあるという点での関連性があり，一方の父子関係が肯定あるいは否定されれば他方は自動的に否定あるいは肯定される関係にある。

　これに対して，同条２項１号のうち母が原告，母の配偶者および前配偶者が被告となる訴え，同項２号の母の配偶者から前配偶者に対する訴え，同項３号の母の前配偶者から配偶者に対する訴えは，いずれも第三者から身分関係の当事者に対する訴えである。母が原告となる訴えにおいては，母は父子関係の当事者ではないものの，子と配偶者との父子関係および子と前配偶者との父子関係の２つの身分関係が審理の対象であること，両者が択一的な関係にあること，は子が原告となる訴えの場合と同じである。

　他方，母の配偶者，あるいは前配偶者が原告となる訴えは，形式的には子と当該訴えの被告となる者との父子関係が審理の対象であるが，原告となる者と子との父子関係が決定されれば自動的に審理の対象となる父子関係の成否も決まる，という関係は上記と同じである。この点で認知無効の訴えや実親子関係存否確認の訴えにおける第三者から身分関係の当事者に対する訴えとは異なる側面を持つ。

4 子が原告となり，母の配偶者および前配偶者を被告とする訴えの裁判管轄

　子が原告となり，母の配偶者および前配偶者を被告とする訴えにおいては，以下の場合に日本の裁判所に国際裁判管轄権が認められる（人訴法３条の２）。

① 被告が日本国内に住所または居所を有するとき（１号）

　　母の配偶者または前配偶者のいずれか一方が日本国内に住所を有し，他方が住所を有しない場合には，どのように扱うべきか。

　　この場合，前述したとおり子と母の配偶者との父子関係と子と母の前配偶者との父子関係は択一的な関係にあるから，母の配偶者または前配偶者の一方が日本国内に住所を有し，その者との間で父子関係の存否が明らかになれば（例えばDNA鑑定の実施等），自動的に日本国外に在住す

第5　父を定めることを目的とする訴え（民法773条）

る被告との父子関係の存否も明らかとなる。したがって，被告のいずれか一方が日本国内に住所を有するときは，日本の裁判所に国際裁判管轄権を認めてよいと考えるのが妥当である。
② 被告がその死亡の時に日本国内に住所を有していたとき（3号）
　ア　母の配偶者または前配偶者の一方が死亡の時に日本国内に住所を有し，他方が外国で生存している場合には，どのように扱うべきか。
　　　この場合，生存する被告の応訴の利益を考慮し，被告が住所を有する国の裁判所に訴えを提起するとの立場を原則とするべきと考える。ただし，例えば，死亡時に日本国内に住所を有していた者の親族との間でDNA鑑定（親族鑑定）が既に行われ，それによって既に死亡している者との父子関係の存否が科学的に明らかになっているなどの事情がある場合には，人事訴訟法3条の2第7号後段の考え方により日本の裁判所に国際裁判管轄権を認めることが可能であると考える。
　イ　母の配偶者または前配偶者の一方が死亡の時に日本国内に住所を有し，他方が外国で既に死亡していた場合には，どのように扱うべきか。
　　　被告の双方が死亡していた場合には検察官が被告となる（人訴法43条2項柱書）が，死亡時に住所を有していた国に父を定めることを目的とする訴えの制度が存在しない場合や，被告が既に死亡しているときに検察官その他公益の代表者を被告として訴えを提起する制度が存在しない場合，あるいはこのような制度の有無が定かではなく適法な訴え提起が可能かどうか不明な場合もある。したがって，このような場合には本号に基づき日本の裁判所に国際裁判管轄権を認め，検察官を被告として訴えを提起することができるものと考えるのが妥当である。
③ 原告及び被告の双方が日本国籍を有するとき（被告がその死亡時に日本国籍を有したときを含む。）（5号）
　　母の配偶者または前配偶者の一方が日本国籍を有し，他方が日本国籍を有しない場合には，どのように扱うべきか。
　　この場合は，本号の趣旨を考慮し，かつ前述のとおり一方の父子関係の存否が明らかになれば自動的に他方の父子関係の存否も決定されると

④ 原告が日本国内に住所を有し，かつ，原告と被告が最後の共通の住所を日本国内に有していたとき（6号）

母の配偶者または前配偶者の一方と原告との最後の共通の住所が日本国内にあり，他方との最後の共通の住所が日本国内にない場合には，どのように扱うべきか。

この場合も，前号と同様に日本の裁判所に国際裁判管轄権を認めることができるものと考えるのが妥当である。

⑤ 原告が日本国内に住所を有し，かつ，被告が行方不明であるとき（7号前段）

母の配偶者または前配偶者の一方のみが行方不明の場合には，どのように扱うべきか。

この場合は，所在が判明している被告の応訴の利益を考慮して，当該被告が住所を有する国の裁判所に訴えを提起することを原則とするものと考えるのが妥当である。

ただし，上記②アで述べたのと同様，行方不明となっている被告の親族との間であらかじめDNA鑑定が実施され，原告と行方不明となっている被告との間の父子関係の存否が科学的に明らかになっている等の事情のある場合には，7号後段の考え方により日本の裁判所に国際裁判管轄権を認めることができるものと考えるのが妥当である。

⑥ 原告が日本国内に住所を有し，かつ，被告の住所がある国においてされた認知の訴えに係る確定判決が日本国内で効力を有しないときその他の日本の裁判所が審理及び裁判をすることが当事者間の衡平を図り，又は適切かつ迅速な審理の実現を確保することとなる特別の事情があると認められるとき（7号後段）

5 母が原告となり，母の配偶者および前配偶者を被告とする訴えの裁判管轄

母が原告となり，母の配偶者および前配偶者を被告とする訴えにおいては，

第5　父を定めることを目的とする訴え（民法773条）

以下の場合に日本の裁判所に国際裁判管轄権が認められる（人訴法3条の2）。

① 母の配偶者および前配偶者が日本国内に住所または居所を有するとき（1号）

　第三者から身分関係の当事者に対する訴えの提起であるが，身分関係の当事者双方を被告とする訴えではないため，2号ではなく1号の適用となる。

　母の配偶者または前配偶者の一方のみが日本に住所を有する場合は，前述した子が原告となる場合と同様，日本の裁判所に国際裁判管轄権を認めてよいと考えるのが妥当である。ただし，例えば，身分関係の他方当事者である子が海外在住の被告とともに海外に在住しており，円滑なDNA鑑定の実施のためには当該国の裁判所に訴えを提起することが望ましく，原告となる母の手持ち資料だけでは父子関係の有無について判断しえないような事情のある場合には，人事訴訟法3条の5による訴えの却下もありうると考えるのが妥当である。

② 子，配偶者，前配偶者の全員が死亡し，そのいずれかが死亡時に日本国内に住所を有していたとき（4号）

　配偶者および前配偶者が死亡していても，子が生存しているときは本号の適用はないが，この場合に直ちに日本の裁判所の国際裁判管轄権を否定することは妥当ではない。母の配偶者および前配偶者の双方が死亡時に日本国内に住所を有していたときは，日本の裁判所で父子関係の存否について審理を行うことが適切である場合が多いと考えられる。また，母の配偶者または前配偶者の一方の死亡時の住所が外国にあった場合であっても，当該外国において死亡した者に代わり検察官など公益を代表する者が被告となって父を定める訴えを提起する制度が存在しない場合は，やはり日本の裁判所において審理を行うことが適切である。

　加えて，例えば子が日本に在住し，母の配偶者または前配偶者のいずれか死亡時に日本国内に住所を有していた者との父子関係を立証する可能性が認められるような場合（この者の親族との間でDNA鑑定を実施することが可能な状況がある，等）には，日本の裁判所において適正かつ迅速な審理が期待できる。また子が日本国外に在住している場合であっても，

Ⅲ　実親子に関する国際裁判管轄

母の配偶者または前配偶者のいずれか死亡時に日本国内に住所を有していた者との父子関係の証明について協力が可能である場合にも，やはり日本の裁判所において適正かつ迅速な審理が期待できる。このような場合には，人事訴訟法3条の2第7号後段によって日本の裁判所に国際裁判管轄が認められると考えるのが妥当である。

③　子，母の配偶者および母の前配偶者がいずれも日本の国籍を有するとき（その一方または双方がその死亡の時に日本の国籍を有していた時を含む。）（5号）

ア　ここで，子の日本国籍の有無については検討を要する場面がありうる。

まず，母が日本国籍者である場合，子は出生により日本国籍を取得する（国籍法2条1号）。また母が外国籍者である場合でも，前配偶者および配偶者がいずれも日本国籍者である場合には，子はいずれの者との父子関係が認定されても出生により日本国籍を取得することになる（上記同条同号）から，このときも子は日本国籍を有するものとして扱ってよい。さらに，母および母の前配偶者が外国籍，配偶者が日本国籍の場合であっても，子が母と配偶者の嫡出子として配偶者の戸籍に記載されている場合には，子は一応日本国籍を有するものとして取り扱われているのであるから，この場合も子が日本国籍を有するものとして扱ってよい。

他方，母が外国籍者であり，母の前配偶者または配偶者のいずれか一方が日本国籍者である場合であって，当該子が外国で出生し外国籍を取得しており，かつ出生から3か月以内に国籍留保の届出を行っていなかった場合には，当該子は仮に出生時に日本国籍を取得していても日本国籍を喪失したことになる（国籍法12条，戸籍法104条）から，子は日本国籍を有しないものとして扱われることになる。

これらに対し，母が外国籍者で，前配偶者または配偶者の一方が日本国籍者，他方が外国籍者であり，当該子が日本国内で出生し，日本国籍を有する配偶者もしくは前配偶者の戸籍に未だ記載されていない場合には，当該子を日本国籍を有するものとして扱うべきか否かに疑

第5　父を定めることを目的とする訴え（民法773条）

問が生じる。理論的には日本人の父の子として出生した者は出生時に日本国籍を取得するが，現実に父を定めることを目的とする訴えの提起の時点で父が日本国籍者であるか否か明らかとなっていないのであるから，当該子については日本国籍を有しないものとして扱わざるをえないものと考える。

イ　子，母の配偶者および前配偶者のいずれか1人が日本国籍を有していない場合は，本号の適用はない。しかしながら，直ちに日本の裁判所の国際裁判管轄権が否定されると考えるべきではないことは，前号と同じである。母の配偶者または前配偶者の少なくとも一方が日本国籍を有する場合，子との父子関係の存否はその者の戸籍の記載の変動を生じさせ，またその者の他の親族の身分関係や権利義務を変動させる可能性がある。さらに上述のとおり，日本人父との父子関係が明らかとなることにより，子が日本国籍という重要な法的地位を取得したか否かも左右されることになる。このような影響を考えるならば，日本の裁判所において審理を行うことに一定の合理性があるものということができる。

そして，例えば子は日本国籍を有しないものの母の配偶者および前配偶者が日本国籍を有するとか（このような事態は当該子が日本国外で出生し国籍法12条によって日本国籍を喪失した場合に発生しうる。），母の配偶者もしくは前配偶者のうち日本国籍を有しない者について応訴の利益を特段侵害しないような事情（日本の裁判所での審理に同意しているなど），あるいは応訴の利益を保障する必要がないほど客観的事実が明らかとなっている場合（例えば子と他方被告との父子関係が既にDNA鑑定によって明らかとなっているなど），といった事情がある場合には，人事訴訟法3条の2第7号後段によって日本の裁判所に国際裁判管轄を認めることが妥当であると考える。

6　その他の訴えの場合の裁判管轄

母の配偶者が原告となり前配偶者を被告とする訴え，および母の前配偶者が原告となり配偶者を被告とする訴えは，第三者から当該身分関係（母の配

偶者と子の父子関係，および母の前配偶者と子の父子関係）の当事者の一方に対する訴えであるから，以下の場合に日本の裁判所に国際裁判管轄権が認められる（人訴法3条の2）。

① 被告となる者の住所が日本国内にあるとき（1号）
② 子および被告となる者が死亡し，その一方又は双方がその死亡の時に日本国内に住所を有していたとき（4号）
⑤ 被告となる者および子が日本の国籍を有するとき（その一方又は双方がその死亡の時に日本の国籍を有していたときを含む。）（5号）

第6 実親子関係存否確認の訴え

1 概要

実親子関係存否確認の訴えには，身分関係の当事者間の訴え（子から親に対する訴え，親から子に対する訴え）と，第三者から身分関係の当事者に対する訴えがある。後者の訴えの場合，当該身分関係の当事者双方を被告とし，その一方が死亡したときは他方を被告とし，いずれも死亡した場合には検察官を被告とする（人訴法12条2項・3項）。

2 身分関係の当事者間の実親子関係存否確認の訴えの裁判管轄

(1) 身分関係の当事者間の実親子関係存否確認の訴えにおいて，日本の裁判所が国際裁判管轄権を有するのは，以下の場合である（人訴法3条の2）。

① 被告となる者が日本国内に住所を有するとき（1号）
② 被告となる者がその死亡の時に日本国内に住所を有していたとき（3号）
③ 原告となる者及び被告となる者の双方が日本国籍を有するとき，またはその死亡時に日本国籍を有していたとき（5号）
　ア 日本国籍者と外国籍者の夫婦のうちの日本国籍を有する者と日本国籍を有する子との間の実親子関係不存在確認の訴えの場合，親子関係が否定されると子は出生時に遡って日本国籍がなかったことになる。

しかしながら管轄の判断基準時である訴え提起の時点においては子は日本国籍を有する者として扱われているのであるから，本号により日本の裁判所に裁判管轄権がある。

　イ　これに対し，日本国籍を有する親と日本国籍を有しない子との間の実親子関係存在確認の訴えであって，その内容が嫡出親子関係の存在の確認を求めるものである場合，親子関係が肯定されると子は出生時から日本国籍を有していたことになる。しかしながら，訴え提起時点では日本国籍を有しない者として扱われているのであるから，本号の適用は否定される。

④　原告となる者が日本国内に住所を有し，被告となる者との最後の共通の住所を日本国内に有していたとき（6号）

⑤　原告となる者が日本国内に住所を有し，被告となる者が行方不明であるとき（7号前段）

⑥　原告となる者が日本国内に住所を有し，被告となる者の住所がある国においてされた実親子関係存否確認の訴えに係る確定判決が日本国内で効力を有しないときその他の日本の裁判所が審理及び裁判をすることが当事者間の衡平を図り，または適切かつ迅速な審理の実現を確保することとなる特別の事情があると認められるとき（7号後段）

(2)　ただ，1号〜7号前段に該当しないことを理由に，直ちに日本の裁判所にこれらの訴えの国際裁判管轄が認められないと結論づけるべきではない。当事者の一方，特に親が日本国籍を有するときは，実親子関係の存否はその者の戸籍の記載や，他の親族の身分関係・権利義務に変動を生じさせること，他方で子の日本国籍の存否も左右する場合があることを考えるならば，これらの事案について日本の裁判所で審理を行うことにも合理性があると見ることができ，そのような場合には7号後段によって日本の裁判所に国際裁判管轄権を認めることが妥当であると考える。

(3)　なお，6号の適用に関連し，親と子の最後の共通の住所地が日本国内にあることが日本の裁判所での審理に資するか否かは，親子関係存在確認と不存在確認とで状況が異なる場合がありうる。

親子関係存在確認の訴えにおいては，共通の住所地の存在すなわち同居の

事実, およびそこでの生活状況が, 親子関係が存在することの証拠の一つとなりうるから, 日本の裁判所で審査をすることに合理性がある。

他方, 親子関係不存在確認の訴えの場合には, 共通の住所地があることは親子関係がないことの裏付けとはならず, むしろ同居の事実がないことや, 生物学的な親子関係の不存在が中心的な争点になる。したがって, 最後の共通の住所地が日本にあることを理由に日本の裁判所に国際裁判管轄を認めることには, 一般論としては, 必ずしも合理性があるとは思われない。

3 第三者から身分関係の当事者に対する訴えの裁判管轄について

第三者から身分関係の当事者(親および子)に対する実親子関係存否確認の訴えにおいて, 日本の裁判所が国際裁判管轄権を有するのは, 以下の場合である(人訴法3条の2)。

① 親または子もしくはその双方が日本国内に住所を有するとき(2号)

親または子の一方が既に死亡しており, 死亡時に外国に住所を有していた場合でも, 本号により日本の裁判所に国際裁判管轄権を認めるのが妥当である。

逆に親または子の一方が死亡しており, 死亡時に日本国内に住所を有していたが, 生存している身分関係当事者は外国に住所を有する場合には, 原則として日本の裁判所に国際裁判管轄権はないものと考えるのが妥当である。

② 親子双方が死亡し, その一方または双方がその死亡時に日本国内に住所を有していたとき(4号)

③ 被告となる親子の双方が日本国籍を有するとき, またはその死亡時に日本国籍を有していたとき(5号)

なお, 被告となる親子の一方のみが日本国籍を有する場合には, 本号の適用はないが, 既に論じたとおり, 特に親が日本国籍を有する場合には, 戸籍の記載や他の親族の身分関係・権利義務の変動, 子の日本国籍の変動等の影響を生じるおそれがあることから, 日本の裁判所で審理を行うことが合理的である場合も少なくないと思われる。そのような場合には, 7号後段によって日本の裁判所に国際裁判管轄権が認められると

考えるのが妥当である。

第7 審判・調停事件における国際裁判管轄

家事事件手続法は，実親子関係に関する手続の国際裁判管轄について，以下の規定を新設した。

1 嫡出否認の訴えの特別代理人の選任の審判事件の管轄権（家事法3条の4）

嫡出否認の訴えについて日本の裁判所が管轄権を有するときは，嫡出否認の訴えの特別代理人の選任の審判事件についても管轄権を有する。

> （嫡出否認の訴えの特別代理人の選任の審判事件の管轄権）
> **家事事件手続法3条の4** 裁判所は，嫡出否認の訴えについて日本の裁判所が管轄権を有するときは，嫡出否認の訴えの特別代理人の選任の審判事件（別表第一の59の項の事項についての審判事件をいう。第159条第1項及び第2項において同じ。）について，管轄権を有する。

2 家事調停事件の管轄権（家事法3条の13）

家事事件手続法3条の13第1項は，1号〜3号において，家事調停事件に関する日本の裁判所の国際裁判管轄権について独自に定める。しかしながらこのうち2号および3号は，人事訴訟法2条に規定する人事に関する訴え（離婚及び離縁の訴えを除く。），すなわち実親子関係に関する事項についての調停事件には適用しない，とされている（同条3項）。

> （家事調停事件の管轄権）
> **家事事件手続法3条の13** 裁判所は，家事調停事件について，次の各号のいずれかに該当するときは，管轄権を有する。

> 一　当該調停を求める事項についての訴訟事件又は家事審判事件について日本の裁判所が管轄権を有するとき。
> 二　相手方の住所（住所がない場合又は住所が知れない場合には，居所）が日本国内にあるとき。
> 三　当事者が日本の裁判所に家事調停の申立てをすることができる旨の合意をしたとき。
> 2　民事訴訟法第3条の7第2項及び第3項の規定は，前項第3号の合意について準用する。
> 3　人事訴訟法（平成15年法律第109号）第2条に規定する人事に関する訴え（離婚及び離縁の訴えを除く。）を提起することができる事項についての調停事件については，第1項（第2号及び第3号に係る部分に限る。）の規定は，適用しない。

したがって，実親子関係の訴えに先行して申し立てられる調停事件の国際裁判管轄は，当該事項に関する訴訟事件において日本の裁判所に国際裁判管轄が認められる場合にのみ認められ，日本の裁判所に調停の申立てをすることができる旨の合意による管轄の指定は認められない。

（こんどう　ひろのり）

養子に関する国際裁判管轄

平田　厚

第1　はじめに

　養子に関する国際裁判管轄の問題は，今回の人事訴訟法及び家事事件手続法の改正において，明文規定が設けられた。国際的な裁判管轄の規律を考えるにあたっては，諸外国の法制度には共通点がありながらも相違点が相当程度存するのであるから，日本法上定められた事件の種類を念頭に置いて類型的に検討するのが妥当であり，法制審議会部会の議論においても，「単位事件類型」という概念が使用されていた。しかし，要綱案や法案となるに従って「単位事件類型」という考え方が希薄になり，日本法における概念が絶対的であるかのような規律へと変遷してしまった。

　明治時代の「民法出でて忠孝亡ぶ」というデマゴギーが横行した民法典論争を考えてもわかるように，財産法の分野と異なって，家族法の分野では，日本法は特殊日本的な要素を多く含んでいる。したがって，日本法の制度は，必ずしも国際的な標準としての制度とはいえず，それを前景に押し出しすぎると，国際裁判管轄の制度趣旨がかえって不明確となる危険がある。養子制度は，後述するように，諸外国の制度がかなり異なっている状態にある分野である。したがって，今後の解釈・運用にあたっては，十分な注意が必要であろう。

第2　養親子に関する人事訴訟事件の国際裁判管轄

1　制定された条文の内容

　養親子関係の形成または存否の確認を目的とする人事訴訟事件には，養子

Ⅳ　養子に関する国際裁判管轄

縁組の無効及び取消しの訴え，離縁の訴え，協議離縁の無効及び取消しの訴え，養親子関係の存否の確認の訴えなどがある。これらの養親子関係に関する人事訴訟法改正による国際裁判管轄の規律は，他の人事訴訟事件と同様の規律として一つの条文が定められた[1]。

具体的には，人事訴訟法3条の2として次のように定められている。

（人事に関する訴えの管轄権）

人事訴訟法3条の2　人事に関する訴えは，次の各号のいずれかに該当するときは，日本の裁判所に提起することができる。

一　身分関係の当事者の一方に対する訴えであって，当該当事者の住所（住所がない場合又は住所が知れない場合には，居所）が日本国内にあるとき。

二　身分関係の当事者の双方に対する訴えであって，その一方又は双方の住所（住所がない場合又は住所が知れない場合には，居所）が日本国内にあるとき。

三　身分関係の当事者の一方からの訴えであって，他の一方がその死亡の時に日本国内に住所を有していたとき。

四　身分関係の当事者の双方が死亡し，その一方又は双方がその死亡の時に日本国内に住所を有していたとき。

五　身分関係の当事者の双方が日本の国籍を有するとき（その一方又は双方がその死亡の時に日本の国籍を有していたときを含む。）。

六　日本国内に住所がある身分関係の当事者の一方からの訴えであって，当該身分関係の当事者が最後の共通の住所を日本国内に有していたとき。

七　日本国内に住所がある身分関係の当事者の一方からの訴えであって，他の一方が行方不明であるとき，他の一方の住所がある国においてされた当該訴えに係る身分関係と同一の身分関係についての訴

---

1) 内野宗揮編著『一問一答・平成30年人事訴訟法・家事事件手続法等改正』46頁（商事法務，2019）

> えに係る確定した判決が日本国で効力を有しないときその他の日本の裁判所が審理及び裁判をすることが当事者間の衡平を図り，又は適正かつ迅速な審理の実現を確保することとなる特別の事情があると認められるとき。

2 人事訴訟事件の国際裁判管轄に関する規律

人事訴訟事件の国際裁判管轄に関する規律は，被告住所地管轄を原則としている（人訴法3条の2第1号）。身分関係の当事者の一方からの訴えであって，他の一方がその死亡時に日本国内に住所を有していたときには，日本の裁判所に国際裁判管轄が認められる（同条3号）。また人事訴訟事件の国際裁判管轄に関する規律としては，当事者双方が日本国籍を有する場合にも，日本の裁判所の国籍裁判管轄を認めている（同条5号）。身分関係の当事者が最後の共通の住所を日本国内に有していたときも，日本の裁判所に国際裁判管轄が認められる規律となっているが（同条6号），さらに人事訴訟事件の国際裁判管轄に関する規律としては，原告の住所地が日本国内にある場合で，被告が行方不明であるとき，被告住所地における訴えの確定判決が日本で効力を有しないときその他の当事者間の衡平を図り適正かつ迅速な審理の実現を確保する特別事情があると認められるときには，日本の裁判所に国際裁判管轄を認めるものとされた（同条7号）。これは，昭和39年3月25日の最高裁判決民集18巻3号486頁の趣旨を若干拡充するものとして定められている。

第3 養子縁組の許可の審判事件の国際裁判管轄

1 制定された条文の内容

養子縁組の成立に関しては，日本の養子法によると，普通養子縁組をするについての許可の審判事件（家事法別表第一の61の項：民法794条に基づく後見人が被後見人を養子とする縁組の許可の審判事件及び民法798条に基づく未成年者

IV　養子に関する国際裁判管轄

を養子とする縁組の許可の審判事件）ならびに特別養子縁組をするについての成立の審判事件（家事法別表第一の63の項：民法817条の2第1項に基づく特別養子縁組成立の審判事件）とがある。

養子縁組の許可の審判事件の国際裁判管轄については，家事事件手続法3条の5に次のように定められている。

> （養子縁組をするについての許可の審判事件等の管轄権）
> **家事事件手続法3条の5**　裁判所は，養子縁組をするについての許可の審判事件（別表第一の61の項の事項についての審判事件をいう。第161条第1項及び第2項において同じ。）及び特別養子縁組の成立の審判事件（同表の63の項の事項についての審判事件をいう。第164条第1項及び第2項において同じ。）について，養親となるべき者又は養子となるべき者の住所（住所がない場合又は住所が知れない場合には，居所）が日本国内にあるときは，管轄権を有する。

2　養子縁組の許可の審判事件の国際裁判管轄に関する規律

養子縁組の許可の審判事件の国際裁判管轄に関する規律は，養親となるべき者または養子となるべき者の住所地管轄としている。したがって，養親となるべき者または養子となるべき者の住所（居所の場合も含む。）が日本国内にあるときに，日本の裁判所に国際裁判管轄が認められることとなる。

基本的な考え方としては，養親子関係の成立に関する事件では，基本的に養親および養子の利害が対立することはなく，養親となるべき者または養子となるべき者のいずれかの住所地国であれば，養親となるべき者の適格性や養親子関係の適合性等の審査・判断等の裁判所の後見的な作用に格別支障が生ずることはないと考えられるとされている[2]。

なお，児童虐待に対処するものとして，特別養子制度の養子年齢を引き上

---

2)『人事訴訟事件等についての国際裁判管轄法制研究会報告書』（平成26年3月，商事法務研究会）18頁，中間試案の補足説明17頁，内野・前掲注1）96頁以下

第3　養子縁組の許可の審判事件の国際裁判管轄

げる民法改正がなされた。「実方の父母により監護を受けることが困難な事情がある子の実情等に鑑み，特別養子制度の利用を促進する観点から，民法の特別養子に関する規定等について見直しを行う必要があると思われるので，その要綱を示されたい。」という諮問[3]に基づき，法制審議会特別養子制度部会（大村敦志部会長）が設置され，平成31年1月29日に「特別養子制度の見直しに関する要綱案」が決定され，同年2月14日の総会で同要綱が決定された。その後，令和元年6月に民法改正法案が成立した。

改正法によれば，原則15歳未満の子に関して特別養子縁組をなしうるとした上で，特別養子縁組の審判手続を2段階とし，第1段階は，特別養子縁組の要件を充足しているかどうかを確認する審判手続であり，実方の父母の監護が著しく困難または不適当であることと，実方の父母が特別養子縁組に同意しているかまたは意思表示できないもしくは虐待等に該当することを要件としている。そして，第2段階は，特別養子縁組をするについての成立の審判手続となる。

改正法によれば，第1段階の審判手続の国際裁判管轄については，養親となるべき者または養子となるべき者の住所（居所を含む。）が日本国内にあるときは，日本の裁判所が管轄権を有するとされており，その国内裁判管轄については，養親となるべき者の住所地を管轄する家庭裁判所の管轄に属するものとされている（要綱第2の1(3)）。また，第2段階の審判手続の管轄については，養親となるべき者の住所地を管轄する家庭裁判所の管轄に属するものとされている（要綱第2の2(1)）。

このような管轄の規律で果たして十分か，特に第1段階の審判手続は子の住所地を国際裁判管轄のみで認め，第2段階の審判手続は一律に養親の住所地の家庭裁判所のみが管轄権を有するという規律でいいのかは議論があるところであろう。またそれ以前に，虐待があった場合に実親から子を取り上げて特別養子にしてしまえばよいという政治的な発想に正当性があるのかどうかもよく考慮すべきであろう。虐待事件に対して特別養子縁組で対応することを否定すべきではないが，それ以前に虐待事件にその原因究明から対応す

---

[3]　諮問第106号

Ⅳ 養子に関する国際裁判管轄

るシステムが適切に機能しない限り，特別養子制度も機能しないのではないかと思われる。

第4 死後離縁の許可の審判事件の国際裁判管轄

1 制定された条文の内容

死後離縁については，日本の養子法では，民法811条6項において，家庭裁判所の許可を要するものとされており，家事事件手続法別表第一の62の項に死後離縁の許可の審判事件が定められている。

死後離縁の許可の審判事件の国際裁判管轄については，家事事件手続法3条の6に次のように定められている。

> （死後離縁をするについての許可の審判事件の管轄権）
> **家事事件手続法3条の6** 裁判所は，死後離縁をするについての許可の審判事件（別表第一の62の項の事項についての審判事件をいう。第162条第1項及び第2項において同じ。）について，次の各号のいずれかに該当するときは，管轄権を有する。
> 一 養親又は養子の住所（住所がない場合又は住所が知れない場合には，居所）が日本国内にあるとき。
> 二 養親又は養子がその死亡の時に日本国内に住所を有していたとき。
> 三 養親又は養子の一方が日本の国籍を有する場合であって，他の一方がその死亡の時に日本の国籍を有していたとき。

2 死後離縁の許可の審判事件の国際裁判管轄に関する規律

死後離縁について，家事事件手続法3条の6は，①養親または養子の住所（居所の場合を含む。）が日本国内にあるとき，②養親または養子が死亡時に日本国内に住所を有していたとき，③養親または養子の一方が日本国籍を有

する場合であって，他の一方が死亡時に日本国籍を有していたとき，のいずれかの場合に該当するときは，日本の裁判所に国際裁判管轄が認められるとする。

　もともと，中間試案までは，必要な資料の収集可能性を前提として，当該身分関係の当事者である申立人の住所が日本国内にあるときまたは縁組の当事者の一方が死亡時に日本国内に住所を有していたときは，国際裁判管轄があるものと考えられていた[4]。しかし，改正法では，基本的には中間試案を踏まえているものの，③の国籍管轄を含めてより広く管轄が認められることとなったものである[5]。

第5　特別養子縁組の離縁を目的とする審判事件の国際裁判管轄

1　制定された条文の内容

　特別養子縁組については，日本の養子法では，民法817条の10において，養子の利益のために特に必要があると認められるときに，家庭裁判所の審判によって離縁が認められるだけである。

　特別養子縁組の離縁を目的とする審判事件の国際裁判管轄については，家事事件手続法3条の7に次のように定められている。

> （特別養子縁組の離縁の審判事件の管轄権）
> **家事事件手続法3条の7**　裁判所は，特別養子縁組の離縁の審判事件（別表第一の64の項の事項についての審判事件をいう。以下同じ。）について，次の各号のいずれかに該当するときは，管轄権を有する。
> 　一　養親の住所（住所がない場合又は住所が知れない場合には，居所）が日本国内にあるとき。

---

4) 研究会報告書・前掲注2）21頁，同・補足説明19頁
5) 内野・前掲注1）106頁

Ⅳ　養子に関する国際裁判管轄

二　養子の実父母又は検察官からの申立てであって，養子の住所（住所がない場合又は住所が知れない場合には，居所）が日本国内にあるとき。

三　養親及び養子が日本の国籍を有するとき。

四　日本国内に住所がある養子からの申立てであって，養親及び養子が最後の共通の住所を日本国内に有していたとき。

五　日本国内に住所がある養子からの申立てであって，養親が行方不明であるとき，養親の住所がある国においてされた離縁に係る確定した裁判が日本国で効力を有しないときその他の日本の裁判所が審理及び裁判をすることが養親と養子との間の衡平を図り，又は適正かつ迅速な審理の実現を確保することとなる特別の事情があると認められるとき。

2　特別養子縁組の離縁を目的とする審判事件の国際裁判管轄に関する規律

　家事事件手続法3条の7は，①養親の住所（居所の場合を含む。）が日本国内にあるとき，②養子の実父母または検察官からの申立てであって，養子の住所（居所の場合を含む。）が日本国内にあるとき，③養親および養子が日本国籍を有するとき，④日本国内に住所がある養子からの申立てであって，養親および養子が最後の共通の住所を日本国内に有していたとき，⑤日本国内に住所がある養子からの申立てであって，養親が行方不明であるとき，養親の住所がある国においてされた離縁に係る確定した裁判が日本国で効力を有しないときその他の日本の裁判所が審理および裁判をすることが養親と養子との間の衡平を図り，または適正かつ迅速な審理の実現を確保することとなる特別の事情があると認められるとき，のいずれかの場合に該当するときは，日本の裁判所が管轄権を有するとする。

　このような規律は，基本的に離縁の訴えの規律と同様である。諸外国における養子縁組法制では，後述するように，完全養子のような類型では原則的に離縁が認められていないこともあるし（問題がある場合に離縁とするのではなく，権利を剥奪し義務を残すという方式が多い。これは，親権から親責任へと

いう概念の転換が背景に存するように思われる。)，審判事件ではなく訴えをもって離縁判決をするという法制も存する。我が国の特別養子縁組が折衷的な類型になっているとすると，準拠法の解釈によってどちらが適用になるかという問題が生じうる。そうだとすれば，我が国の特別養子縁組の離縁審判を一つの事件類型として立法化すべきかどうか疑問がないではないが，離縁の訴えに関する国際裁判管轄の規律と同様の規律として定めておくべきものと考える。

第6　諸外国における養子制度の概要

　養子に関する国際裁判管轄を考えるにあたっては，諸外国の養子制度の概要を見ておく必要がある。なぜなら，最初に指摘したように，養子制度は各国の歴史的な経緯によって様々な形態をとってきたのであり，日本の養子法とはかなり異なる制度となっているため，それぞれの国の実体法としての養子法が準拠法である場合には，日本の養子法に基づく国際裁判管轄の規律のどれが当てはまることになるのかという解釈の必要性が高いと思われるからである[6]。ここでは，フランス法，ドイツ法，イギリス法（イングランドとウェールズ）について概要を見ておくこととする。

(1) **フランス**

　前述したように，明治民法成立時点のフランス民法典では，未成年者養子縁組は認められていなかった[7]。しかし，戦争により生じた孤児・棄児を保護する措置として，1923年6月19日法によって未成年者養子縁組が認められる

---

[6] この点については，内野・前掲注1）98頁以下，108頁以下を参照。なお，同書110頁では，「一般論としては，縁組によって養子と実方の血族との親族関係が終了するか否かなど，その縁組が我が国の普通養子縁組や特別養子縁組に相当する特徴をどの程度有するかにより判断することになるものと考えられます。」とし，「特別養子縁組に相当する外国法制の例としては，ドイツにおける未成年養子縁組制度があるものと考えられます。」と指摘している。

[7] 養子制度全体の歴史については，山畠正男「養子制度」中川善之助ほか編『家族問題と家族法Ⅳ』253頁以下（酒井書店，1974），来栖三郎「養子制度に関する二三の問題について」穂積先生追悼論文集『家族法の諸問題』239頁以下（有斐閣，1952）を参照。

Ⅳ 養子に関する国際裁判管轄

に至ったが，養子縁組には，①正当な事由がある場合で，かつ，養子のための利益となる場合であること，②養親が40歳以上で直系卑属がなく，養子よりも15歳以上年長であること，という一般的な要件のほか，③未成年者養子である場合，その父母の同意を必要とするが，父母が離婚しているときには，有責でない一方で，子の監護にあたる者の同意のみで足りる，という要件が付加された[8]。

次に，1939年7月29日のデクレ・ロワによって，①普通養子縁組の要件が緩和されたほか，②断絶養子縁組（adoption avec la rupture des liens de parenté）が創設され，未成年者養子縁組の場合，養親の請求によって養子と実方との血族関係を断絶させることを宣言することができるものとし，③養子準正（légitimation adoptive）の制度も創設され，5歳未満でその父母が知られていないかまたは公的扶助機関の被後見子である遺棄子である場合，夫婦共同で養子とすることによって嫡出子と同一の血族関係を発生させることとした[9]。それらの要件は，1941年8月8日法，1958年12月23日のオルドナンス，1960年12月21日法，1963年3月1日法によってさらに緩和された[10]。

1966年7月11日法（その後，1976年12月22日法，1993年1月8日法によって要件が緩和されている[11]）は，普通養子，断絶養子，養子準正の構成を廃棄し，完全養子縁組（adoption plénière）と単純養子縁組（adoption simple）の2つの構成を採用した。そして完全養子縁組を原則的形態とし，単純養子縁組は特例的形態として位置づけた。また，1966年7月11日法は，これまでの縁組契約プラス裁判所の許可という手続ではなく，裁判所の認可によって親子関

---

8) 以上につき，稲本洋之助『フランスの家族法』77～78頁（東京大学出版会，1985），中川善之助「フランス養子法の変遷」『家族法研究の諸問題』153頁以下（勁草書房，1969）を参照。フランス法における父母の同意の意義については，高橋朋子「未成年養子縁組における父母の関与」三木妙子・磯野誠一・石川稔先生献呈論文集『家族と法の地平』（尚学社，2009）を参照。

9) 以上につき，稲本・前掲注8）78頁，谷口知平「フランス血縁断絶養子・準正養子」『親子法の研究』73頁（有斐閣，1956年）以下を参照。

10) 以上につき，稲本・前掲注8）79～82頁を参照。1958年のオルドナンスについては，國府剛「各国養子法の改正」同志社法学14巻9号111頁以下（1963）を参照。

11) 1993年法については，稲本洋之助「フランスの養子法」中川善之助ほか編『新版注釈民法(24)』4頁以下（有斐閣，1994）を参照。

係が形成されることとなった。

　完全養子縁組（343条以下）は，養子を完全に実方から離脱させ，養方の血族＝嫡出子とし，離縁を認めないものである。完全養子縁組は，28歳以上であれば単独養親でも可能であり（343-1条），養子の年齢は15歳未満でよいが，少なくとも6か月以上養親の家庭に受け入れられていることが必要であり（345条1項），養親は原則として養子よりも15歳以上年長でなければならず（344条1項），養子準正が可能であった国の被後見子や遺棄の宣言を受けた子のほか，父母または家族会が養子縁組に有効に同意している場合にもできることとされた（347条）。[12] 完全養子縁組における年齢要件には特例が認められていたが，1996年7月5日法によって特例は廃止されている。[13]

　単純養子縁組（360条以下）は，養子の年齢にかかわらずなしうる養子縁組であるが（360条1項），基本的に完全養子縁組の規定が準用されている（361条）。単純養子縁組では，実方との関係を維持しつつ，養方との関係も生じることとなる。ただし，養親を相続することはできることとなるが，養親の尊属については遺留分権利者としての資格を認められないなど（368条2項），単純養子の立場には微妙な点が残っている。

　1996年7月5日法は，1993年のハーグ条約を批准するために整備されたものであるが，国際養子に配慮しつつ，完全養子縁組の要件を詳細化し，諸要件を緩和している。その後も2001年2月6日法，2005年7月4日法，2006年7月6日デクレ，同年9月8日デクレなどによって微修正がなされているとされている。[14]

　フランス未成年者養子法は，実方と完全に断絶する完全養子縁組と実方と養方が両立する単純養子縁組という2類型を利用しうるのであるが，そのい

---

12) 以上につき，稲本・前掲注8) 83～87頁，山口俊夫『概説フランス法（上）』455～458頁（東京大学出版会，1978）を参照。なお，今日における制度とその実情については，金子敬明「養子制度」大村敦志ほか編著『比較家族法研究』179～196頁（商事法務，2012）を参照。

13) 1996年法については，中川高男「フランスの養子法」養子と里親を考える会編『養子と里親』197頁以下（日本加除出版，2001）を参照。

14) 以上につき，高橋朋子「フランス親子法の現状」野田愛子ほか編『新家族法実務大系(2)』79～82頁（新日本法規，2008）を参照。なお，ハーグ養子条約との関係については，岡村美保子「フランス　養子に関する法律」ジュリスト1103号122頁（1996）を参照。

ずれも裁判所の判決によって成立することとされており，当事者間の契約によって養親子関係が成立することにつき裁判所の許可を要するという手続ではなく，裁判所の判決による直接的な養親子関係の形成という手続となっている。これは，もっぱら子の利益を保護する目的をもって，裁判所の関与を広く認め，裁判所によるコントロールを強化したものである。

(2) ドイツ

1896年に公布され，1900年に施行されたドイツ民法典（BGB）は，成年養子を原則的なものとし，無子要件（旧1711条），実子を得る見込みのない50歳以上とする養親要件（旧1744条），養親と養子との年齢差を18歳以上とする年齢差要件（旧1744条〜1745条）などを要件として，夫婦生活の幸福増進・家族の承継・家産の承継のため，実子の不足を養子によって補うとする養親のための養子法であった。

1920年代には，嫡出でない子の保護のために養子制度を活用することが要望されたが，1933年代にはナチスの影響下で養子制度に消極的な態度に変わり，養子制度の濫用防止，裁判上の離縁制度の導入，養子縁組の私的あっせんの排除などが立法化された。しかし第二次世界大戦後は，再び養子縁組を促進する方向が示され，未成年者を保護するための養子制度の構築が進められることとなった[15]。

1961年8月11日には，「家族法変更法」に基づき，養親となる者の年齢を35歳以上に引き下げ，養子となる者は原則として未成年者に限るとしたほか，後見裁判所が父母の同意を補充しうるなどを認めることとし，子の利益のための養子法であることが明確に示された。1967年には，ヨーロッパ養子協定に署名し，その要請に基づいて，1976年に養子法が全面的に改正された[16]。

改正前の養子法は，未成年養子と成年養子の区別なく，養子縁組は養親と養子との契約で成立するものとされ（旧1741条1文），しかし同時に，不適法な縁組の発生を防止するため，管轄裁判所の許可（Bestätigung）を要するも

---

15) 以上につき，川井健「ドイツの養子法」中川ほか編・前記注11) 16頁以下を参照。
16) なお，2008年の新ヨーロッパ養子協定については，床谷文雄「ヨーロッパにおける養子法の動向」中川淳先生傘寿記念論集『家族法の理論と実務』351頁以下（日本加除出版，2011）を参照。

のとし(同条2文),それによって縁組の効力が発生するとされていた(旧1754条1項)。また,未成年者を養子とする場合,養子となる者が行為無能力または満14歳未満であるときには,その者の法定代理人が代諾できるものとしており,その場合には裁判所の許可ではなく,後見裁判所の認可(Genehmigung)を要するものとされていた(旧1751条1項)。認可の審理にあたっては,具体的基準は示されておらず,子の利益を比較衡量すべきであるとされていたようである[17]。

1976年7月2日「養子縁組並びにその他諸規定の変更に関する法律」では,未成年養子につき,完全養子を導入し,かつそれを原則とした(1755条)。完全養子の例外としては,①夫婦の一方が他方の嫡出でない子を養子とする場合(1755条2項),②養親が養子と二親等または三親等の親族関係にある場合(1756条1項),③夫婦の一方が他方の嫡出子を養子とする場合(同条2項)のみに限定されている。

ドイツ民法典は,養親と養子との契約に事前に管轄裁判所の許可を得ることで成立するものとしていたが,1976年法は,後見裁判所による子の収容宣言に基づいて養子縁組が成立することとされた(1752条1項・1768条1項)。養親の年齢要件を満25歳以上に引き下げ(1743条),養親と養子の年齢差要件は廃止された。また,無子要件も廃止された。未成年養子にあっては,原則として父母の同意を要するものとし(1747条1項),後見裁判所による同意の補充も認められる(1748条)。未成年者養子の要件としては,養親による養子の相当な期間の試験養育が必要とされている(1744条)[18]。

ドイツ民法典においても,離縁を認めておらず,重大な理由に基づいて子の福祉に必要と認められるときは,後見裁判所が職権に基づいて縁組関係を廃止することができるものとされている(1764条)。

(3) イギリス

イギリス(ここではイングランドとウェールズを指す。)では,養子法が制定

---

17) 以上につき,岩志和一郎「未成年養子縁組許可制度の現状と機能」島津一郎教授古稀記念『講座現代家族法3』補記322頁以下(日本評論社,1992),國府・前掲注10)103頁以下を参照。
18) 以上につき,川井・前掲注15)18頁以下

される前には，救貧法等の下で慈善団体などが事実上貧窮児童を引き取って養育していたのであるが，そのような児童には，児童虐待や苛酷な児童労働の危険も及んでいた。イギリスにおいて，「児童虐待防止法」(Prevention of Cruelty to and Protection of Children Act) が成立したのは1889年であり，児童労働に対する全般的な規制（綿工場等では先に規制が行われていた。）が法制化された「連合王国の工場の児童，年少者の労働を規制する法律」(Lord Althorp's Act：Act to regulate the Labour of Children and young Persons in the Mills and Factories of the United Kingdom) は1833年に成立している[19]。

そして1926年には，「養子法」(Adoption of Children Act 1926) が成立する。他の欧米諸国に比してイギリスの養子制度は遅れて立法化されたのであるが，他の諸国に先駆けて子どもの養育に主眼を置いたものとなった[20]。この立法化を推進したのは直接的には第一次世界大戦後の私生児の増大であったが[21]，遺棄・虐待・搾取等から児童を保護するため，養子制度を一種の親権剥奪の手段として利用することが企図されたのである[22]。したがって，1926年養子法の成立を支えたのは，未成年者の福祉を第一義とする立場であったといえるであろう[23]。同法による養子命令 (adoption order) は，子の希望を確かめ，子の年齢と理解力を考慮しつつ，子の福祉のために (for the welfare of the infant) なされなければならないとされている（3条(b)）。

1926年養子法の特徴は，①未成年養子だけを認めること，②養親子関係の成立は，私人間の契約によらず，裁判所の決定（養子命令：adoption order）によって成立すること，③子と実親・実方親族との関係は，婚姻障害を除いて終了し，養子は養親の嫡出子と同じ法的地位を得ること，④離縁（養親子関係の解消）を認めないこと，などにある[24]。つまり1926年養子法は，子の福

---

19) イギリスにおける児童立法の推移については，拙著『親権と子どもの福祉』（明石書店，2010）第3部を参照されたい。
20) 川田昇『イギリス親権法史』288頁（一粒社，1997）
21) 川田・前掲注20) 290頁
22) 川田・前掲注20) 319〜325頁
23) 内田力蔵『イギリス家族法の基本原理』82頁（日本評論社，1951）
24) 島津一郎＝許末恵「イギリスにおける他児養育制度の動向」判例タイムズ529号116〜117頁（1984）。なお，三木妙子「イギリスの養子制度」ジュリスト782号16〜22頁（1983）も参照。

祉という見地から養親を一種の保護機関とし，それに必要な範囲で成立要件と効果を厳格に定めたのであって，養親子関係を実親子関係に擬制する意図は持っていなかった[25]。そのため，1969年の「家族法改正法」(Family Law Reform Act) が制定されるまでは相続にあたって子としての地位も認められなかった[26]。したがって，同法は，「用心深くできていて，養子縁組みの合法性と，子どもと実親および養父母の間の法律的地位についてのみ規定した」と指摘されている[27]。

1975年「児童法」(Children Act) は，第1部養子 (Adoption)，第2部監護 (Custody)，第3部世話 (Care)，第4部その他の修正 (Further Amendments of Law of England and Wales)，第5部雑則及び補則 (Miscellaneous and Supplemental) の全109条からなっている[28]。第1部の養子制度の部分については，それまでも地方当局は養子収容に関与する権限を有していたが，本法によって地方当局に対人社会サービスの一環として行うことを義務づけたものであった[29]。なお，本法第1部は翌1976年「養子法」(Adoption Act) に統合された。

1989年2月16日には「児童法」(Children Act) が成立した。1989年児童法は，12部108条からなる膨大な法典である[30]。この児童法は，第一に，これまでの統合立法よりもさらに進んで児童ケアに関する私法と公法を統合した。第二に，子どもの福祉 (the child's welfare) が裁判所の至高の考慮事項 (paramount consideration) であることを原則とした。第3に，「親権」に代わる概念として「親責任 (parental responsibility)」が強調された。

---

25) 川田・前掲注20) 328頁
26) 伊藤正己『イギリス法研究』476頁（東京大学出版会，1978）。なお，遺言における実方との断絶については，1949年養子法 (Adoption of Children Act 1949) によって修正されていた（三木妙子「イギリスの養子法」中川ほか編・前掲注11) 48頁）
27) ヘイウッド（内田守訳）『イギリス児童福祉発達史』155頁（ミネルヴァ書房，1971）
28) 1975年児童法については，山本正憲「イギリスにおける連れ子養子をめぐる諸問題」『養子法の研究Ⅲ』304～317頁（法律文化社，1985）を参照。
29) 磯野誠一「英国新児童法の素描」ジュリスト604号116頁（1976)，秋元美世『児童青少年保護をめぐる法と政策』219頁（中央法規，2004）を参照。
30) 1989年児童法については，英国保健省編（林茂男・網野武博監訳）『英国の児童ケア：その新しい展開』173～292頁（中央法規，1995）に，許末恵教授による全訳が転載されている。

そして，これを受けて2002年「養子法」（Adoption and Children Act 2002）が制定された。この養子法では，養子命令を得るための試験養育期間につき，養親候補者の属性によって異なる期間を定めている（42条）。養子命令発令の要件としては，①子の福祉に合致していなければならないこと（1条），②親責任を有する親の同意等を要すること（47条・52条）などが定められている。養親の資格としては，単身者でも非婚カップルでもよいとされている（49条・50条・51条)[31]。

以上のように，イギリス養子法は，未成年者養子のみを認め，子どもの福祉を裁判所の至高の考慮事項とし，当事者間の契約でなく裁判所の養子命令によって成立するとされている。これは，子どものニーズを中心に置いた制度づくりに向けた努力と評価できるであろう[32]。

（ひらた　あつし）

---

31) 以上につき，金子・前掲注12) 196頁以下を参照。
32) 許末恵「イギリス親子法の現状」野田ほか編・前掲注14) 69頁

親権・子の監護に関する事件等の国際裁判管轄

近藤　博徳

第1 親権・子の監護に関する審判事件等の国際裁判管轄

1 裁判管轄に関する規定

家事事件手続法3条の8は、親権に関する審判事件及び子の監護に関する処分の審判事件等に対する日本の裁判所の国際裁判管轄権について規定する。

> （親権に関する審判事件等の管轄権）
> **家事事件手続法3条の8**　裁判所は、親権に関する審判事件（別表第一の65の項から69の項まで並びに別表第二の7の項及び8の項の事項についての審判事件をいう。第167条において同じ。）、子の監護に関する処分の審判事件（同表の3の項の事項についての審判事件をいう。第150条第4号及び第151条第2号において同じ。）（子の監護に要する費用の分担に関する処分の審判事件を除く。）及び親権を行う者につき破産手続が開始された場合における管理権喪失の審判事件（別表第一の132の項の事項についての審判事件をいう。第242条第1項第2号及び第3項において同じ。）について、子の住所（住所がない場合又は住所が知れない場合には、居所）が日本国内にあるときは、管轄権を有する。

この規定で挙げられている「親権に関する審判事件」および「子の監護に関する処分の審判事件」は具体的には以下のとおりである。

V　親権・子の監護に関する事件等の国際裁判管轄

(1) **親権に関する審判事件**

子に関する特別代理人の選任（家事法別表第一の65の項）

第三者が子に与えた財産の管理に関する処分（家事法別表第一の66の項）

親権喪失，親権停止又は管理権喪失（家事法別表第一の67の項）

親権喪失，親権停止又は管理権喪失の審判の取消し（家事法別表第一の68の項）

親権又は管理権を辞し，又は回復するについての許可（家事法別表第一の69の項）

養子の離縁後に親権者となるべき者の指定（家事法別表第二の7の項）

親権者の指定又は変更（家事法別表第二の8の項）

(2) **子の監護に関する処分の審判事件（家事法別表第二の3の項）**

ただし，子の監護に要する費用の分担に関する処分の審判事件に関する国際裁判管轄は，扶養関係事件として家事事件手続法3条の10で規律されるため，本条の適用対象外とされている。

(3) **親権を行う者につき破産手続が開始された場合における管理権喪失の審判事件（家事法別表第一の132の項）**

2 子の「居所」を管轄原因に含むこと

これらの審判事件について，子の住所（住所がない場合又は住所が知れない場合には，居所）が日本国内にあるときは，日本の裁判所は国際裁判管轄権を有する。

中間試案においては子の居所は管轄原因として挙げられておらず，居所を管轄原因とすると子の連れ去りのような事案でも国際裁判管轄権が発生してしまう等の疑問点も指摘されたが，子の移動の経緯はともかく現実に子が存在している場所において親権や監護に関する取り決めをすることが必要であることから，居所も管轄原因として盛り込まれることとなった。

3 日本に住所又は居所を有しない子に関する親権及び子の監護に関する審判事件の国際裁判管轄

(1) 親権及び子の監護に関する審判事件について，子の住所又は居所を基

準として国際裁判管轄権を決定する本条の考え方は，子の福祉に合致するものとして合理性があり妥当であるといえる。

(2) ただ，この規定によれば子が日本に住所又は居所を有しない場合には親権及び子の監護に関する審判事件について日本の裁判所には国際裁判管轄権がいっさい認められないこととなるが，それでよいかどうかについては議論がありうる。

中間試案では，「同事件について管轄権を有する国において審判がされている場合において，将来，子が外国に行くことが予定されているときに，あらかじめ当該外国においても同内容の審判を得るためにされる申立てについて合意管轄を認めるべきか否かについては，引き続き検討を要する。」としていた。外国に居住する子について親権や監護に関する審判がなされている場合において，その子が近い将来日本に住所を有することが予定されている場合に，あらかじめ同内容の審判を得ておくために，合意によって日本の裁判所に管轄権を認めておく必要があるか，という問題提起であった。

これに対し日弁連は，「子の住所や居所の変更が予定されている場合においては，それら住所や居所の変更後についても争いを未然に防止するための裁判等が求められることがあり，これを排除すべきではない。」として肯定的な意見を述べていた[1]が，改正法では合意管轄に関する規定は設けられなかった。

しかしながら，日弁連の意見が述べるように，子の住所や居所の変更が予定されている場合においては，それらの住所や居所の変更後についても争いを未然に防止するための裁判等が求められることがあるのであるから，事前に審判を受ける機会を一律に排除することには疑問なしとしない。家事事件に関わる国際裁判管轄においても，個別事件において申立人の利益保護の必要性等の観点からいわゆる緊急管轄を認めることについては，解釈上これを認める余地があることが前提となっており，上記の場合も具体的事案に応じて緊急管轄が認められるものと考えるのが妥当である。

---

1) 2015（平成27）年5月8日日本弁護士連合会「人事訴訟事件及び家事事件の国際裁判管轄法制に関する中間試案に対する意見」18頁

V 親権・子の監護に関する事件等の国際裁判管轄

4 日本に住所又は居所を有しない子に関する事件の裁判管轄──いわゆる「ミラーオーダー」に関する調停手続について

いわゆる「ミラーオーダー」が問題となる事案においては，日本に子の住所・居所が認められず，実際にも子が日本国内に所在していない場合であっても，日本の裁判所に国際裁判管轄を認める必要性が生じる場合がある。

現在，外国で係属しているハーグ返還申立事件（すなわち，子が日本から外国に連れ去られており，外国に子がいる事件，いわゆる「アウトゴーイング事件」）において，外国の裁判所で，日本に子を返還する前提として，日本の裁判所による「ミラーオーダー」を求めることがある。「ミラーオーダー」は，外国の裁判所における当事者間の合意（これを裁判の形である「コンセント・オーダー」にすることが普通である。）をするについて，子が日本に返還された後もその合意内容が執行可能になることを意図して，日本において，外国の合意・裁判内容と同様の内容の裁判を行うというものである。

もっとも，日本では，裁判所の審判ではなく，当事者が合意して「調停」をすることとなる。この場合，現在の実務では，双方当事者に日本の代理人がついて，文言を検討し，裁判所も交えて，外国での合意の趣旨を変えないながらも，日本法上問題のない形の調停条項としている。そして，このような調停が日本で成立したときに，外国のコンセント・オーダーが命じられる，といった形をとる。

このようなミラーオーダーは，理論的には，ハーグ返還申立事件に限らず用いられる可能性がある。そして，これは，「調停」であることから，当事者間で管轄合意を行って日本の裁判所に管轄があるとすることになる（家事法3条の13第1項3号）。

ところが，通常，子が日本にいない場合には，たとえ管轄合意を行っても，子についての調査ができないことなどを理由として，日本での調停を許さないという考え方がある（家事法3条の14においても，合意管轄の場合に，特別の事情による却下がありうることが予定されている。）。

しかしながら，上記のような事情がある場合には，日本の裁判所の管轄を認めないと，外国においても合意ができず，事件の解決ができないこととなるから，裁判所は特別の事情による却下をすることはできないと考えるべき

であろう。

　もともと子の住所地での管轄を認めた趣旨は，そこで審理することが最も望ましいとの考え方に基づくものと考えられ，子がいない場所で，不適当な裁判がなされることは避けなければならないと考えるものである。しかし，上記のような事件の場合は，本来の管轄である子の住所地での審理が行われており，その効力を子の移動後にも及ぼそうとするものであり，内容的にも整合的なものとしようとするものであるから，日本の裁判所において重ねて調停を行うことを禁止する理由はないと考えるべきであろう。

　問題があるとすれば，日本で認められないような条項の合意を外国の裁判所から求められる場合であろうが，このようなミラーオーダーが求められ，かつそれが実行可能な事件においては，早い段階から，日本の代理人と外国の弁護士が連携して外国の裁判所での合意内容についても検討するべきであり，その段階から，日本の調停条項として可能なものを用意しておくこととなろう。またその点は日本の裁判所の調停手続の中でチェックされ是正されることが妥当であり，このような問題がありうることを理由に日本の裁判所の管轄自体を否定することは適切ではない。

　実際，現在では，裁判所において，ミラーオーダーについての理解が進み，例えば東京家庭裁判所（本庁）においては，次のような取扱いとなっている。まず，ミラーオーダー取得の調停申立てがあった場合，当事者双方が日本国籍を有する事案であっても，必要に応じて，渉外集中係で処理できるよう体制が整備された。そして，申立時に，申立書とは別に上申書でミラーオーダーの取得であることを明示すれば，渉外集中係に事件が配点され，早期の期日指定が可能となることになっている。

　ハーグ返還申立事件以外の渉外家事事件においてミラーオーダーが求められる場合には，東京・大阪両家庭裁判所以外の裁判所でも裁判管轄についてこのような配慮が求められることになる。

⑤　暫定的な保護措置のための裁判管轄

　例えば，子の住所は日本国外にあるものの，子が日本国内におり，監護に関する何らかの裁判所の判断が求められるなど，子の保護のため暫定的に早

急に判断をする必要がある場合がありうる。例えば日本国内に一時旅行中の子について，同行した両親に何らかの事故が生じ，本国領事館による保護も十分に期待できないような場合がこれに該当する可能性がある。

このような場合には，いわゆる「緊急管轄」によって，子の保護のために，裁判所が子の監護に関する判断を行うことができるものとするのが妥当である[2]。

6 常居所地国から不法に連れ去られ又は不法に留置された子に関する裁判管轄と審判手続の停止

子がその常居所地国から日本に不法に連れ去られ，又は不法に日本に留置されたものであり，国際的な子の奪取の民事上の側面に関する条約（ハーグ子奪取条約）による返還申立ての対象となりうる子であっても，現に日本国内に住所または居所を有するものであるならば，当該子の親権者の指定・監護に関する処分についての審判について，日本の裁判所は管轄権を有するから，申立てに対して審理を行うことに問題はない。

しかし，審判事件が係属する裁判所に，当該子について不法な連れ去り又は不法な留置と主張される連れ去り又は留置があったことが外務大臣又は当該子についての返還申立事件が係属する裁判所から通知されたときは，裁判所は当該審判事件について裁判をしてはならない（ハーグ条約実施法152条）。

> （親権者の指定等についての審判事件の取扱い）
> **ハーグ条約実施法152条** 親権者の指定若しくは変更又は子の監護に関する処分についての審判事件（人事訴訟法（平成15年法律第109号）第32条第1項に規定する附帯処分についての裁判及び同条第3項の親権者の指定についての裁判に係る事件を含む。以下この条において同じ。）が係属している場合において，当該審判事件が係属している裁判所に対し，当該審判事件に係る子について不法な連れ去り又は不法な留置と主張される連れ去り又は留置があったことが外務大臣又は当該子についての子の返還申立事件が係属する裁判所から通知されたときは，当該審判事件が係属している裁判所は，当該審判事件について裁判をしてはならない。ただし，子の返

---

2) 日本弁護士連合会・前掲注1）19頁

還の申立てが相当の期間内にされないとき，又は子の返還の申立てを却下する裁判が確定したときは，この限りでない。

第2 婚姻の取消しや離婚に伴う子の監護者の指定その他の子の監護に関する処分についての裁判管轄権

　婚姻・離婚に関する訴えの国際裁判管轄の規律と，親権及び子の監護に関する審判事件の国際裁判管轄の規律が異なるため，婚姻・離婚に関する訴えについて日本の裁判所に国際裁判管轄権があるにもかかわらず，子の住所が日本国内にないために日本の裁判所に親権及び子の監護に関する審判事件の国際裁判管轄権がないという事態が生じる可能性がある。

　しかしながら，日本の民法等，婚姻の取消しまたは離婚の場合に親権者の指定を必ず行わなければならないとされている実質法が準拠法となった場合に，裁判所が親権または子の監護に関する処分を行えないという事態を避ける必要がある。

　そのため，人事訴訟法3条の4第1項は，婚姻の取消し又は離婚の訴えについて日本の裁判所が管轄権を有するときは，家事事件手続法3条の8の管轄原因を満たさないときでも子の親権者の指定・子の監護に関する処分についての裁判を行うことができる旨を規定した。

> （子の監護に関する処分についての裁判に係る事件等の管轄権）
> **人事訴訟法3条の4**　裁判所は，日本の裁判所が婚姻の取消し又は離婚の訴えについて管轄権を有するときは，第32条第1項の子の監護者の指定その他の子の監護に関する処分についての裁判及び同条第3項の親権者の指定についての裁判に係る事件について，管轄権を有する。

　これによって，婚姻・離婚に関する訴えの国際裁判管轄権が日本の裁判所

V 親権・子の監護に関する事件等の国際裁判管轄

にあるにもかかわらず子について家事事件手続法3条の8の管轄原因を有しない場合にも，日本の裁判所は監護者の指定その他の子の監護に関する処分を行うことができるものとされている。

（こんどう　ひろのり）

成年後見・未成年後見・不在者の財産管理・失踪宣告の国際裁判管轄

平田　厚

第1　成年後見に関する審判事件の国際裁判管轄

1　成年後見に関して新たな規律が設けられなかった経緯

　成年後見に関する審判事件の国際裁判管轄に関しては，法の適用に関する通則法5条に一定の国際裁判管轄規定が存することから，今回の改正法では，新たな規律は設けられていない[1]。法の適用に関する通則法5条は，「裁判所は，成年被後見人，被保佐人又は被補助人となるべき者が日本に住所若しくは居所を有するとき又は日本の国籍を有するときは，日本法により，後見開始，保佐開始又は補助開始の審判（以下「後見開始の審判等」と総称する。）をすることができる。」と定めている。

　成年後見開始等の審判事件については，旧法例時代から様々な議論があり，住所地管轄を原則とすべきか，国籍管轄を認めるべきか，財産所在地管轄も認めるべきかなどの論点が存在した。法の適用に関する通則法では，住所地管轄と国籍管轄を認め，財産所在地管轄は認めないこととしている[2]。もっとも，法の適用に関する通則法が定めているのは，成年後見開始等の審判事件だけであって，開始審判がなされた後のそれらの取消しの審判事件や保護措置に関する審判事件については規定していない。

　成年後見に関する審判事件の国際裁判管轄につき，家事事件手続法を改正

---

1) 内野宗揮編著『一問一答・平成30年人事訴訟法・家事事件手続法等改正』84頁，127頁以下（商事法務，2019）
2) その経緯については，神前禎『解説　法の適用に関する通則法』36頁以下（弘文堂，2006）を参照。

VI 成年後見・未成年後見・不在者の財産管理・失踪宣告の国際裁判管轄

して規律を設けるかどうかについては，中間試案までは，成年後見開始の審判事件だけでなく，その取消審判事件や保護措置に関する審判事件（成年後見人の選任・解任，居住用不動産の処分についての許可，特別代理人の選任，報酬付与など）も，全て明文規定を設けるという方向で議論が進められていた[3]。

しかし，改正法は，我が国の裁判所が外国の裁判所で後見開始の審判等を受けている場合にまで保護措置に関する管轄権を有するのは広すぎるとの批判を受けて，家事事件手続法への明文化を避けて法の適用に関する通則法5条に従うこととなった。当初は法の適用に関する通則法を改正して管轄規定は家事事件手続法に全部移すという考え方もあったところであるが，改正対象法令に法の適用に関する通則法が含まれていないとして[4]，法の適用に関する通則法5条のままという取扱いとなった。したがって，成年後見開始等の審判の取消しの審判事件や保護措置に関する審判事件の国際裁判管轄については，明文規定は何もないこととなり，全て解釈に委ねられることとなった。

成年後見の審判事件に関する国際裁判管轄については，かつての通説は，裁判所等の国家機関が準拠実質法に基づいて私法関係に介入する非訟事件であることから，準拠法所属国である被後見人等の本国に原則的管轄があると考えていた。しかし，そのような考え方では，被後見人等の必要な保護に迅速に対応できないばかりか，被後見人等の居住地国の社会的利益を害する危険性も持つとして，最近では，被後見人等の保護は，その生活の本拠のある居住地国で最も効果的に行われるものであるから，例外的には本国にも管轄を認める場合があることを認めつつも，被後見人等の居住地国の管轄を原則とすべきとするのが通説となっているとされている[5]。

ただし，成年後見に関する規律は，「成年者の国際的保護に関する条約」[6]

---

3) 法務省民事局参事官室『人事訴訟事件及び家事事件の国際裁判管轄法制に関する中間試案の補足説明』（2015（平成27）年3月）29頁
4) 人事訴訟法等の一部を改正する法律案提案理由説明
5) 木棚照一『逐条解説 国際家族法』453頁以下（日本加除出版，2017）。なお，佐藤やよい「渉外後見立法試論―属人法主義および法選択アプローチの限界―」国際私法年報第1号56頁以下（1999）も参照。
6) この条約の詳細については，横山潤「1996年および2000年のハーグ条約における子および成年者の保護」国際私法年報第3号30頁以下（2001）を参照。

や「障害者の権利に関する条約」[7]の批准によって，諸外国の法制度も批准国の間ではかなりハーモナイズしてきているのが現状であろうと思われる[8]。もしそうだとすれば，準拠法が批准国のどこの法律になろうと，日本の裁判所に国際裁判管轄権をある程度広く認めたとしても，裁判所の負担はそれほど大きくはないともいえる環境にあるのであって，過度に警戒的になってしまったのではないかとの批判がありうるところであろう[9]。

なお，被後見人が日本に常居所を有しないけれども，日本に永住権を有して生活していた元在日韓国人であり，近親者のほとんどが日本に在住し，主要な財産も日本に所在するような場合には，日本人について国籍を管轄原因としていることとの均衡から見ても日本で後見人等を選任すべき必要が生じるから，管轄権を認めるべきであろうと指摘されている。この考え方は，法の適用に関する通則法5条はそのような管轄権まで排斥したものではないと解することを根拠としている[10]。

2 任意後見に関して新たな規律が設けられなかった経緯

任意後見に関する国際裁判管轄に関しても，今回，明文規定は設けられなかった。中間試案では，任意後見に関する審判事件の国際裁判管轄規定を設ける方向（委任者の住所地管轄）で議論されていたが[11]，従来から，日本で登

---

7) この条約の詳細については，松井亮輔・川島聡編『概説　障害者権利条約』（法律文化社，2010）を参照。
8) この点については，新井誠・赤沼康弘・大貫正男編『成年後見法制の展望』（日本評論社，2011），田山輝明編著『成年後見制度と障害者権利条約』（三省堂，2012），新井誠監修『成年後見法における自律と保護』（日本評論社，2012），菅富美枝編著『成年後見制度の新たなグランド・デザイン』（法政大学出版局，2013）などを参照されたい。
9) ヨーロッパやアメリカの成年後見法制の現状については，非常に多くの文献が存在しているが，最近のものでは，亀井隆太「ヨーロッパ・アメリカにおける成年後見制度」小賀野晶一ほか編『認知症と民法』235頁以下（勁草書房，2018）に概要が記載されている。ドイツ世話法の内容や解釈については，Prof. Dr.Andreas Jurgeleit, Betreuungsrecht Handkommentar, 2018 Nomos Verlagsgesellschaft Mbh & Co., イギリス（イングランドとウェールズ）の永続的代理権授与法については，Cretney & Lush on Lasting and Enduring Powers of Attorney 8th Edition, 2017 Jordan Pub.を参照。
10) 木棚・前掲注5）454頁
11) 「人事訴訟事件及び家事事件の国際裁判管轄法制に関する中間試案」18頁，前掲注3）補足説明36頁

Ⅵ　成年後見・未成年後見・不在者の財産管理・失踪宣告の国際裁判管轄

記されている場合には管轄を認めるべきであるとする考え方や財産管理契約（委任契約）や準委任契約として債権契約と同様な管轄とすべきで規定を設ける必要はないとする考え方など，様々に意見が分かれたため，明文化は見送られることとなった。

　なお，公証役場によっては，日本に居住している外国人も任意後見契約を締結することは可能としているようであり（ホームページ上で外国人が本人である場合の必要書類を示している。），そうであれば，日本において任意後見監督人の選任の審判ができないとおかしいこととなる。この点については，従前から指摘されていたのであり，中間試案の段階でも，日本において任意後見契約の登記がなされていることに基づく国際裁判管轄を認めるべきであるとの意見があったところである[12]。

　日本において任意後見契約の登記がなされている場合に日本の裁判所に国際裁判管轄を認めるとしても，その対象は日本の任意後見契約法に基づくものに限られることになるはずであるが，外国法に基づく任意後見に関する審判事件に相当するものも含まれることになるのかという問題を生ずることとなる。この点について広く問題となりうるのは，在日韓国人が日本の任意後見制度を利用した場合であろう。もっともこの点については，韓国では，日本の任意後見契約法とほぼ同様な任意後見制度が創設されているため，[13] 任意後見監督人の選任の審判事件についても，日本に在住する韓国人に関しては，準拠法が本人の本国法である韓国法であったとしても，日本の裁判所に国際裁判管轄を認めることに困難はなく，あまり問題はないと思われる。

---

12) 前掲注3) 補足説明37頁
13) 趙慶済「韓国の2013年7月1日施行された家族法の概要(2・完)」立命館法学351号319頁以下（2013）。なお，韓国における成年後見制度の状況については，李銀榮「韓国民法の成年後見制度」前掲注8)『成年後見制度と障害者権利条約』62頁所収，パク・インファン「韓国民法改正案における新たな成年後見制度」前掲注8)『成年後見法における自律と保護』221頁所収，申榮鎬ほか「韓国の成年後見制度」新・アジア家族法三国会議編『成年後見制度』57頁以下（日本加除出版，2014）も参照。

第2 未成年後見に関する審判事件の国際裁判管轄

1 制定された条文の内容

　未成年後見に関する審判事件については，未成年後見人等の選任に関する審判事件として，①民法811条5項に基づく養子の離縁後に未成年後見人となるべき者の選任の審判事件（家事法別表第一の70の項），②民法840条1項及び2項に基づく未成年後見人の選任及び民法849条に基づく未成年後見監督人の選任の審判事件（家事法別表第一の71の項，74の項）がある。

　未成年後見に関する審判事件としては，その他に，③民法844条に基づく未成年後見人の辞任の許可及び未成年後見監督人の辞任の許可の審判事件（家事法別表第一の72の項・75の項），④民法846条に基づく未成年後見人の解任及び未成年後見監督人の解任の審判事件（家事法別表第一の73の項，76の項），⑤民法853条1項ただし書に基づく未成年後見に関する財産目録の作成の期間伸長の審判事件（家事法別表第一の77の項），⑥民法857条の2第2項〜4項に基づく未成年後見人又は未成年後見監督人の権限の行使についての定め及びその取消しの審判事件（家事法別表第一の78の項），⑦民法860条が準用する民法826条に基づく未成年被後見人に関する特別代理人の選任の審判事件（家事法別表第一の79の項），⑧民法862条に基づく未成年後見人又は未成年後見監督人に対する報酬付与の審判事件（家事法別表第一の80の項），⑨民法863条に基づく未成年後見の事務監督の審判事件（家事法別表第一の81の項），⑩民法869条が準用する民法830条2項〜4項に基づく第三者が未成年被後見人に与えた財産の管理に関する処分の審判事件（家事法別表第一の82の項），⑪民法870条ただし書に基づく未成年後見に関する管理の計算の期間伸長の審判事件（家事法別表第一の83の項）がある。

　これらの審判事件の国際裁判管轄のうち，未成年後見人の選任の審判事件については，家事事件手続法3条の9に次のように定められている。

（養子の離縁後に未成年後見人となるべき者の選任の審判事件等の管轄権）

> **家事事件手続法3条の9** 裁判所は，養子の離縁後に未成年後見人となるべき者の選任の審判事件（別表第一の70の項の事項についての審判事件をいう。第176条及び第177条第1号において同じ。）又は未成年後見人の選任の審判事件（同表の71の項の事項についての審判事件をいう。同条第2号において同じ。）について，未成年被後見人となるべき者若しくは未成年被後見人（以下この条において「未成年被後見人となるべき者等」という。）の住所若しくは居所が日本国内にあるとき又は未成年被後見人となるべき者等が日本の国籍を有するときは，管轄権を有する。

2 未成年後見に関する審判事件の国際裁判管轄の規律

　未成年後見に関する審判事件のうち，未成年後見人の選任の審判事件の国際裁判管轄に関する規律は，基本的に未成年被後見人の住所地管轄を定めている。また，未成年被後見人の国籍管轄も認めている。

　中間試案では，未成年後見に関しても，成年後見と同様に広く国際裁判管轄の規定を置くことが提案されていた[14]。つまり，未成年後見に関する種々の審判事件についても，「日本において未成年後見人の選任の審判があったとき」に日本の裁判所が国際裁判管轄権を有するとの規律を設けることが考えられていた。しかし，改正法では，養子の離縁後に未成年後見人となるべき者の選任の審判事件または未成年後見人の選任の審判事件についてのみ，未成年被後見人となるべき者もしくは未成年被後見人の住所または居所が日本国内にあるときまたは未成年被後見人等が日本国籍を有するときに，国際裁判管轄があるものとする規律だけを定めることとしている[15]。

　未成年後見人の選任以外の審判事件に関しては，成年後見と同様に後見に関する審判事件としてくくることができるのであり，我が国の裁判所が外国の裁判所で後見開始の審判等を受けている場合にまで保護措置に関する管轄権を有するのは広すぎるとの批判に応えて明文化が避けられたところである。

---

14) 前掲注11）中間試案17頁，前掲注3）補足説明34頁
15) 内野編著・前掲注1）123頁以下

したがって，明文化されなかった問題の国際裁判管轄は，家庭裁判所の解釈・運用に委ねられることとなったのであり，未成年被後見人の保護という観点から実務を蓄積している努力を継続していくべきである。

第3 不在者の財産管理に関する審判事件の国際裁判管轄

1 制定された条文の内容

不在者の財産管理に関する審判事件の国際裁判管轄については，不在者の財産管理が必ずしも失踪宣告がなされた場合のみに問題になるわけではなく，一時的な財産保全のための一般的な制度であると理解する限り，失踪宣告に関する審判事件の国際裁判管轄とは別個のものであるとして規律が設けられた[16]。

不在者の財産管理に関する審判事件の国際裁判管轄については，家事事件手続法3条の2に次のように定められている。

> （不在者の財産の管理に関する処分の審判事件の管轄権）
> **家事事件手続法3条の2** 裁判所は，不在者の財産の管理に関する処分の審判事件（別表第一の55の項の事項についての審判事件をいう。第145条において同じ。）について，不在者の財産が日本国内にあるときは，管轄権を有する。

2 不在者の財産管理に関する審判事件の国際裁判管轄の規律

不在者の財産管理の問題の性質上，財産所在地管轄を認めるべきことに異論はないかと思われる[17]。ただし，当該財産が日本国内にも外国にも所在して

---

[16]『人事訴訟事件等についての国際裁判管轄法制研究会報告書』（2014（平成26）年6月，商事法務研究会）44頁
[17] 内野編著・前掲注1）89頁以下

いる場合に，外国に所在する財産にも管轄権が及ぶのか，特に遺産分割の対象となる財産が複数の国に所在している場合の処理をどのように考えるべきかとの指摘があった[18]。

そもそも外国に所在する財産に不在者財産管理人の権限が及ぶかどうかについては，準拠法である実体法の解釈に委ねられるはずである[19]。そうすると，国際裁判管轄に関して上記のような規律が条文化されただけであるから，外国に所在する財産に対しては管轄権以前の問題として実体法上の権限の有無が判断されるべきであろう。ただし，実体法上外国に所在する財産に不在者財産管理人の権限が及ぶとされた場合であっても，国際裁判管轄権はないとの解釈もありうるところである。

第4 失踪宣告に関する審判事件の国際裁判管轄

1 制定された条文の内容

失踪宣告に関する審判事件の国際裁判管轄については，法の適用に関する通則法6条に定めがある。法の適用に関する通則法6条1項は，「裁判所は，不在者が生存していたと認められる最後の時点において，不在者が日本に住所を有していたとき又は日本の国籍を有していたときは，日本法により，失踪の宣告をすることができる。」と定めている。また同条2項は，「前項に規定する場合に該当しないときであっても，裁判所は，不在者の財産が日本に在るときはその財産についてのみ，不在者に関する法律関係が日本法によるべきときその他法律関係の性質，当事者の住所又は国籍その他の事情に照らして日本に関係があるときはその法律関係についてのみ，日本法により，失踪の宣告をすることができる。」と定めている[20]。

したがって，今回の改正法は，失踪宣告の取消しの審判事件について，家事事件手続法3条の3に次のように，新たに規定を設けることとした。

---

18) 前掲注16) 研究会報告書45頁
19) この点については，前掲注3) 補足説明41頁を参照。
20) この経緯についても，神前・前掲注2) 42頁以下を参照。

第4 失踪宣告に関する審判事件の国際裁判管轄

> （失踪の宣告の取消しの審判事件の管轄権）
> **家事事件手続法3条の3**　裁判所は，失踪の宣告の取消しの審判事件（別表第一の57の項の事項についての審判事件をいう。第149条第1項及び第2項において同じ。）について，次の各号のいずれかに該当するときは，管轄権を有する。
> 　一　日本において失踪の宣告の審判があったとき。
> 　二　失踪者の住所が日本国内にあるとき又は失踪者が日本の国籍を有するとき。
> 　三　失踪者が生存していたと認められる最後の時点において，失踪者が日本国内に住所を有していたとき又は日本の国籍を有していたとき。

2　失踪宣告に関する審判事件の国際裁判管轄の規律

　失踪宣告に関する審判事件の国際裁判管轄については，中間試案の段階では，法の適用に関する通則法6条の規律に従って，不在者の最後の住所地が日本国内にあったときまたは不在者が日本国籍を有していたときに国際裁判管轄があるものとされ（同条1項の規律），そうでない場合でも一定の財産に関する管轄があるものと提案されていた（同条2項の規律）。

　また，失踪宣告の取消しの審判に関しては，不在者の最後の住所地が日本国内にあったときまたは不在者が日本国籍を有していたときに国際裁判管轄があるものとされ，さらに，そうでない場合でも日本で失踪宣告があったときや不在者が現に日本国内に住所を有するときまたは日本国籍を有するときにも国際裁判管轄があるものとされていた[21]。

　今回の改正法では，失踪宣告の審判事件の国際裁判管轄の規定に関しては，法の適用に関する通則法6条が上記のように国際裁判管轄を既に規定しているところから，改正法には盛り込まないこととして，法の適用に関する通則法6条がそのまま維持されることとなった。しかし，失踪宣告の取消しの審

21）前掲注11）中間試案18頁，前掲注3）補足説明38頁

Ⅵ　成年後見・未成年後見・不在者の財産管理・失踪宣告の国際裁判管轄

判に関しては，法の適用に関する通則法にも規定が置かれていないことから，①日本において失踪宣告の審判があったとき，②失踪者の住所が日本国内にあるときまたは失踪者が日本国籍を有するとき，③失踪者の最後の住所地が日本国内にあったときまたは失踪者が日本国籍を有していたとき，に国際裁判管轄があるものとされている[22]。

（ひらた　あつし）

---

22) 内野編著・前掲注19) 92頁以下

扶養に関する国際裁判管轄

武田　昌則

第1　新法制定前の扶養に関する国際裁判管轄についての考え方

　新法制定前は，扶養に関する事件の国際裁判管轄についての明文の規定は存在しなかったことから，条理に従って，解釈により決せられていた[1]。

1　扶養義務者の住所地管轄

　扶養請求事件は審判事件の中でも金銭等の請求を内容とする点で争訟性の強い事件類型であり，当事者間の衡平という観点から，相手方（扶養義務者）が日本に住所を有している場合には，日本に国際裁判管轄が認められてきた[2]。この点に関して争われた裁判例は見当たらない。

2　扶養権利者の住所地その他の管轄

　日本で婚姻の届出をした夫婦が，後にタイ王国で生活し，そこで夫婦間の子が出生したが，夫が妻に離婚を求め，日本に帰国することを要求したため，妻と子が日本に帰国し，夫が離婚調停を日本の裁判所に申し立て，妻が離婚には応じず婚姻費用の支払を求める調停を申し立てたという事案において，特に具体的な理由を述べることなく，日本の裁判所が国際裁判管轄を有することを肯定した裁判例[3]がある。
　また，日本に居住する日本国籍の妻が米国カリフォルニア州に居住する米

---

1) 司法研修所編『渉外家事・人事訴訟事件の審理に関する研究』149頁（法曹会，2010），松岡博編『国際関係私法入門（第3版）』335頁（有斐閣，2012）
2) 松岡・前掲注1) 335頁
3) 大阪高決平成18年7月31日家月59巻6号44頁

Ⅶ　扶養に関する国際裁判管轄

国籍の夫に対し別居中の婚姻費用分担等の審判を求めた事案（ただし，婚姻当時はともに日本国籍を有し，かつ日本に居住するものであり，夫婦間の子も日本で出生し日本に居住してきたものである。）につき，原則として相手方が住所を有する国に管轄があるとしながらも，「別居中の夫婦で，しかも一方が外国に居住する場合，常に相手方の本国もしくは住所地国の裁判所に申立をしなければならないものとすると，事実上申立人にとって請求の途が閉ざされることとなって著しく不利な結果になる。そこで申立人の利益保護についても考慮する必要があるから，夫婦が最後に婚姻共同生活をしていた住所地から相手方の方が去って別居し，申立人がなおもとの婚姻住所地にそのまま引続きとどまっている場合には，そのもとの婚姻住所地国にも裁判管轄権を認めるのが妥当と考えられる。」として，申立人である妻の住所地がある日本の国際裁判管轄を認めた裁判例[4]がある。

次に，いわゆる間接管轄（外国の裁判の承認に際して民訴法118条を適用するにあたり，同条１号の「法令又は条約により外国裁判所の裁判権が認められる」場合にあたるかどうかにつき，我が国の国際裁判管轄のルールに従って決せられるものとされていること[5]から，ここでも，承認の対象となる外国の裁判が，我が国の国際裁判管轄ルールによれば当該外国の裁判所が国際裁判管轄を有していたかどうかという形で判断される国際裁判管轄）の判断[6]において扶養の国際裁判管轄が判断されたケースを紹介する。

この点，「養育費請求事件の国際裁判管轄については，我が国の国際民事訴訟法の原則からみると，訴えの提起時を標準に（民事訴訟法３条の12），条理に従い，相手方の常居所地のある国に国際裁判管轄を認めるのを相当とする特別の事情がある場合を除き，子と最も密接な関係を有する地である子の

---

[4]　大阪家審昭和54年２月１日家月32巻10号67頁
[5]　最判平成10年４月28日民集52巻３号853頁
[6]　なお，間接管轄の基準は直接管轄の基準よりも緩やかにすべきとする有力説もあり，この見解によれば上記最判の「個々の事案における具体的事情に即して，当該外国判決を我が国が承認するのが適当か否かという観点から」という判示をその趣旨を示したものと評価するようであるが，この判示はいわば直接管轄の「特別の事情」を間接管轄に敷衍したようにも読める。その意味で，通説のように間接管轄の基準と直接管轄の基準を表裏一体のものと考えるべきであろう（鏡像理論）。この点につき，松岡・前掲注１）305～306頁

第1 新法制定前の扶養に関する国際裁判管轄についての考え方

常居所地のある国の裁判所に国際裁判管轄を認めるのが相当であると解すべきであるところ,……未成年者が本件外国裁判所に対する離婚訴訟の訴えの提起時には,イリノイ州(注・米国)に居住しており,まだ,上記特別の事情があるとの事情は伺われないから,本件外国判決においては,民事訴訟法118条1号所定の「外国裁判所の裁判権が認められる」との要件も満たしていると認められる。」として,子の住所地である米国イリノイ州の裁判所が我が国の国際裁判管轄の基準に照らして管轄を有する裁判所であることを認めた判決がある[7]。

これに対し,「わが国において,養育費請求事件は,子の監護に関する処分事件の一つであるとされているところ(民法766条参照),子の監護に関する処分事件は,子の福祉に着目すべきであるから,原則として,子と最も密接な関係を有する地である子の住所地ないし常居所地のある国の裁判所に国際裁判管轄権を認めるのが相当であると考えられる。しかし,養育費請求事件は,子の監護に関する処分事件の一つであるとはいっても,子の引渡しや子との面接交渉を求める事件とは異なり,実際には子の両親の間の経済的負担の調整を図ることを内容とする側面が強いものであるから,この場合には,裁判手続を現実に遂行する紛争当事者の間の公平にも十分配慮する必要があるといわなければならない(養育費請求事件と類似の性質を有する扶養請求事件の国際裁判管轄権については,原則として,相手方(義務者)の住所地ないし常居所地のある国の裁判所にあるものと認められるが,例外的に,申立人(権利者)が遺棄された場合,相手方(義務者)が行方不明の場合,その他これに準ずる場合には,申立人(権利者)の住所地ないし常居所地のある国の裁判所にあるものと解する見解が有力であることが参考となる。)。したがって,養育費請求事件にあっては,原則として,子の住所地ないし常居所地のある国の裁判所に国際裁判管轄権を認めるのが相当であるとしても,具体的な事情に基づき条理に照らして判断し,子の住所地ないし常居所地のある国ではなく,相手方(義務者)の住所地ないし常居所地のある国の裁判所に国際裁判管轄権を認めるのを相当とする特別の事情のある場合には,右裁判所

---

7) 東京地判平成28年1月29日判時2313号67頁

Ⅶ　扶養に関する国際裁判管轄

に国際裁判管轄権があると解するのが相当である（扶養請求事件の場合においても，未成熟子から実親に対する請求の場合には，その国際裁判管轄権については，子の福祉に配慮し，右の養育費請求事件の場合と同様に，原則として，子の住所地ないし常居所地のある国の裁判所に国際裁判管轄権を認めるのが相当であるが，特別の事情のある場合には，子の住所地ないし常居所地のある国ではなく，相手方（義務者）の住所地ないし常居所地のある国の裁判所に国際裁判管轄権があると解するのが相当であると考えられる。）。」として，子の住所地である米国オハイオ州の裁判所の判決が民事訴訟法200条1号（現行民訴法118条1号）の要件を欠くものとしてその承認を否定した判決がある[8]。養育費を請求した母親が自己の都合で住所を米国に移したことを重視したものと思われるが，この判決では米国オハイオ州に一時滞在していた父親（日本人）に対し日本語の翻訳文が添付されることなく同州法に従って訴状が送達されたことについての民事訴訟法200条2号（現行民訴法118条2号）違反も認定している。いずれにしても，間接管轄に関するこの判決の判示は，子の住所地が日本国内にあれば我が国に国際裁判管轄権を認める旨の家事事件手続法が制定された現在においては妥当しないであろう。

第2　制定された条文の内容とこれに基づく規律，および関連する問題点等について

1　制定された条文の内容とこれに基づく規律

新たに制定された家事事件手続法3条の10は，夫婦，親子その他の親族関係から生ずる扶養の義務に関する審判事件（別表第一の84の項及び85の項並びに別表第二の1の項から3の項まで，9の項及び10の項の事項についての審判事件（同表の3の項の事項についての審判事件にあっては，子の監護に要する費用の分担に関する処分の審判事件に限る。）をいう。）について，扶養義務者（別表

[8) 東京高判平成9年9月18日高民50巻3号319頁。なお，この判決は確定している（LEX/DB 28030804）。

第2 制定された条文の内容とこれに基づく規律，および関連する問題点等について

第一の84の項の事項についての審判事件にあっては，扶養義務者となるべき者）であって申立人でないもの又は扶養権利者（子の監護に要する費用の分担に関する処分の審判事件にあっては，子の監護者又は子）の住所（住所がない場合又は住所が知れない場合には，居所）が日本国内にあるときは，日本の裁判所が管轄権を有するものとした。

扶養に関する国際裁判管轄が問題となる審判事件としては，夫婦間の扶養に関する夫婦間の扶助事件又は婚姻費用分担事件の審判，子の養育費請求に関する審判，親族間の扶養に関する審判が挙げられる（婚姻取消訴訟又は離婚訴訟の附帯処分として子の監護費用の分担に関する処分の裁判がなされる場合[9]については，新たに制定された人訴法3条の4第1項により，財産分与に関する処分についての裁判の場合（人訴法3条の4第2項）とは異なり，婚姻取消訴訟又は離婚訴訟について管轄を有する裁判所が当然に管轄権を有するという仕組みが明確に規定された。[10]

子の養育費請求の裁判の国内における管轄については，家事事件手続法において，「子の監護に関する処分」に含まれるものとして，子の親権・監護権に関する事件と同様に子の住所地が管轄を有する旨が規定されているが（同法150条4号），国際裁判管轄については，他の扶養に関する事件と同様の規律に服する形で規定が設けられることとなった。

扶養権利者の住所地が日本にあれば我が国が国際裁判管轄権を有することを特段の要件を課すことなく認めた点は，新法制定前から，扶養請求事件では扶養権利者の利益保護の考慮が必要であり，また，扶養権利者の住所地は扶養権利者の生活状態や扶養料額等の調査に必要な資料の収集に好都合な地であることから，扶養権利者が日本に住所を有する場合には，無条件に，我

---

[9] 離婚後の養育費請求だけでなく，別居後離婚までの期間における子の監護費用の請求についても，民法771条，766条1項が類推適用されるものであり，人事訴訟法32条1項所定の子の監護に関する処分を求める申立てとして適法なものであるということができるから，裁判所は，離婚請求を認容する際には，当該申立ての当否について審理判断しなければならないとされた判例（最判平成19年3月30日家月59巻7号120頁）があるが，その妥当性は，国際裁判管轄が問題となる事案においても当然に当てはまるものと考えられる。

[10] 畑瑞穂「家事事件にかかる国際裁判管轄」論究ジュリストNo.27（2018）42頁，41頁

Ⅶ　扶養に関する国際裁判管轄

が国の国際裁判管轄が認められるとする見解があり，新法の条文による規律はこの見解に沿ったものということもできよう[11]。

2　関連する問題点等について

(1)　扶養義務者であって申立人である者の住所が日本国内にあるが扶養権利者の住所が日本国内にない場合の管轄について

もっとも，今般の法制化によっても，扶養義務者であって申立人である者の住所が日本国内にあるが扶養権利者の住所が日本国内にない場合（例えば，日本に住所がある扶養義務者が日本に住所のない扶養権利者に対して扶養料の減額の審判を求めるような場合）には，日本の裁判所は管轄権を有しないこととなる。この点，法制審議会部会の審議では，とりわけ日本国内で監護費用を定める審判がされた後に，監護親と子が外国に居住し，日本国内に残った義務者が事情の変更（例えば，監護親の再婚等による監護親側の資力の増加等が考えられる。）等のため監護費用の減額の申立てをしたい，といった場合に関して，日本で申立てができないのは酷なことがあるのではないか，とか，日本の裁判所が当初の審判をしたことからも日本の裁判所が管轄権を有してよいのではないか，といった観点[12]から，取消しないしは変更の審判について，設定の審判をした国という管轄原因を加えるべきではないかという意見が出されたようであるが[13]，結局，そのような管轄原因は加えられなかった。この点，例えば米国各州の裁判所では審判をした裁判所がそのまま管轄を維持する旨を決定に明記することが一般的であるので，減額や変更の申立てについて義務者にとって過大な負担が生じると思われるようなケースが蓄積されれば，将来的に再検討される余地があるかもしれない。

---

11) なお，扶養請求事件の財産関係事件としての性質を重視すると，財産関係事件の国際裁判管轄と同様に考えることも可能であり，合意管轄・応訴管轄を認める余地も考えられる旨の見解もあったが，これに対しては，このように考える場合，本国管轄は否定的に解されることになろうとの指摘がなされていた。新法が合意管轄・応訴管轄を認めなかったことに照らせば，新法が本国管轄を認めることに合理性があるといえよう。以上につき，松岡・前掲1）336頁
12) 畑・前掲注10）42頁
13) 法制審議会部会第4回会議議事録26〜28頁

(2) 一人の扶養権利者が複数の扶養義務者に対して扶養義務の設定の審判を求める場合について

　扶養に関する権利義務は権利者と義務者との身分関係に基づいて，扶養権利者と扶養義務者との間で生じるものであるから，扶養義務者が複数いる場合には，扶養権利者は，各扶養義務者に対して個別に扶養を求めることができる。そのため，一の申立てで複数の扶養義務者に対する扶養義務の設定の審判が求められた場合には，裁判所は，それぞれの扶養義務者ごとに，個別に扶養義務の有無を判断することとなり審判事項も異なることから，国際裁判管轄についても，各審判事項について個別に判断されるべきこととなる。

　そうすると，扶養権利者の住所等が日本国内にある場合には，各扶養義務者の住所等が日本国内にあるか否かにかかわらず，家事事件手続法3条の10に基づき，我が国の裁判所が全ての扶養義務者に対する扶養義務の設定の審判事件について管轄権を有することとなる。

　これに対し，扶養権利者の住所等が日本国内にない場合には，家事事件手続法3条の10に基づき，日本国内に住所等を有する扶養義務者に対する扶養義務の設定の審判事件に限って，我が国の裁判所が管轄権を有することとなる[14]。

(3) 扶養の順位の決定の変更の審判事件

　ある扶養義務者（申立人）が他の扶養義務者（相手方）に対して扶養の順位の決定の変更を求める場合，たとえ申立人と相手方のみが当事者となる場合であっても，審判事件としては，扶養権利者とある扶養義務者（申立人）との審判事項（審判事項A。順位に関する決定を含む。）と扶養権利者と他の扶養義務者（相手方）との審判事項（審判事項B。順位に関する決定を含む。）という2つの審判事項が存することになる。よって，国際裁判管轄についても，審判事項ごとに判断されることとなる。

　そうすると，扶養権利者の住所等が日本国内にある場合には，家事事件手続法3条の10に基づき，審判事項Aと審判事項Bの双方について，我が国の

---

14) 内野宗揮『一問一答・平成30年人事訴訟法・家事事件手続法等改正』133～135頁（商事法務，2019）

Ⅶ 扶養に関する国際裁判管轄

裁判所が管轄権を有することとなる。

これに対し，扶養権利者の住所等が日本国内にない場合には，上記における申立人たる扶養義務者は，家事事件手続法3条の10の「扶養義務者であって申立人でないもの」には該当しないから，我が国の裁判所は審判事項Aについての管轄権を有しないこととなる。他方，審判事項Bについては，扶養権利者の住所等が日本国内にない場合でも，相手方となる扶養義務者は「扶養義務者であって申立人でないもの」に該当するから，相手方となる扶養義務者の住所等が日本国内にある限り，我が国の裁判所が管轄権を有することとなる。[15]

(4) 未成年の子の扶養を充実させるための方策とその展望

いずれにしても，未成年の子を中心とする扶養権利者の権利保護を真摯に考えるのであれば，単に扶養権利者の住所地国に国際裁判管轄を認めるというだけでは到底十分とはいえないであろう。未成年の子が日本に住んでいてその養育費請求につき我が国の裁判所に国際裁判管轄が認められる場合でも，扶養義務者の住所地国において養育費請求の裁判を低額の負担[16]で行うことができ，かつ，裁判の執行を確保するための制度が整備されている[17]のであれば，あえて扶養義務者の住所地国である外国での裁判を求めるという選択をした方が扶養権利者の権利保護に資する場合もあろう。

この点について根本的なところでは，我が国として，国境を超えた養育費請求を低額のコストで利用でき，かつ，国境を超えた養育費請求が適正に決

---

15) 内野・前掲注14) 136〜138頁
16) この点，米国では，各州の養育費請求・回収担当政府機関（IV-D Agencies）が無料の法的サービスを提供してきたとしている。"U.S. Ratification of Hague Child Support Convention" DCL-16-11（August 30, 2016）。なお，連邦法に基づき，1年あたり25米ドルの手数料をIV-D Agenciesに支払う必要があり，かつ，それで足りるようである。この点，例えば，米国カリフォルニア州のIV-D AgencyであるCalifornia Department of Child Support Servicesのサイトに案内がある。http://www.childsup.ca.gov/custodialparty/\$25annualservicefee.aspx
17) この点，米国では，養育費の不払いの場合には，給与等からの天引きによる執行の追跡，連邦または州政府から支払われる税金の還付金の差押え，旅券や運転免許の停止といった強力な執行・制裁措置が用意されていることが米国連邦政府機関（Office of Child Support Enforcement）のサイトで広報されている。https://www.acf.hhs.gov/css/parents/what-happens-if-child-support-isnt-paid

第2　制定された条文の内容とこれに基づく規律，および関連する問題点等について

定・執行されるような国際的な枠組みに参加することが真摯に検討されるべきであろう。

　そのような国際的な枠組みに参加するための極めて有効な方法として，いわゆるハーグ国際扶養条約（英文での正式名称はConvention of 23 November 2007 on the International Recovery of Child Support and Other Forms of Family Maintenance）につき，我が国としても批准することが本格的に検討されるべきであろう。ハーグ国際扶養条約においては，締約国間の中央当局による行政協力と扶養に関する決定の承認・執行が柱とされており，扶養権利者から締約国の中央当局を介して申立てがなされた場合は，受託国は無償の法律扶助を与えることを原則とする旨の規定が設けられている。[18] ハーグ国際扶養条約には，本稿作成時点で米国やEU諸国等の欧米諸国を含む38か国が批准している。

（たけだ　まさのり）

---

18) 早川眞一郎『法と国際社会（2012年度　冬学期　教養学部前期課程）』『資料13　ハーグ国際扶養条約について』及び『資料14　ハーグ国際私法会議の扶養に関する条約及び議定書の仮訳』https://lecture.ecc.u-tokyo.ac.jp/~cchaya/kokusaishakai/（2019年2月15日）

相続に関する事件の
国際裁判管轄

増田　勝久

第1 相続に関する事件の意義

　相続は，人の死亡による権利義務の承継である。相続に関する事件には，相続資格の有無に関する事件，相続財産の範囲に関する事件，相続財産の帰属に関する事件などがある。

　日本の手続法は，相続に関する事件をすべて訴訟手続とするのではなく，その一部を非訟手続としている。

　すなわち，相続人の範囲，遺産の範囲，遺言の効力，遺留分に関する紛争など権利の存否を確定する必要があるものについては，訴訟事件として原則として地方裁判所の判決手続で審理され，権利の存否を前提にその行使方法や具体的な帰属を定める事件は非訟事件として家庭裁判所の審判手続により審理される。また，調停については，民事調停事件，家事調停事件いずれの対象ともなりうる。

　相続に関する事件のうち家庭裁判所の審判事件として扱われる事件は家事事件手続法別表に列挙されており，遺産分割に関する事件（遺産分割，その禁止，寄与分を定める処分）のほか，推定相続人の廃除に関する事件（推定相続人の廃除，その取消し，これらの審判確定前の遺産の管理に関する処分），相続の承認及び放棄に関する事件（相続の承認又は放棄をすべき期間（熟慮期間）の伸長，熟慮期間内の相続財産の保存又は管理に関する処分，相続放棄の申述の受理，限定承認の申述の受理，これらの取消しの申述の受理，限定承認の場合の鑑定人の選任，相続財産管理人の選任，破産手続における相続放棄の承認の申述の受理），財産分離に関する事件（財産分離，財産分離請求後の相続財産の管理に関する処分，鑑定人の選任），相続人の不存在に関する事件（相続人不存在の

Ⅷ 相続に関する事件の国際裁判管轄

場合の相続財産管理人選任等財産管理に関する処分，鑑定人の選任，特別縁故者に対する相続財産の分与），遺言に関する事件（遺言の確認，遺言書の検認，遺言執行者の選任・解任・辞任許可，遺言執行者に対する報酬の付与，負担付遺贈にかかる遺言の取消し），遺留分に関する事件（遺留分算定の場合の鑑定人の選任，遺留分の放棄に関する許可），祭具等の所有権の承継者の指定がある。

平成30年の家事事件手続法の改正は，このような日本の手続法上の分類を前提に，日本の家事事件手続により審理できる場合を定めたものである。日本の訴訟手続により審理できる場合については，民事訴訟法3条の2，3条の3第12号・13号が定める。

第2 相続に関する審判事件の原則的国際裁判管轄

1 相続に関する審判事件に関する改正法の規定

(1) 原 則

相続に関する審判事件一般につき，改正法が日本の管轄権を認める場合は，以下のとおりである（家事法3条の11第1項）。

① 相続開始時における被相続人の住所が日本国内にあるとき
② 住所がない場合または住所が知れない場合には，相続開始時における被相続人の居所が日本国内にあるとき
③ 居所がない場合または居所が知れない場合には，相続開始前に日本国内に住所を有していたとき（日本国内に最後に住所を有していた後に外国に住所を有していた場合を除く）

①②は，相続開始時に被相続人が生活していた地に相続財産および関係者が多数存在する蓋然性を根拠とするものであり，証拠資料収集の便宜を考慮した規定である。③は同じく証拠資料収集につき他の国との比較上相対的に便宜であることを考慮したものであり，それゆえに最後の住所が他の国にあった場合には当該国との関係で日本の管轄は否定される。

なお，被相続人の生前に申立てがなされる推定相続人の廃除およびその取消し，遺言の確認，遺留分の放棄の許可の各事件においては，上記原則の住

所等の基準時は，申立時を基準として読み替える（家事法3条の11第2項）。

(2) 遺産分割に関する特則

遺産分割に関する審判事件，遺産分割の禁止に関する審判事件，寄与分を定める処分に関する審判事件，特別の寄与に関する処分については，当事者が日本の裁判所に申立てをすることができることを合意したときにも，日本の管轄権が認められる（家事法3条の11第4項）。

遺産分割事件等が公益的性質を持つものではなく，当事者の私的利益に関する紛争であり，対象を任意に処分できることから，管轄についても当事者の合意により指定すること（合意管轄）が認められるものである。管轄の合意には，特定の国の裁判所のみに管轄を認める専属的管轄合意と特定の国の裁判所を管轄に付加する付加的合意とがあり，日本の裁判所への専属的管轄合意がなされた場合には，日本の裁判所は裁判を拒否できない（家事法3条の14）。他方，外国の裁判所に対する専属的管轄合意も原則として効力を認められるが，その国の裁判所が法律上または事実上裁判権を行うことができないときは，その合意によって日本の裁判所の管轄を排除することはできない（家事法3条の11第5項，民訴法3条の7第4項）。この管轄合意は，書面または電磁的記録によってなされなければならない（家事法3条の11第5項，民訴法3条の7第2項・3項）。

なお，日本国内の特定の裁判所についての管轄合意は，日本の裁判所についての国際的裁判管轄合意を包含するが，単に日本における国際的裁判管轄のみがある場合には，国内の土地管轄は，家事事件手続法245条，4条等により定まる。

この合意管轄規定は，被相続人が老後を海外で過ごすため移住した者などで相続人は全員日本国内に居住している場合，相続人の財産，特に不動産が日本国内に存する場合[1]などには有意義に活用できる。

---

1) 相続不動産が日本国内にある場合，海外での遺産分割裁判に基づいて登記手続をすることは，登記に関する訴えの専属管轄を定めた民事訴訟法3条の5第2項，管轄権を外国判決承認の要件とする同法118条1号との権衡上許容されないと解される。したがって，外国の裁判により不動産を取得しても，確認的効力しかなく，改めて日本の裁判所に給付を求める訴訟を提起する必要がある。

Ⅷ　相続に関する事件の国際裁判管轄

2　管轄規定の適用範囲

(1) 総論

　この原則的管轄規定は，日本の家庭裁判所が審判事件として取り扱うことができる相続に関する事件一般に適用される。

　すなわち，法律関係の性質上，家事事件手続法別表に列挙された事件に分類される事件については，すべてこの原則的管轄規定の適用がある。諸外国の法制上，遺産分割，推定相続人の廃除などは訴訟手続でなされる場合も多いが，仮に準拠法所属国が訴訟手続によることとしていても，手続は法廷地国によるから，家庭裁判所において，当該準拠法の定める基準を適用して遺産分割等の審判を行うこととして差し支えない。

　その反面，日本において訴訟手続によるとされる法律関係，例えば遺言無効確認請求，遺留分侵害額請求，相続人たる地位の確認請求などは，家庭裁判所では審理することができず，民事訴訟法3条の2, 3条の3第12号・13号により管轄が認められる限り，日本の地方裁判所（訴額により簡易裁判所）に民事訴訟を提起することができるものとなる。

(2) 遺産分割（家事法別表第二の12の項）

　家庭裁判所の審判手続による遺産分割は，共同相続人を当事者として，相続人および遺産の範囲が確定していることを前提に，遺産の具体的な帰属を定める手続である。

　当事者が共同相続人でない場合には，日本法上の手続としては共有物分割訴訟が予定されているから，民事訴訟法3条の2, 3条の3第3号の問題となる。当事者の相続人たる地位に争いがある場合には，相続人であることについての確認訴訟を先行すべきである。相続人の範囲については，相続準拠法[2]により定めざるをえない。結果として相続準拠法上相続人の地位にない者を含む遺産分割手続は，当事者適格を誤ったものとして，不適法となる。

　分割の対象たる財産の遺産性は相続準拠法の問題であり，争いがある場合には，遺産確認訴訟により遺産分割の対象であるか否かを先行して確認する必要がある。しかしながら，当事者が一致して分割を求めている対象財産に

---

　2) 法の適用に関する通則法36条は，相続準拠法を被相続人の本国法とする。

ついては、仮に相続準拠法上遺産ではなかったとしても、日本法は手続上の合意により遺産分割手続に取り込むことを認めているから、遺産分割として不適法と解する必要まではないであろう。

遺産の一部の分割については、日本の国際私法が採用する相続統一主義の見地からこれを排斥する見解もありうるが、国際私法上の原則はあくまで準拠法指定のための原則であり、国際裁判管轄に直ちに適用されるものではないこと、日本法は国内事件での一部分割を認めており（民法907条1項）、一部分割に関する審理手続が備わっていることから、管轄の問題としては必ずしも排斥されないと解される。ただし、一部分割を容認するか否かはあくまで相続準拠法の問題であり、相続準拠法が実体法上の一部分割請求権を認めない場合には、結果的には不適法と解さざるをえない。しかし、それはあくまで準拠法の適用の結果であって、被相続人の本国が相続分割主義をとるために反致（通則法41条）が成立して準拠法が日本法となり、不動産のみを対象とした一部分割が認められる場合などでは、日本の裁判所で一部分割がなされることもありうると考えられる。

なお、遺産分割の禁止の審判（家事法別表第二の13の項）は、遺産分割についての消極的な裁判を求めるものとして、遺産分割に準ずる。

(3) **寄与分（家事法別表第二の14の項）**

相続人が、相続財産の形成または維持に対する貢献により、遺産分割の基準を変更する裁判を求める手続である。労務の対価を求める場合は、民事訴訟法の規定による。フランス法の配偶者擬制賃金、農業擬制賃金などは、労務の対価がなかった場合に擬制されるものであるから、このカテゴリーに含まれるであろう。

(4) **特別寄与料（家事法別表第二の15の項）**

特別寄与料の審判は、第三者が相続財産の一部の取得を求める手続である。これに対し、第三者が労務の対価を求める請求については民事訴訟であり、管轄は民事訴訟法の規定による。イギリス法の家族給付命令は、合理的な家族給付がなされていない場合に発令されるものであり、相続財産の形成・維持とは関係せず、相続財産からの受益以外から受けるものである点で日本法の特別寄与料とは異なるが、裁量的要素が大きい点では訴訟手続より非訟手

続になじむものであるから，あえていえばこのカテゴリーに属するものといえる。

(5) 推定相続人の廃除（家事法別表第一の86〜88の項）

単位法律関係としての推定相続人の廃除は，被相続人が意思表示により推定相続人の相続資格を喪失させることである。被相続人の殺害，遺言書の隠匿などの事実行為による相続資格の喪失の有無についての紛争は民事訴訟で争われる事件であり，管轄は民事訴訟法の規定による。なお，ドイツ法などの遺留分のみを喪失させる制度も，このカテゴリーに含まれる。

廃除の取消しは，被相続人の意思表示により，廃除によりいったん喪失した相続資格を回復することである。

廃除または廃除の取消しの審判確定前の遺産の管理に関する審判事件については，後記第3の特則がある。

(6) 相続の承認及び放棄（家事法別表第一の89〜95の項）

相続の承認及び放棄は，相続財産の包括的な帰属に対する相続人の意思表示に関する事件である。

審議過程においては，相続人の保護と相続人の便宜のための制度であるとして，相続人の住所等が国内にある場合に管轄を認めるべきとの見解も有力に主張されたが，最終的には，個々の相続人ごとの管轄を認めることによる次順位の相続人に与える影響，他国において承認されない場合の法律関係の複雑化の防止等の観点から，相続による包括承継の有無に関する画一的処理のため，被相続人の住所地等を基準とすることとされた。

したがって，被相続人が多額の負債を残して死亡した海外在住の日本人である場合，相続放棄の管轄は日本にはないので，注意する必要がある。ただし，下記3参照。

なお，限定承認の場合の相続財産の管理人選任の審判事件については，後記第3の特則がある。

(7) 財産分離（家事法別表第一の96〜98の項）

財産分離は，債権者ら相続人以外の者の申立てにより相続財産と相続人の財産とを分離する制度である。相続の放棄及び承認との違いは，申立人が相続人以外の者である点である。限定承認とは日本の実質法上の効果において

は違いがあるが，制度の本質には差異はなく，相続財産の管理に関する処分の審判事件については，限定承認の場合同様に，後記第3の特則がある。

(8) **相続人の不存在**（家事法別表第一の99〜101の項）

相続人が不存在の場合の相続財産の処理，清算手続である。

相続財産管理人の選任・解任，権限外行為の許可，報酬の付与など，相続財産の管理に関する処分のほか，条件付権利等の評価に関する鑑定人の選任，特別縁故者に対する財産分与の審判が含まれる。相続財産の管理に関する処分については，後記第3の特則がある。

なお，ここでの特別縁故者に対する財産分与には，相続権を有する者が存在しないことを前提として第三者が相続財産を取得する手続一般が含まれる。

(9) **遺言**（家事法別表第一の102〜108の項）

遺言の確認，遺言書の検認，遺言執行者の選任・解任・辞任許可，報酬の付与，負担付遺贈の取消しの審判が含まれる。

遺言の確認は，遺言の効力発生の要件として裁判所による確認が定められている場合の手続である。また，遺言書の検認は，遺言書を保全するため，遺言書の形状，記載内容等を記録する認証手続である。いずれも，遺言という意思表示そのものの有効性には関係しない。遺言の有効性に関する裁判所の判断を求める手続は家庭裁判所の非訟手続にはなじまないと解すべきであり，訴訟手続として国際裁判管轄は民事訴訟法3条の2，3条の3第12号による。

遺言執行者は，遺言の内容を実現することを任務とする者である。その権限の範囲は，準拠法による。外国の裁判所が選任した遺言執行者の解任や辞任許可の管轄については，その相当性の判断を十分になしうるのは選任した裁判所であるから，日本の管轄については消極に解すべきであろう。

負担付遺贈の取消しの審判は，負担付遺贈の事後的解除が認められている場合に，その手続的要件として裁判所の裁判が求められている場合の手続である。受遺者の義務不履行の有無など解除の前提となる事項に争いがあり，これを確定する必要がある場合には，訴訟手続となろう。

(10) **遺留分**（家事法別表第一の109の項・110の項）

遺留分関係の裁判で，家庭裁判所の管轄となるのは，条件付権利等の価額

算定のための鑑定人の選任と，遺留分放棄の許可のみである。

遺留分の放棄は，相続開始前に，推定相続人が，将来確保されている相続財産についての利益を放棄するものであり，その許可の審判は，その効力要件として裁判所の裁判が定められている場合の手続である。

(11) **祭具等の所有権の承継者の指定**（家事法別表第二の11の項）

祭具，墳墓等祖先を祀るための道具，設備等の所有権者を指定する手続が含まれる。なお，祭具等の所有権の承継者の指定は，相続の場合のほか，離婚・離縁等に伴う場合もあるが，これらについては離婚・離縁等それぞれの単位法律関係における管轄による。

3 緊急管轄について

法が明文で定める国際裁判管轄規定によれば日本に管轄が認められないが，これを貫くと，事案の具体的な事情により，裁判による解決が著しく困難である場合に，例外的に日本の管轄が認められるのが緊急管轄である。法律で要件を定めることが極めて困難であるため，家事事件手続法にも，民事訴訟法にも明文はないが，条理上認められるとされる[3]。人事訴訟法3条の2第7号は，人事訴訟につき特別の事情による管轄を認めているが，その趣旨は家事審判にも及ぶものである。

相続に関する事件においては，被相続人が日本に財産を残して外国に移住し，関係者全員が日本にいる場合も少なくない。この場合に遺産分割に関しては合意管轄が可能であるが，相続放棄など家事事件手続法別表第一所定の事件類型に関しては，相手方がなく，合意管轄はありえないことから，日本の管轄を認めるべき場合がありうるであろう[4]。

---

[3] 離婚事件に関して，事案の具体的事情を考慮した上で日本の管轄を認めた最判平8年6月24日民集50巻7号1451頁は，緊急管轄を認めたと解することもできる。

[4] 例えば犯罪を犯して国外に逃亡し，長期間外国に居住していた者が死亡したような場合，国内にいる無資力の相続人が多額の損害賠償義務から逃れるために日本で相続放棄をすることは，認められるべきと考える。

第3 相続財産の管理等に関する審判事件の国際裁判管轄の特則

1 国際裁判管轄規定の特則

　改正法は，推定相続人の廃除の審判またはその取消しの審判確定前の遺産の管理に関する処分の審判事件，相続財産の保存または管理に関する処分の審判事件，限定承認を受理した場合における相続財産の管理人選任の審判事件，財産分離の請求後の相続財産の管理に関する処分の審判事件，相続人の不存在の場合における相続財産の管理に関する処分の審判事件については，原則的管轄に加えて，相続財産に属する財産が日本国内にあるときにも，日本の管轄権を認める（家事法3条の11第3項）。

　これは，相続財産が日本にある場合には，裁判所が当該財産の状況を把握し，保存または管理につき適切な判断をなしうるとの考慮によるものである。

2 管轄規定の適用範囲

　法の明文で定める適用範囲は，いずれも相続財産の最終的な帰属が決まるまでの暫定的な保存・管理を内容とするものである。

　実質法の規定により裁判所が相続財産の管理に関する処分を行う場合は様々であるが，暫定性を有する日本国内にある相続財産の管理に関しては，広く日本の裁判所の管轄を認めて差し支えない。

第4 相続に関する調停事件の国際裁判管轄

1 調停事件の意義

　調停は，裁判所の指定する第三者の媒介により，当事者が協議し，合意による紛争解決を図る手続である。対象事項は当事者が任意に処分することのできる事項であることが必要である。

　相続に関する事件の中では，審判事項である遺産分割等のみならず，訴訟

Ⅷ　相続に関する事件の国際裁判管轄

事項である遺留分侵害額請求，遺言無効なども調停の対象となりうる。日本法では，審判事項については家事調停のみを申し立てることができ，訴訟事項については民事調停と家事調停のいずれも申し立てることができる。このうち家事事件手続法では，3条の13で家事調停事件の管轄を定めており，民事調停事件の管轄については，民事訴訟法3条の2, 3条の3第12号・13号の類推適用によると解される。

2　国際的裁判管轄の規定

相続に関する家事調停事件につき改正法が定める国際裁判管轄は，以下のとおりである（家事法3条の13第1項）。

① 当該調停の対象となる事項についての訴訟事件または家事審判事件について，日本の裁判所の管轄権（家事法3条の11）があるとき
② 相手方の住所（住所がない場合または住所が知れない場合は居所）が日本国内にあるとき
③ 当事者が日本の裁判所に家事調停の申立てをすることができることを合意したとき

①は，家事調停が成立しなかった場合には訴訟または審判手続に移行することが想定されるとともに，訴訟または審判手続からの付調停（家事法274条）がありうることに備えた規定である。②は，受動的立場にある相手方の出頭の便宜を考慮したもの，③は，当事者が任意に処分できる事項に関するものであることに鑑み，紛争解決地国の選択においても当事者の意思を優先させたものである。管轄合意の手続，要件等については，第2, 1⑵で述べたとおりである。

3　管轄規定の適用範囲

既に述べたとおり，遺産分割，寄与分，特別寄与料，遺留分侵害額請求，遺言無効確認など家事調停を申し立てることができる場合に広く適用される。調停手続の管轄が認められる場合には，審判手続の管轄がない場合でも，調停に代わる審判（家事法284条）が可能となる。

（ますだ　かつひさ）

併合請求・関連請求・反訴

古田　啓昌

第1　人事訴訟における訴訟集中主義と国際裁判管轄

　通常の民事訴訟においては，主として訴訟経済の観点から請求の併合や反訴が規律されているのに対し，身分関係を扱う人事訴訟においては，ある身分関係に関する紛争をできるだけ集中的かつ全面的に解決するため，訴えの変更や反訴が通常の民事訴訟よりも緩やかに認められる（人訴法18条）。また，同様の見地から，本来は通常の民事訴訟（処分権主義や弁論主義の観点から，人事訴訟とは異種の手続である。）によるべき損害賠償請求についても，一定の場合には関連請求として人事訴訟と併合することを認め（人訴法17条），本来は家事審判事項である子の監護に関する処分や財産分与に関する処分についても，附帯処分として人事訴訟で裁判することを認めている（人訴法32条）。その反面において，人事訴訟の判決が確定した後は，(a)原告は，当該人事訴訟において請求又は請求の原因を変更することにより主張することができた事実に基づいて同一の身分関係についての人事に関する訴えを提起することができず，また，(b)被告は，当該人事訴訟において反訴を提起することにより主張することができた事実に基づいて同一の身分関係についての人事に関する訴えを提起することができない（人訴法25条）。身分関係に関する紛争を可能な限り一回的に解決し，早期に身分関係の安定を図る人事訴訟法の考え方を，訴訟集中主義ないし全面的解決主義という[1]。

　人事訴訟法における訴訟集中主義の考え方は，人事訴訟における国際裁判

---

1) 梶村太市・徳田和幸編著『家事事件手続法（第3版）』564頁（有斐閣，2016），松本博之『人事訴訟法（第3版）』49頁（弘文堂，2012）

管轄を検討する際にも妥当すべきものである。しかしながら，他方において，国内の土地管轄を検討する際には，手続規則や裁判所相互の同質性（日本中どこの裁判所でも，同一の民事訴訟法や人事訴訟法が適用され，用語は日本語が用いられ，審理判断を担当する裁判官の均質性も相当程度に担保されている。）を前提とし，さらに裁判所間の移送制度（民訴法16条～22条，人訴法7条・8条）も整備されているのに対し，国際裁判管轄を検討する際には，日本と外国の裁判所の間には移送制度は存在せず，また手続規則や裁判所相互の同質性が担保されていない（むしろ異なることが前提）であることに留意する必要がある。すなわち，国際裁判管轄においては，国内管轄以上に，当事者の管轄の利益に慎重に配慮しなければならない。

　さらに，民事訴訟法118条1号は，外国判決を我が国で承認するための要件として，「法令又は条約により外国裁判所の裁判権が認められること。」（いわゆる「間接管轄」が認められること）を挙げている。今回の立法は第一義的には我が国の裁判所の国際裁判管轄（いわゆる「直接管轄」）を規律するものであり，外国裁判所の管轄権を直接の規律対象とするものではない。しかし，最判平成26年4月24日民集68巻4号329頁は，人事に関する訴え以外の訴えにおける間接管轄の判断基準について，「基本的に我が国の民訴法の定める国際裁判管轄に関する規定に準拠しつつ，個々の事案における具体的事情に即して，外国裁判所の判決を我が国が承認するのが適当か否かという観点から，条理に照らして判断すべきものと解するのが相当である。」として，我が国の裁判所の直接管轄の規律を参照している。この最高裁判例を受けて，人事に関する訴えにあっては，基本的に我が国の人事訴訟法等の管轄規定に準拠して民事訴訟法118条1号の間接管轄の有無を判断するのが一般的な理解である[2]。したがって，人事訴訟法において我が国の裁判所の直接管轄を広く認めた場合には，外国判決の承認の局面で，外国裁判所の間接管轄も広く認めることとなることにも注意が必要である。

---

2) 東京地判平成29年4月25日ウェストロー文献番号2017WLJPCA04256012

第2 通常の主観的併合・客観的併合における国際裁判管轄

1 現在の実務

(1) 主観的併合

　通常の民事訴訟においては，数人から又は数人に対する訴え（いわゆる訴えの主観的併合ないし共同訴訟）は，訴訟の目的である権利又は義務が共通であるとき，又は同一の事実上及び法律上の原因に基づくときに限り，そのうちの一の請求について管轄権を有する裁判所に提起することができる（民訴法7条・38条前段）。また，国際裁判管轄については，「訴訟の目的である権利又は義務が共通であるとき，又は同一の事実上及び法律上の原因に基づく」ことに加え，「一の請求と他の請求との間に密接な関連がある」ことも要求される（民訴法3条の6）。国際的な事案の場合，関連性の薄い当事者とともに訴えられることの不利益は極めて大きいことを踏まえ，最判平成13年6月8日民集55巻4号727頁の準則を法制化したものであるが，この2つの要件は実際には重複することが多いと考えられる[3]。

　人事訴訟における訴えの主観的併合ないし共同訴訟については，人事訴訟法5条が，

> 数人からの又は数人に対する一の人事に関する訴えで数個の身分関係の形成又は存否の確認を目的とする数個の請求をする場合には，前条の規定にかかわらず，同条の規定により一の請求について管轄権を有する家庭裁判所にその訴えを提起することができる。ただし，民事訴訟法第38条前段に定める場合に限る。

と規定し，通常の民事訴訟と同様の規律を採用している。例えば，数人の原告が同一の事由に基づいて提起する婚姻取消しの訴えや認知無効の訴えは，民事訴訟法38条前段にいう「訴訟の目的である権利又は義務が共通であると

---

[3] 笠井正俊・越山和広編『新・コンメンタール民事訴訟法（第2版）』52頁（日本評論社，2013）

き」に該当し，また，いわゆる婚養子縁組において，婚姻と養子縁組が同一の社会的事実に基づいて破綻していると主張して，夫が妻に対する離婚請求訴訟と養親に対する離縁請求訴訟を併合提起する場合は，「同一の事実上及び法律上の原因に基づくとき」に該当する[4]。

(2) 客観的併合

民事訴訟法136条は，「数個の請求は，同種の訴訟手続による場合に限り，一の訴えですることができる。」と規定する。人事訴訟法は民事訴訟法の特例等を定める法律であるところ（人訴法1条），人事訴訟法には訴えの客観的併合に関する特別の規定は設けられていないので，人事訴訟における客観的併合の可否は民事訴訟法136条によって規律されることになる[5]。すなわち，人事訴訟手続によることができる限り，人事訴訟における客観的併合には特段の制限はないこととなり，同条の要件を満たす限り，一の請求について管轄権を有する家庭裁判所にその訴えを提起することができる（人訴法5条）。例えば，夫が妻に対し，主位的には婚姻無効確認を請求し，予備的には離婚を請求する場合や[6]，離婚請求訴訟において複数の離婚原因を主張する場合などである[7]。

もっとも，通常の民事訴訟における国際裁判管轄との関係では，前掲最判平成13年6月8日は，「同一当事者間のある請求について我が国の裁判所の国際裁判管轄が肯定されるとしても，これと密接な関係のない請求を併合することは，国際社会における裁判機能の合理的な分配の観点からみて相当ではなく，また，これにより裁判が複雑長期化するおそれがある」として，民事訴訟法7条本文に依拠して我が国の裁判所の国際裁判管轄を肯定するためには，両請求間に「密接な関係」が認められることを要すると解するのが相当であるとしていた。これを受けて，平成23年に改正された民事訴訟法3条の6本文は，

---

4) 松本・前掲注1）129頁
5) 松本・前掲注1）153頁
6) 岩井俊『人事訴訟の要件事実と手続』54頁（日本加除出版，2017）
7) 最判昭和36年4月25日民集15巻4号891頁は，民法770条1項1号～5号の離婚事由ごとに訴訟物が異なるとする。

第2　通常の主観的併合・客観的併合における国際裁判管轄

> 一の訴えで数個の請求をする場合において，日本の裁判所が一の請求について管轄権を有し，他の請求について管轄権を有しないときは，当該一の請求と他の請求との間に密接な関連があるときに限り，日本の裁判所にその訴えを提起することができる。

と規定している。

2　新法の内容

　今回の改正作業に際しては，当初，人事訴訟における併合請求の国際裁判管轄について，通常の民事訴訟と同様の規律を設けることに特段の異論はなく，民事訴訟法3条の6と同様の規律が提案されていた[8]。

　しかしながら，法制審議会部会においては，国際的な要素を有する人事訴訟事件については広く併合管轄を認めるべきではなく，同一の身分関係を対象としている場合に限って併合管轄を認めるべきであるという指摘があった[9]。これを受けて，中間試案では，

> 一の人事に関する訴えで同一の身分関係の形成又は存否の確認を目的とする数個の請求をする場合において，日本の裁判所が一の請求について管轄権を有し，他の請求について管轄権を有しないときは，日本の裁判所がその訴えの管轄権を有するものとする。

として，併合請求による国際裁判管轄を「同一の身分関係の形成又は存否の確認を目的とする場合」に限る規律が提案され，「密接に関連する請求」についても併合請求による管轄権を認めるか否かは「引き続き検討する。」こととされた[10]。

　その後の法制審議会部会での議論において，中間試案にいう「同一の身分関係」の具体例のうち，同一の婚姻関係に係る婚姻の無効若しくは取消し，離婚又は協議上の離婚の無効若しくは取消しについては，「婚姻・離婚に関する訴え」として同一の管轄原因が提案されていたことから，併合管轄によ

---

[8] 商事法務研究会「人事訴訟事件等についての国際裁判管轄法制研究会報告書」62頁，63頁（2014）
[9] 中間試案の補足説明48頁
[10] 中間試案24頁

IX 併合請求・関連請求・反訴

る実益がないとの指摘があった一方で,[11]「一の申立てとか,あるいは一の訴えというのは,事後的な訴えの変更とか,申立ての変更も含む概念であるとすると,単位事件類型が同一だからといって,常に管轄があるとは限らない場合がある」との指摘があった。[12] また,主観的併合における国際裁判管轄については,「主観的共同訴訟の部分について併合請求における管轄権という規律を認めるのは,余りにも広く関連性の薄いものについてまで管轄権を肯定してしまうのではないか」との懸念が大勢となり,[13] 主観的併合は国際裁判管轄の原因から除外されることとなった。[14] その結果,併合管轄に関する規律は,同一当事者間で訴えが変更(請求の追加的併合)される場合において,訴え提起後に当事者の住所が変動した等の理由により,人事による訴えの国際裁判管轄が失われていたときにのみ実益を有するという共通理解が形成された。[15]

こうした経緯を受けて,最終的に立法された人事訴訟法18条2項は,

(訴えの変更及び反訴)

人事訴訟法18条 (略)

2 日本の裁判所が請求の変更による変更後の人事訴訟に係る請求について管轄権を有しない場合には,原告は,変更後の人事訴訟に係る請求が変更前の人事訴訟に係る請求と同一の身分関係についての形成又は存否の確認を目的とするときに限り,前項の規定により,請求を変更することができる。

と規定している。[16]

---

11) 法制審議会部会第11回会議部会資料11「併合管轄に関する議論(再論)」2頁
12) 法制審議会部会第11回会議議事録11頁[山本和彦発言]
13) 法制審議会部会第17回会議議事録7頁[内野宗揮発言]
14) 法制審議会部会第17回会議部会資料17「人事訴訟事件及び家事事件の国際裁判管轄法制に関する要綱案(第一次案)」1頁
15) 法制審議会部会第17回会議議事録8頁以下
16) なお,同条によって訴え変更後の請求について管轄権が肯定される場合であっても,人事訴訟法3条の5に規定する「特別の事情」があるときは,裁判所は変更後の訴えを却下することができる。内野宗揮編著『一問一答 平成30年人事訴訟法・家事事件手続

3 現行実務への影響

　従前，人事訴訟における訴えの主観的併合ないし客観的併合による国際裁判管轄についてはあまり議論されておらず，見るべき裁判例も報告されていない。したがって，今回の改正による現行実務への影響は特にないと思われる。

　なお，人事訴訟法18条2項にいう「同一の身分関係」とは，人事訴訟法25条にいう「同一の身分関係」と同義であり，民事訴訟法3条の6にいう「一の請求と他の請求との間に密接な関連がある」場合よりも狭い概念である。例えば，同一の婚姻関係に係る婚姻の無効若しくは取消し，離婚又は協議上の離婚の無効若しくは取消しが，これに該当すると考えられる[17]。一方，いわゆる婿養子縁組において，配偶者からの離婚の訴えと養親からの離縁の訴えとは，その請求の目的が「同一の身分関係」に該当するとはいえず，仮に同一の事実上の原因（例えば配偶者の親に対する暴力）に基づく離婚請求及び離縁請求であったとしても，人事訴訟法18条2項による国際裁判管轄は認められない（すなわち，国内管轄における人訴法5条とは異なる規律となる。）と解される[18]。

　なお，夫婦共同養子縁組をした場合の子から養親双方に対する離縁の訴えについては，それが必要的共同訴訟にあたるか否かも含めて，併合管轄を認めるべきか否かが法制審議会部会で議論されたが[19]，最終的には解釈に委ねられることとなった[20]。

第3　関連請求の国際裁判管轄

1 現在の実務

　例えば，妻が夫の家庭内暴力を理由として離婚を請求するとともに，家庭

法等改正―国際裁判管轄法制の整備』65頁（商事法務，2019）
17）中間試案の補足説明48頁
18）中間試案の補足説明49頁
19）法制審議会部会第16回会議議事録10頁以下
20）法制審議会部会第17回会議議事録10頁［内野宗揮発言］

内暴力を理由とする慰謝料その他の損害賠償も請求する場合，前者は人事訴訟として人事訴訟法が適用され，後者は通常訴訟として民事訴訟法が適用される（人訴法2条）。人事訴訟法は処分権主義や弁論主義について民事訴訟法の特例を定めているから（人訴法1条・19条・20条），両者は「同種の手続」ではなく，民事訴訟法136条によって併合請求することはできない。しかし，前者は人事訴訟として家庭裁判所で審理判断し，後者は通常訴訟として地方裁判所（または簡易裁判所）で審理判断することとした場合には，同一の事実関係（例えば家庭内暴力の存否）について，複数の手続で並行して審理することとなって訴訟経済に反し，また異なる判断がされる可能性もある。そこで，人事訴訟法17条は，人事訴訟に係る請求と当該請求の原因である事実によって生じた損害の賠償に関する請求（いわゆる「関連請求」）とは，民事訴訟法136条の規定にかかわらず，一の訴えですることができるものとし，家庭裁判所は関連請求についても自ら審理及び裁判をすることができる旨を規定している。関連請求は，当初から人事訴訟と併合して提起することができるのみならず，人事訴訟が既に係属する家庭裁判所に関連請求訴訟を追って提起することもできる（この場合，受訴裁判所は，人事訴訟と関連請求訴訟の弁論を併合しなければならない。人訴法17条3項・8条2項)[21]。

なお，人事訴訟法17条1項は，被告を異にする場合であっても適用されると解されている[22]。例えば，妻が，夫の不貞行為を理由として，夫に対する離婚請求と不貞相手に対する慰謝料請求を通常共同訴訟として請求する場合である[23]。

2 新法の内容

今回の改正作業に際しては，当初，人事訴訟における関連請求の国際裁判管轄について，人事訴訟法17条1項と同様の規律が提案されていた[24]。しかし，法制審議会部会での議論においては，国際裁判管轄については，応訴の負担

---

21) 梶村・徳田・前掲注1) 570頁
22) 最判昭和33年1月23日裁判集民事30号131頁
23) 岩井・前掲注6) 63頁
24) 商事法務研究会・前掲注8) 62頁

が国内管轄の場合に比して著しく大きいことなどから，人事訴訟の当事者以外の者に対する請求の場合には，併合による管轄を認めるべきではないとの指摘があった[25]。そのため，中間試案では，

> 人事訴訟に係る請求の原因である事実によって生じた損害の賠償に関する請求を目的とする訴え（当該人事訴訟の当事者以外の者に対するものを除く。）は，既に日本の裁判所に当該人事訴訟が係属する場合にも，日本の裁判所がその訴えの管轄権を有するものとする。

として，被告側が主観的併合となる場合を除いた上で，関連請求による国際裁判管轄を認める規律が提案された[26]。さらに，その後の法制審議会部会での議論では，原告側が主観的併合になる場合（すなわち，人事訴訟の被告に対して第三者が損害賠償請求をする場合）についても，あえて関連請求の国際裁判管轄を認める必要はないということになった[27]。こうした経緯を踏まえ，人事訴訟法3条の3は，人事訴訟の原告が関連請求を行う場合について，

（関連請求の併合による管轄権）

人事訴訟法3条の3 一の訴えで人事訴訟に係る請求と当該請求の原因である事実によって生じた損害の賠償に関する請求（当該人事訴訟における当事者の一方から他の一方に対するものに限る。）とをする場合においては，日本の裁判所が当該人事訴訟に係る請求について管轄権を有するときに限り，日本の裁判所にその訴えを提起することができる。

と規定している。

なお，人事訴訟の被告が反訴によって関連請求を行う場合についても，このような反訴を認めても原告に酷なものとはいえないことから[28]，後述のとおり，人事訴訟法18条3項2号が反訴（関連請求）の国際裁判管轄を規定している。

---

[25] 中間試案の補足説明52頁
[26] 中間試案23頁
[27] 法制審議会部会第16回会議議事録18頁以下
[28] 内野・前掲注16）67頁

3 現行実務への影響

　従前，人事訴訟における関連請求による国際裁判管轄についてはあまり議論されておらず，見るべき裁判例も報告されていない。したがって，今回の改正による現行実務への影響は特にないと思われる。

　なお，基礎となる人事訴訟における請求と関連請求の当事者が異なる場合（例えば，妻が，夫の不貞行為を理由として，夫に対する離婚請求と不貞相手に対する慰謝料請求を通常共同訴訟として請求する場合）には，人事訴訟法3条の3は適用されないが，他の理由によって両請求の国際裁判管轄が肯定される場合には，改正法施行後も，人事訴訟法17条1項により家庭裁判所において両請求を審理判断することができると解される[29]。

第4　反訴の国際裁判管轄

1 現在の実務

　通常の民事訴訟においては，被告は，本訴の目的である請求又は防御の方法と関連する請求を目的とする場合に限り，口頭弁論の終結に至るまで，本訴の係属する裁判所に反訴を提起することができる（民訴法146条1項本文）。ただし，反訴の目的である請求が他の裁判所の専属管轄（合意専属管轄を除く。）に属するとき，反訴の提起により著しく訴訟手続を遅滞させることとなるときは反訴の提起は許されず（民訴法146条1項ただし書），また，控訴審における反訴は，相手方（本訴原告）の審級の利益を保護する観点から，相手方の同意がある場合に限り，することができる（民訴法300条）。また，反訴の国際裁判管轄については，「日本の裁判所が反訴の目的である請求について管轄権を有しない場合には，被告は，本訴の目的である請求又は防御の方法と密接に関連する請求を目的とする場合に限り，」反訴を提起することができる（民訴法146条3項）。単純に「関連する」（同条1項）だけではなく，

---

[29] 直接的には人事訴訟法8条1項（関連請求に係る訴訟の移送）に関する事案であるが，最決平成31年2月12日裁判所ウェブサイト参照。

「密接に関連する」（同条3項）を要件としたのは，仮に別訴として提起した場合に我が国の国際裁判管轄が認められない請求について反訴を理由とし国際裁判管轄を肯定するのは，本訴原告の管轄の利益の観点から，同一の訴訟手続内で紛争を解決する必要性がより高い場合に限ることが相当であると考えられたためである[30]。

これに対し，人事訴訟法18条は，被告は，民事訴訟法146条，300条の規定にかかわらず，控訴審の口頭弁論終結までの間，無条件に反訴を提起することができる旨を規定する。人事訴訟においては，身分関係に関する紛争を可能な限り一回的に解決し，早期に身分関係の安定を図る全面的解決主義が採用されているためである[31]。しかしながら，現行法上，人事訴訟法18条に基づいて，直ちに人事訴訟における反訴の国際裁判管轄を認めることは，例えば外国人が本訴原告である場合に，本訴原告の管轄の利益が著しく害されるおそれがあり，適切でないと解されている[32]。

裁判例においても，例えば，東京高判平成18年4月13日判時1934号42頁は，韓国在住の前婚の妻X（韓国人）らが，日本在住の後婚の妻Y（日本人）に対して提起した重婚を理由とする後婚の取消請求訴訟（本訴）において，Yが提起した前婚の無効確認請求等の反訴について，最判平成8年6月24日民集50巻7号1451頁を引用した上で，「被告が我が国に住所を有しない場合であっても，我が国と法的関連を有する事件について我が国の国際裁判管轄を肯定すべき場合のあることは否定し得ず，どのような場合に我が国の管轄を肯定すべきかについては，当事者間の公平や裁判の適正・迅速の理念により条理に従って決定するのが相当である。」「そして，婚姻無効確認等の請求訴訟が我が国の裁判所に反訴として提起された場合には，その請求が本訴と密接な関係を有する限り，反訴被告が応訴を余儀なくされることによる不利益があるとは認められないし，本訴と反訴とを併合審理することにより審理の重複や判断の矛盾を避け身分関係に関する紛争の画一的・一回的解決を図ることができるのであるから，特段の事情のない限り，我が国の国際裁判管轄

---

30) 笠井・越山・前掲注3）51頁，676頁
31) 松本・前掲注1）160頁
32) 松本・前掲注1）113頁

を肯定するのが当事者間の公平や裁判の適正・迅速の理念に適するものと解される。」として，反訴の国際裁判管轄を肯定した。

また，名古屋高判平成7年5月30日判タ891号248頁は，カナダ在住の夫X（カナダ人）が，日本在住の妻Y（日本人）に対して提起した離婚無効確認訴訟（本訴）において，Yが提起した離婚請求及び親権者の指定の予備的反訴について，「本件反訴の如きいわゆる渉外離婚訴訟事件について，日本に国際裁判管轄権を肯定するには，当事者間の便宜公平，判断の適正確保等の訴訟手続上の観点から，当該離婚事件の被告の住所が日本にあることを原則とすべきであるが，他面，国際私法生活における正義公平の見地から，原告が遺棄された場合，被告が行方不明である場合，その他これに準ずる場合等，特別の事情の存する場合においては，被告の住所が日本になくても，原告の住所が日本にあれば，補充的に日本に裁判管轄権を認めることができるというべきである。」とした上で，Xは，「本件反訴提起の当時から，行方不明とまではいえないまでも，少なくとも常住居所が明らかでないものというべきであるのに加え，現にYを相手方として日本の裁判所に離婚無効確認の訴えを提起し，これが原裁判所に係属中であることが明らかであるから，本件反訴については，訴訟当事者間の公平という基本理念に照らし前記渉外離婚訴訟事件の国際裁判管轄権についてのいわゆる被告主義の一般原則の例外である特別の事情が存するものとして，日本に国際裁判管轄権を認めるのが相当である。」として，予備的反訴の国際裁判管轄を肯定した。

2 新法の内容

今回の改正作業に際しては，当初，人事訴訟における反訴の国際裁判管轄についても，通常の民事訴訟と同様の規律を設けることに特段の異論はなく，民事訴訟法146条3項と同じく，「本訴の目的である請求又は防御の方法と密接に関連する請求を目的とするときに限り，本訴の係属する裁判所に反訴を提起することができる」旨の規律が提案されていた。[33]

しかしながら，法制審議会部会においては，国際的な要素を有する人事訴

---

33) 商事法務研究会・前掲注8) 59頁

訟事件については広く併合管轄を認めるべきではなく，同一の身分関係を対象としている場合に限って併合管轄を認めるべきであるという指摘があったことを踏まえ，反訴の国際裁判管轄についても，併合請求における国際裁判管轄の規律と同様，「同一の身分関係の形成又は存否の確認を目的とするとき」に限ることとして，
中間試案では，

> 　　日本の裁判所が本訴の目的である人事訴訟に係る請求について管轄権を有し，反訴の目的である人事訴訟に係る請求について管轄権を有しない場合には，被告は，本訴の目的である人事訴訟に係る請求と反訴の目的である人事訴訟に係る請求とが同一の身分関係の形成又は存否の確認を目的とするときに限り，本訴の係属する裁判所に反訴を提起することができるものとする。

とする規律が提案された。[34]「密接に関連する請求」についても反訴による管轄権を認めるか否かは，中間試案（注1）においては「引き続き検討する」こととされていたが，その後の法制審議会部会での議論においても同一の身分関係を対象とすることに概ね異論はなく，[35]最終的に立法された人事訴訟法18条3項は，

（訴えの変更及び反訴）
人事訴訟法18条　1・2　（略）
3　日本の裁判所が反訴の目的である次の各号に掲げる請求について管轄権を有しない場合には，被告は，それぞれ当該各号に定める場合に限り，第1項の規定による反訴を提起することができる。
　一　人事訴訟に係る請求　本訴の目的である人事訴訟に係る請求と同一の身分関係についての形成又は存否の確認を目的とする場合
　二　人事訴訟に係る請求の原因である事実によって生じた損害の賠償

34）中間試案24頁
35）中間試案に対するパブリックコメントにおいても，例えば裁判所から「国際裁判管轄の性質上，併合管轄を認める範囲を広げることは被告の応訴負担を増大させる可能性があるところ，（注1）のように密接関連性を要件とするとした場合，それを限定していくのは困難である。」との意見が出されていた。『「人事訴訟事件及び家事事件の国際裁判管轄法制に関する中間試案」に対して寄せられた意見の概要』60頁

Ⅸ 併合請求・関連請求・反訴

> に関する請求　既に日本の裁判所に当該人事訴訟が係属する場合

と規定している。

3　現行実務への影響

　人事訴訟法18条3項においては，反訴の国際裁判管轄が，同一の身分関係の形成又は存否の確認を目的とする場合（同項1号）と関連損害賠償請求の場合（同項2号）に限定された結果，例えば，外国に在住する前婚の妻が，日本在住の後婚の妻に対して提起した重婚を理由とする後婚の取消請求訴訟（本訴）において，本訴被告が前婚の無効確認請求等の反訴を提起した場合（前掲東京高判平成18年4月13日の事例）は，前婚と後婚は「同一の身分関係」には該当せず，反訴を理由とする国際裁判管轄は認められないこととなる（したがって，他に国際裁判管轄を基礎づける事由がなければ，本件のような事案は結論が変わる。）と考えられる。[36] これに対し，外国在住の夫が，日本在住の妻Yに対して提起した離婚無効確認訴訟（本訴）において，本訴被告が離婚請求の反訴を提起した場合（前掲名古屋高判平成7年5月30日の事例）は，同一の身分関係の形成を目的とする場合に該当し，反訴の国際裁判管轄が肯定されることになる。もっとも，我が国で提起された離婚請求訴訟の被告が離婚無効確認（あるいは婚姻取消し）の反訴を提起する場合はともかく，[37] 我が国で提起された離婚無効確認訴訟の被告が離婚請求の反訴を提起する場合にも人事訴訟法18条3項1号による国際裁判管轄を認めることは，我が国で虚偽の離婚届出を提出しておけば，結果的に我が国で離婚訴訟をすることが可能となる（無断で協議離婚届を提出された原告が我が国で離婚無効訴訟を提起すると，離婚請求の反訴に対して提起した離婚訴訟に応訴しなければならない。）ことを意味しかねない。[38] このような場合には，かかる反訴について，人事訴訟

---

36) 竹下啓介「新しい人事訴訟事件の国際裁判管轄規定」論究ジュリストNo.27，37頁（2018）
37) 内野・前掲注16）66頁
38) 法制審議会部会第6回会議議事録49頁［大谷美紀子発言］，同第17回会議議事録16頁［大谷美紀子発言］参照。

法3条の5の「特別の事情」による訴えの却下を検討することになろう[39]。

なお，人事訴訟法18条3項は反訴に関する規定であるから，日本法で言うところの附帯処分の反対申立てには適用されない（後述の附帯処分の規律に従うことになる。）[40]。

第5 附帯処分の国際裁判管轄

1 現在の実務

夫婦間に未成年の子がある場合において，父母が協議離婚するときは，夫婦の協議で親権者を定めなければならない（民法819条1項）。また，家庭裁判所が離婚請求ないし婚姻取消請求を認容するときは，職権で，父母の一方を親権者と定めなければならない（民法819条2項・749条，人訴法32条3項）。婚姻の解消について裁判をした後に，改めて親権者の指定について裁判をすることとした場合には，子の生活を含めて身分関係の早期安定が得られないからである[41]。

また，父母が協議離婚する場合において，財産分与や子の監護をすべき者その他監護につき必要な事項につき協議が調わないときは，家庭裁判所がこれを定める（民法766条・768条）。これらの規定は婚姻取消し及び裁判離婚にも準用されているが（民法749条・771条），いずれも家事審判事項（家事法別表第二の3の項・4の項）であり，人事訴訟事項ではない。しかし，婚姻取消訴訟ないし離婚訴訟が提起された場合において，財産分与や子の監護をすべき者その他監護につき必要な事項については，別途，家事審判手続によって定めることになると，婚姻関係の解消に伴う身分的・財産的な法律関係の決定が遅延し，当事者間の身分関係の不安定が続くことになる[42]。そこで，人事訴訟法32条1項は，裁判所は，申立てにより，夫婦の一方が他の一方に対

---

39) 竹下・前掲注36) 37頁
40) 法制審議会部会第16回会議議事録32頁［内野宗揮発言］
41) 松本・前掲注1) 331頁
42) 松本・前掲注1) 329頁

Ⅸ 併合請求・関連請求・反訴

して提起した婚姻の取消し又は離婚の訴えに係る請求を認容する判決において，子の監護者の指定その他の子の監護に関する処分，財産の分与に関する処分又は厚生年金法78条の2第2項による標準報酬額の改定等の処分（いわゆる「附帯処分」）についての裁判をしなければならない旨を規定している。

　国際裁判管轄の局面では，財産分与については，離婚の効力の問題として，離婚事件と同様に考えるべきであるとするのが通説判例であった[43]。これに対し，親権者の指定・変更や子の監護に関する処分については，離婚事件と同様に考えるべきであるとする説と，子の福祉の観点から子の住所地に国際裁判管轄を認めるべきであるとする説が対立し[44]，裁判例も分かれていた[45]。

2 新法の内容

　今回の改正作業に際しては，当初，人事訴訟における附帯処分等の国際裁判管轄について，日本の裁判所が附帯処分等に係る家事事件について管轄権を有しないときであっても，婚姻の取消し及び離婚の訴えに係る請求について日本の裁判所が管轄権を有し，かつ，婚姻の取消し及び離婚の訴えと附帯処分等との間に密接な関連があるときは，日本の裁判所は，附帯処分等についても管轄権を有するとの規律を提案しつつも，親権者の指定及び子の監護に関する処分のように子の利益に関する事項については，本来の管轄である子の住所地国において審理裁判がされるべきであり，離婚訴訟等の管轄権を有する国で審理裁判がされるべきではないとの指摘について，更に検討すべきものとされていた[46]。

　法制審議会部会においては，親権者の指定について，日本の裁判所が婚姻の取消し又は離婚の訴えの管轄権を有する場合には，常にそれに伴う親権者

---

43) 司法研修所編『渉外家事・人事訴訟の審理に関する研究』112頁（法曹会，2010），東京高判平成5年3月29日判夕811号227頁
44) 司法研修所・前掲注43) 136頁
45) 前者に立つと思われる裁判例として，名古屋地判平成11年11月24日判時1728号58頁，東京地判平成7年12月26日判夕922号276頁，千葉地判昭和47年3月31日判時682号50頁など。後者に立つと思われる裁判例として，東京家審昭和44年6月13日家月22巻3号104頁など。
46) 商事法務研究会・前掲注8) 62頁

の指定について日本の裁判所の管轄権を認めるべきであるとの意見と，準拠法において離婚又は婚姻の取消しの場合に親権者の指定を必ず行わなければならないとされているときは，それに伴う親権者の指定をもできるようにすべきであるとの意見とに見解が分かれた[47]。これを受けて，中間試案では，親権者の指定・変更について，

> 離婚の訴え又は婚姻の取消しの訴えと併せて親権者の指定に関する処分についての裁判を行う場合には，日本の裁判所が親権者の指定に関する処分について管轄権を有しないときであっても，離婚の訴え又は婚姻の取消しの訴えに係る請求について日本の裁判所が管轄権を有するときは，日本の裁判所は，親権者の指定に関する処分についても管轄権を有するものとする。

との規律を提案する一方，子の監護に関する処分および財産分与については，親権者の指定とは異なり，必ず併せてしなければならないとはされていないことを踏まえ，併合管轄を認めるべきか否かにつき引き続き検討するものとされた[48]。なお，厚生年金法78条の2第2項による標準報酬額の改定等の処分（いわゆる「年金分割処分」）については，我が国の裁判所の専属管轄に服すると解されることから，併合管轄の対象としないことになった[49]。

　この中間試案に対しては，例えば日弁連などから，離婚準拠法又は親権の準拠法が，離婚の裁判を行う際に親権者の指定を併せて行うことを必要としていない場合にまで，本来，日本に親権者の指定の処分の管轄がないにもかかわらず，日本に当該処分の管轄権を認めることは必要がなく，行き過ぎであるとの反対意見が表明された[50]。しかし，その後の法制審議会部会での議論では，準拠法となる法律の内容にかかわらず，親権者の指定に関する処分についても管轄権を認めてよく，また，子の監護に関する処分および財産分与についても，準拠法の内容にかかわらず，併合による管轄権を認めるべきであるとの見解が多数となった[51]。

---

47) 中間試案の補足説明53頁
48) 中間試案24頁
49) 中間試案の補足説明55頁
50) 日本弁護士連合会の2015年5月8日付け「人事訴訟事件及び家事事件の国際裁判管轄法制に関する中間試案に対する意見」37頁
51) 部会資料15-2「要綱案の取りまとめに向けた残された論点の概要」3頁

IX 併合請求・関連請求・反訴

これを踏まえ，人事訴訟法3条の4は，次のとおり規定している[52]。

> （子の監護に関する処分についての裁判に係る事件等の管轄権）
> **人事訴訟法3条の4** 裁判所は，日本の裁判所が婚姻の取消し又は離婚の訴えについて管轄権を有するときは，第32条第1項の子の監護者の指定その他の子の監護に関する処分についての裁判及び同条第3項の親権者の指定についての裁判に係る事件について，管轄権を有する。
> 2 裁判所は，日本の裁判所が婚姻の取消し又は離婚の訴えについて管轄権を有する場合において，家事事件手続法（平成23年法律第52号）第3条の12各号のいずれかに該当するときは，第32条第1項の財産の分与に関する処分についての裁判に係る事件について，管轄権を有する。

人事訴訟法3条の4においては，父母が離婚する際には，子の親権者や監護のあり方が同時に決せられることが子の利益にするとの観点から[53]子の監護に関する処分について一般的に附帯処分として併合管轄を認める一方（同条1項），財産分与に関する処分については，必ずしも離婚に関する裁判と同時に行う必要性はないとの観点から[54]家事事件手続法上，当該財産分与処分に関する管轄が認められる場合に限り，附帯処分としての併合管轄を認めている（同条2項）。

3 現行実務への影響

現行法下では，前述のとおり，親権者の指定・変更や子の監護に関する処分については，離婚事件と同様に考えるべきであるとする説と，子の福祉の観点から子の住所地に国際裁判管轄を認めるべきであるとする説が対立し，

---

52) なお，本条の規定は，共同親権制度を採用する外国法が準拠法となる場合にも適用される。内野・前掲注16) 58頁
53) 内野・前掲注16) 54頁
54) 内野・前掲注16) 60頁

裁判例も分かれていた。改正法では，結果的に，親権者の指定・変更，子の監護に関する処分いずれについても，附帯処分として併合管轄を認めたことになる。もっとも，親権者の指定・変更，子の監護に関する処分における子の利益の保護は法制審議会部会での議論においても重視されていたところであり[55]，具体的な事案において，子の利益その他の事情を考慮して，日本の裁判所が審理及び裁判をすることが当事者間の衡平を害し，または適正かつ迅速な審理の実現を妨げることとなる特別の事情があると認めるときは，人事訴訟法3条の5によって附帯請求に係る国際裁判管轄が否定される場合はありうるであろう[56]。

第6 家事事件の併合申立てにおける国際裁判管轄

1 現在の実務

　家事事件手続法は，家事審判事件の管轄裁判所について，個別の事件類型ごとに規定しており（家事法117条・128条・136条等々），申立ての併合による管轄については特に規定していない。また，家事調停事件については，相手方の住所地と当事者の合意を管轄原因とし（家事法245条），やはり申立ての併合による管轄については特に規定していない。

　もっとも，家庭裁判所は，当該事件について管轄を有しない場合であっても，「特に必要があると認めるとき」は，当該事件を自ら処理する（いわゆる「自庁処理」）ことができる（家事法9条1項ただし書）家事審判事件については，通常の民事訴訟におけるような一般的規律を行っていない。ここでいう「特に必要があると認めるとき」には，例えば申立てが主観的に併合されている（相手方が複数いる。）場合において，相手方ごとに管轄裁判所が異なる場合を含むと解されており[57]，自庁処理によって，申立ての併合による管轄

---

55) 部会資料15-2・前掲注51) 4頁
56) 部会資料15-2・前掲注51) 3頁
57) 松川正毅ほか編『新基本法コンメンタール 人事訴訟法・家事事件手続法』137頁［岡田幸宏執筆］（日本評論社，2013）

IX 併合請求・関連請求・反訴

を認めたのと同様の結果を得ることができる。

2 新法の内容

今回の改正作業に際しては，当初，家事事件（家事審判，家事調停）の併合申立てにおける国際裁判管轄についても，人事訴訟における訴えの併合と同様の規律を設けることが提案されていた。[58] しかし，法制審議会部会においては，国際的な要素を有する家事審判事件における併合管轄を認めるべき場合について，家事事件手続法の別表の各項に着目した規律を検討したが，具体的な提案に至ることができなかった。[59]

そのため，中間試案では家事審判について人事訴訟における訴えの併合と同様の措置を採ることを提案した上で，「その具体的な内容については，引き続き検討する。」こととするにとどまり，[60] 家事調停における併合管轄については具体的な提案をしなかった。

その後の法制審議会部会での議論では，人事訴訟における併合管轄について「同一の身分関係」を対象とする場合に限定されたことも踏まえ，数人が申し立てる同一人に対する後見開始の審判事件，相続人が三人以上である場合の遺産の分割に関する審判事件，父母を同じくする複数の子の親権者の指定の審判事件，三人以上の扶養義務者がある場合に一人の扶養義務者が他の複数の扶養義務者を相手方として申し立てる扶養の順位の決定の審判事件などにつき検討がされたが，いずれについても併合申立てによる国際裁判管轄が必要不可欠ではないことから，[61] 結局，今回の改正で規定を設けることは見送られることとなった。[62]

3 現行実務への影響

今回の改正では家事事件の併合申立てにおける国際裁判管轄の法制化は見

---

58) 商事法務研究会・前掲注8) 62頁
59) 中間試案の補足説明49頁
60) 中間試案24頁
61) 部会資料14-5「人事訴訟事件等の国際裁判管轄に関する一般的な規律の在り方」4頁
62) 法制審議会部会第14回会議議事録27頁［内野宗揮発言，高田裕成発言］

送られた。したがって，例えば申立てが主観的に併合されている（相手方が複数いる。）場合は，改正法の施行後も，全ての相手方について，個別に国際裁判管轄が肯定される必要があることになる。

その際，自庁処理に関する家事事件手続法9条1項ただし書は，第一義的には国内土地管轄に関する規定であるから，同条に基づいて直ちに国際裁判管轄を肯定することはできないと解される。

しかし，日本において申立てをする以外に申立人の審理および裁判を受ける権利を実現することが著しく困難であり，かつ，その申立てが日本に関連があるような場合には，全ての相手方との関係で我が国の国際裁判管轄を肯定する（いわゆる緊急管轄を認める。）こともありうるであろう[63]。

（ふるた　よしまさ）

---

[63] 中間試案の段階では，緊急管轄を規定することも甲案として提案されていたが（中間試案24頁），最終的には法制化されなかった。しかし，解釈論上，緊急管轄を認めるべき場合があることについては，法制審議会部会での議論においても特に異論はなかった。法制審議会部会第14回会議議事録38頁以下。

保全命令

手塚　裕之・小枝　未優

第1　保全——人事訴訟事件における国際裁判管轄

1　新法における規律

人事訴訟法は，本法改正以前から，「人事訴訟を本案とする保全命令事件」の国内土地管轄について，「本案の管轄裁判所又は仮に差し押さえるべき物若しくは係争物の所在地を管轄する家庭裁判所が管轄する。」と定めていた（同法30条2項）。

財産関係事件についての国際裁判管轄に関する平成23年民事訴訟法等改正時は，身分関係事件についての国際裁判管轄法制の整備は検討の対象外とされていた。そのため，保全事件に関する規律については，人事訴訟法30条1項に，「人事訴訟を本案とする保全命令事件については，民事保全法（平成元年法律第91号）第11条の規定は，適用しない。」との規定が設けられた。これにより，本法改正に至るまでの間は，人事訴訟を本案とする保全命令事件の国際裁判管轄は，裁判所の解釈運用に委ねられていた。

本法改正に係る審議の過程では，人事訴訟を本案とする民事保全命令の国際裁判管轄規律について，民事保全法11条にならい，日本の裁判所に本案の訴えを提起することができるとき，又は仮に差し押さえるべき物若しくは係争物が日本国内にあるときに限って国際裁判管轄を認めることに，特段の異論は見られなかった[1]。そこで，本法改正では，改正前の人事訴訟法30条1項の規定を削除し，人事訴訟を本案とする保全命令事件の国際裁判管轄についても，民事保全法11条が適用されることとなった。

1）法制審議会部会第14回会議部会資料14-5　15頁

X 保全命令

2 新法の趣旨

上述のとおり，民事訴訟を本案とする保全命令事件の国際裁判管轄の規律は，民事保全法11条によるところ，同条の趣旨は，①本案訴訟に対する保全命令事件の従属性及び裁判所の審理の便宜（本案管轄），並びに②執行の便宜（仮差押目的物又は係争物所在地管轄）とされている[2]。

以上の趣旨は，人事訴訟を本案とする保全命令事件の国際裁判管轄についても当てはまる[3]。中間試案の補足説明においても，上記①の点につき，「本案訴訟に対する保全命令事件の従属性及び裁判所の審理の便宜を考えれば，日本の裁判所に本案の訴えを提起することができる場合には日本の裁判所の管轄権を認めるべき」であること，②の点につき，「離婚に伴う財産分与請求権を被保全権利とする保全処分を念頭におくと，不動産等に対する保全執行を実現する必要があり，その執行の便宜を考えれば，仮に差し押さえるべき物又は係争物が日本国内に所在する場合には日本の裁判所の管轄権を認めるべきであること」が挙げられている[4]。

なお，上記②について補足説明で述べられている趣旨は，離婚後に別途申し立てられる財産分与請求といった家事審判事件においても同様に妥当すると考えられるにもかかわらず，家事審判事件を本案とする保全命令事件に関しては，新法の下でも差し押さえるべき物又は係争物が日本国内に所在することを理由とする管轄権は認められていないことは，第2において後述する。

3 個別の管轄原因についての検討

(1) 日本の裁判所に本案の訴えを提起できるとき

本案の訴えにつき日本の裁判所の管轄権が認められる場合には，保全命令事件についても，日本の裁判所の管轄権が認められる。本案の管轄権の有無に関する判断基準については，本書において別途論じられているとおりであ

[2) 佐藤達文・小林康彦編著『一問一答・平成23年民事訴訟法等改正　国際裁判管轄法制の整備』183頁（商事法務，2012）
[3) 内野宗揮編著『一問一答・平成30年人事訴訟法・家事事件手続法等改正　国際裁判管轄法制の整備』70～71頁（商事法務，2019）
[4) 中間試案の補足説明64頁

第1　保全——人事訴訟事件における国際裁判管轄

る。

　民事保全法12条に基づく土地管轄については，本案が第一審又は控訴審に係属するときは，当該裁判所のみが「本案の管轄裁判所」に該当すると解されている[5]。しかし，本案が外国裁判所に係属している国際的訴訟競合の場合には，当該外国裁判所は民事訴訟法142条の「裁判所」にはあたらず[6]我が国の裁判所に本案の訴えが係属する可能性は残されている。したがって，この場合にも日本の裁判所に，本案の訴えについて管轄を有する裁判所として保全命令事件の管轄権を認めるべき趣旨は妥当するから，外国の裁判所において本案の訴えが係属している場合であっても，日本の裁判所に本案の訴えの管轄権が認められる限り，本案管轄を理由とする日本の裁判所の保全命令事件の管轄権は失われないと解すべきである。

　なお，人事訴訟に関する保全命令事件における「本案」の意義につき，離婚訴訟とこれに附帯する財産分与の申立てを例にとると，保全命令によって保全すべき対象は，もっぱら財産分与の申立てによって形成されうべき財産的請求権であり，財産分与の申立てがない限り保全は問題とならないのであるから，附帯請求である財産分与請求権を基準に，本案管轄の有無を判断すべきであろう[7]。

(2)　仮に差し押さえるべき物が日本国内にあるとき

　民事保全法11条の「仮に差し押さえるべき物若しくは係争物」の所在地については，同法12条1項の「仮に差し押さえるべき物若しくは係争物の所在地」と同義であると解されている[8]。仮に差し押さえるべき物について，将来執行しうる財産を保全する必要性は，離婚に伴う財産分与の申立てといった人事訴訟事件においても財産関係事件と変わりがないから，「仮に差し押さえるべき物」の所在地の解釈については，同法12条に関する解釈が同様に妥当すると解される。

---

5) 竹下守夫・藤田耕三編『注解　民事保全法（上巻）』121頁（青林書院，1996）
6) 兼子一ほか『条解　民事訴訟法〔第2版〕』820頁（弘文堂，2011）
7) 瀬木比呂志『民事保全法〔新訂版〕』24頁（日本評論社，2014）
8) 佐藤・小林・前掲注2）183頁

(3) **係争物が日本国内にあるとき**

　係争物の所在地についても，上記3(2)と同様に，民事保全法12条の解釈が基本的には妥当すると解される。しかし，こと保全命令事件の国際裁判管轄においては，以下に述べるとおり，解釈上土地管轄とは異なる国際裁判管轄固有の事情を考慮する必要がある。

　ア　保全命令事件における国際裁判管轄の特殊性

　外国でなされた民事保全の決定は，民事訴訟法118条が定める「確定判決」にあたらないことから，日本において承認・執行の対象とはならないと解されている[9]。そうすると，日本の裁判所が本案の管轄権を有しない事案において，係争物概念を限定的に解釈し，日本における保全命令事件の管轄を否定してしまうと，債権者は日本に所在する債務者の財産等を保全することができないこととなる。このように，保全命令事件に関する国際裁判管轄については，債権者の権利保全の途を不当に閉ざすことのないよう，係争物概念を広くとらえて管轄を認める必要性が高い。

　イ　「係争物」の意義

　国際裁判管轄における管轄原因としての「係争物」所在地については，ここに言う「係争物」が，係争物に関する仮処分における「係争物」に限る趣旨ではなく，仮の地位を定める仮処分の場合における「係争物」をも含む趣旨であることは，異論がないと思われる[10]。

　これに対し，民事保全法11条制定前の裁判例であるシリコンウェハー事件決定[11]は，財産関係事件における保全命令事件の国際裁判管轄が争われた事案において，係争物所在地管轄について「本件申立ては，仮差押命令又は係争物に関する仮処分を求めるものではないから，同項所定の「仮に差し押さえるべき物若しくは係争物の所在地を管轄する地方裁判所」が管轄裁判所となることもないから，本契約に基づく履行請求権を被保全権利とする申立て

---

9) 兼子ほか・前掲注6) 626頁。
10) 八木一洋・関述之編著『民事保全の実務〔第3版増補版〕(上)』66頁 (きんざい，2015)，竹下・藤田・前掲注5) 126頁，河野正憲「外国の仲裁機関による仲裁の定めがある事件につき我が国で提起された保全命令事件の我が国の国際裁判管轄」判タ1320号30頁等
11) 東京地決平成19年8月28日判タ1272号282頁

については，民事保全法12条1項に規定する管轄裁判所が我が国内に存在しない。」と判示している。

しかし，決定文を見る限り，同事案において当事者が係争物所在地管轄の有無について真摯に争っていたとはうかがわれず，本決定自体，その後即時抗告されて和解に終わったため確定していない地裁決定にすぎないから，上記論点に関する先例としての価値には疑問がある。上述のとおり，保全命令事件においては「係争物」概念を広く解釈する必要性があることにも鑑みれば，同決定は，当時の判例・通説とは異なった見解を採るものにすぎず[12]，国際裁判管轄の文脈においても，「係争物」は仮の地位を定める仮処分の場合も含むと解すべきであろう。

　　ウ　特定物を目的としない作為又は不作為を命ずる仮処分

民事保全法上，特定物に関する作為又は不作為を命ずる仮処分については，その特定物の所在地が「係争物」の所在地とされることに争いはないが，特定物を目的としない作為又は不作為を命ずる仮処分に関し，その作為又は不作為がされるべき地が「係争物」の所在地であると考えてよいか否かについては，争いがある[13]。

上記論点は，財産関係事件についての国際裁判管轄に関する平成23年民事訴訟法等改正にあたっても法制審議会部会において議論がなされ，この点を明確化するために民事保全法11条に明文の規律を置くことも検討されたが，実務において作為・不作為をすべき地を含まないとの考え方が確定的にとられているわけではなく，解釈に委ねられていると考えられることから，国際裁判管轄についてのみ特別の規律を設ける必要はないという理由により，明文化は見送られることとなった[14]。したがって，この点は民事保全法上，引き続き解釈に委ねられている。

学説上は，特定物を目的としない作為・不作為についてまで「係争物」の

---

[12] 酒井一「民事保全命令事件について，我が国の国際裁判管轄が否定された事例」判評598号19頁
[13] 佐藤・小林・前掲注2）183頁
[14] 「国際裁判管轄法制部会資料24」12頁

概念を拡張解釈する必要と実益はないとする説もある[15]。しかし，アにおいて前述した国際裁判管轄の特殊性や，緊急性および執行の便宜も考えれば，作為・不作為義務履行地の裁判所が管轄を有することが望ましい[16]。実務上も，作為・不作為がなされるべき場所が日本にある場合には，日本の裁判所の管轄を認める需要は高いものと思われる[17]。

　この論点に関する裁判例の蓄積は十分とはいえないが，財産関係事件において，民事保全法11条の「係争物」に関し，「特定物を目的としない，作為又は不作為を命じる仮処分においては，原則として，作為又は不作為が履行されるべき地を係争物の所在地と解するべきである」と判示した裁判例が存在する[18]。同決定は，日本法人が，外国会社の日本子会社に対し，両者間の契約に基づき，日本国内における不作為を求める仮地位仮処分命令を申し立てた事案であるが，本案についてスイスを仲裁地とする仲裁合意が締結されており，上述のシリコンウェハー事件決定に従えば，日本には本案管轄も係争物所在地管轄も認められない事案であった。裁判所は，シリコンウェハー事件決定は民事保全法11条制定前の決定であり，本件とは事案を異にすると判示し，係争物所在地として日本の裁判所の管轄権を認めた。当該事案における当事者の性質や日本における保全の必要性に着目した，妥当な判断である。

　上述してきた係争物所在地を広めにとらえる解釈は，当事者が個人であり，必ずしも資力があるとは限らない身分関係事件においては，より重要となる。個人の人生や生き方に深く関わる身分関係事件においては，手続的正義を損なわないよう留意する一方で，原告に実質的な救済の機会を保障することにも十分留意しなくてはならない。

　以上より，民事保全法11条の規定する「係争物」は，特定物を目的としない作為又は不作為を命じる仮処分をも含み，その場合の係争物の所在地は，

---

15) 西山俊彦『新版　保全処分概論』55頁（一粒社，1985）
16) 河野・前掲注10) 30頁，小林秀之「国際民事保全（管轄・審理・執行）」小林秀之ほか編『国際裁判管轄の理論と実務―新設規定をめぐる裁判例・学説の検討と解釈―』482頁（新日本法規，2017），鈴木五十三「保全命令事件に関する国際裁判管轄」別冊NBL No.138，89頁（2012）も同旨。
17)「国際裁判管轄法制部会資料21」47頁（日弁連意見，横浜弁意見）
18) 東京地裁平成27年(モ)第50369号・平成27年2月23日決定（判例集未登載）

作為又は不作為がなされるべき場所と解すべきである。この点については，引き続き裁判所による解釈運用に委ねられているため，裁判所が，今後上記裁判例に沿った判断を行うか否かが注目される。

第2　保全──家事審判事件における国際裁判管轄

1　現行法の規律

以下で見るとおり，本法改正では，家事審判事件を本案とする保全事件に関する国際裁判管轄の規定の新設は見送られ，現行法の規律が維持されることとなった。

現行法は，家事審判事件の本案（家事審判事件に係る事項について家事調停の申立てがあった場合にあっては，その家事調停事件）が係属する家庭裁判所または高等裁判所が，必要な保全処分を命ずる審判を行うことができると規定しており（本案係属要件。家事法105条1項），本案が係属する裁判所に保全事件の専属的管轄権を与えている。裁判所が命じることのできる保全処分は，事件類型ごとに，同法2編2章において個別に規定されている。

家事審判事件に係る事項については，民事訴訟の本案を提起することができない以上，民事保全の申立てをすることはできないため，[19] 保全手続は，もっぱら家事事件手続法に基づく審判前保全処分によることとなる。

2　本法改正における議論

法制審議会部会では，外国でなされた保全処分は日本では承認されない以上，現行法の規律どおり日本に本案の管轄がある場合に限って保全事件の国際裁判管轄を認めることとすると，日本に本案の管轄権がない場合，債務者が日本の財産を処分しようとしている状況に対して，債権者は手の打ちようがないという問題提起があった。[20] 実際に問題が生じうる場面としては，離婚

---

19) 八木・関・前掲注10) 65頁
20) 法制審議会部会第14回会議議事録46頁[山本和彦委員および池田綾子委員発言]

後に外国において別途財産分与が行われる際に，債務者が日本に所在する財産を処分しようとしている場合[21]）が想定される。

上記の問題提起を踏まえ，法制審議会部会では，人事訴訟を本案とする保全命令事件と同様に，差し押さえるべき物又は係争物が日本に所在する場合を本案管轄とは独立の管轄原因とする規定を創設すること，あるいは，家事審判を本案とする民事保全処分を可能とする規定を創設することの可否等が議論された。

しかし，家事審判事件では，保全されるべき具体的な権利は本案の審判の確定によって初めて形成されるものである以上，本案の審判事件が係属している裁判所でなければ一定の具体的な被保全権利が形成されることの蓋然性およびその権利内容を適正かつ迅速に判断することができない[22]）このように，審判前の保全処分が本案の審判事件に強い付随性を有している点で，家事審判事件を本案とする保全処分は通常の民事保全とは異なると解されている[23]）このような審判前保全処分の性質に鑑み，家事事件手続法は，審判前保全処分の管轄を本案が係属する裁判所に専属させることとしている。同規律を前提とすれば，仮に国際裁判管轄についてのみ本案管轄とは独立の管轄原因を認めたとしても，国内において当該保全事件を管轄する裁判所が存在しないこととなるから，当該保全処分の申立ては必然的に却下されることにならざるをえない[24]）。

このような現行法制度の在り方から，現行の家事審判制度あるいは民事保全制度の枠組みそのものを見直すことなしに，国際裁判管轄に関する規律についてのみ，本案である審判事件への付随性を緩和する形で規定を新設することは困難であることが指摘された[25]）。

上記議論の結果，本法改正に係る部会では，国内規律を含む現行法制度全

---

21) 具体的な問題の所在については，本書・Ⅱ第7において詳しく論じられている。
22) 金子修編著『逐条解説家事事件手続法』341〜343頁（商事法務，2013），内野・前掲注3）87頁
23) 法制審議会部会第9回会議部会資料9‐5　8頁以下
24) 前掲注20)　45頁［石井芳明幹事発言］
25) 法制審議会部会第15回会議部会資料15‐2　5頁

体について見直しを行うことは困難であるとの結論に至り,[26]現行法上の本案係属要件を前提とすれば,審判前の保全処分の国際裁判管轄について,本案の家事事件の国際裁判管轄とは異なる規律を設ける意義は乏しいことから,家事審判事件を本案とする保全事件の国際裁判管轄に関する規定の新設は見送られることとなった。[27]

3 今後の解釈運用

　以上のとおり,改正法では国際裁判管轄に関する明文の規定は置かれなかったことから,この点は引き続き,裁判所による解釈運用に委ねられることとなる。

　本案の家事審判事件ないし家事調停事件の国際裁判管轄が日本にない場合であっても,日本において保全処分がなされるべき場面がある点は,法制審議会部会においても認識が共有されていたところであるが,法制審議会部会においても活発に議論されていたとおり,解釈論としてそのような保全処分を実現することは容易ではないと思われる。

　一つの方法として考えられるのは,緊急管轄として日本の裁判所が本案あるいは保全処分自体の管轄を認めることであろう。[28]本法改正では一般的な緊急管轄の規定は設けられなかったが,新法は解釈上の緊急管轄を否定するものではないと解されている。[29]離婚に関する最判平成8年判決も,緊急管轄を認めた判決と解釈する余地があることに鑑みれば,[30]離婚後に申し立てられた財産分与のように立法的手当てがなされなかった事案において,裁判所が緊急管轄を根拠として保全処分による救済の途を開く可能性もありうるものと思われる。

---

26) 法制審議会部会第15回会議議事録56頁［高田裕成部会長発言］
27) 内野・前掲注3) 86〜87頁
28) 本書・Ⅱ第8も同旨。
29) 高田裕成ほか「渉外的な人事訴訟・家事事件にかかる手続法制」論究ジュリNo.27, 19頁（2018）［高田発言］,畑瑞穂「家事事件にかかる国際裁判管轄」論究ジュリNo.27, 40頁（2018）,内野・前掲注3) 82〜83頁
30) 木棚照一『逐条解説　国際家族法　重要判例と学説の動向』39頁（日本加除出版, 2017）

Ⅹ　保全命令

　今後の議論および実務の蓄積が待たれるところではあるが，いずれにせよ，上記論点については，国内規律の見直しを含めた，早急な立法的解決が望まれるところである。

　　　　　　　　　　　　　　　　　（てづか　ひろゆき／こえだ　みひろ）

外国裁判の承認・執行

古田　啓昌

第1　外国裁判の承認

1　外国裁判の承認とは

　一般に人事訴訟・家事事件における裁判所の裁判（判決，審判，決定等）は民事裁判権の行使であるから，その通用力（既判力など）の及ぶ範囲も国の主権が及ぶ範囲に限定されるのが原則である。したがって，各国の裁判所の裁判の効力が及ぶのは当該国家の領土内に限られるのが原則ということになる。外国の民事裁判手続が自国と同等同質であるという保障はなく（むしろ，違うことが普通であろう。），外国裁判所の判断を簡単に信用するわけにはいかないという見地からは，この原則を貫くことにも相応の根拠はある（実際，タイやインドネシアでは，外国判決は証拠としての価値しかないようである。）。

　しかしながら，私人間の権利義務に関する紛争の蒸し返しを防止し，司法資源の有効活用を図るという観点からは，およそ外国裁判所の判断であるという理由だけで，外国判決の拘束力を一律に否定するのは，行き過ぎであるという考え方もありうる。例えば外国の裁判所に離婚訴訟を提起して勝訴した妻が日本において離婚の効果を享受するには，日本において改めて離婚訴訟を提起して勝訴しなければならないことになる。また，外国で敗訴した夫が，日本において改めて離婚訴訟を提起し，離婚の可否を争うことも可能となる。このような事態は，当事者の負担や裁判所の司法資源の有効活用の観点から，決して望ましいことではない。さらに，日本の裁判所が離婚を認めない判決（すなわち妻が敗訴）を言い渡して確定した場合には，同一当事者間の婚姻関係について，外国と日本との間で跛行的な法律関係が生じることとなる。

　そこで，多くの国では，外国判決と自国判決を全く同様に扱うわけではな

いが，一定の場合には外国判決にも自国の裁判所に対する拘束力（既判力など）を認めるという制度設計を採用している。これを一般に，「外国判決の承認（recognition of foreign judgment）」と呼ぶ。

2 人事訴訟に関する外国裁判の承認

(1) 現在の実務

我が国の民事訴訟法118条は，「外国裁判所の確定判決は，次に掲げる要件のすべてを具備する場合に限り，その効力を有する。」として，同条1号～4号の要件を掲げている。人事訴訟に関する外国裁判については，かつては，我が国の抵触法規範によって指定される実質法が適用されていることを要件とする見解（いわゆる準拠法アプローチ）もあったが，現在では民事訴訟法118条によって承認の可否を判断する見解（いわゆる承認アプローチ）が通説である[1]。

外国判決の承認の効果については，判決国において認められている判決効がそのまま我が国に拡張される（したがって，民訴法118条にいう「その効力」は判決国法によって規律される。）とする効力拡張説と，承認によって外国判決が我が国の判決と同一の効力を有することとなる（したがって，同条にいう「その効力」は日本法によって規律される。）とする等値説とがある。判例・通説は効力拡張説だとされているが[2]，例えば判決国において判決理由中の判断にも拘束力が認められている場合（例えば，米国訴訟における issue preclusion など），その効力を我が国でも認めてよいかは議論のあるところである[3]。

(2) 民事訴訟法118条の各要件について

ア 「外国裁判所」の意義

民事訴訟法118条にいう「外国裁判所」とは，日本国以外の主権国家が設置運営する紛争処理機関であって，裁判官その他の中立的な判断者が，法令

---

1) 村上正子「外国裁判の承認・執行」論究ジュリストNo.27，47頁（2018）
2) 秋山幹男ほか『コンメンタール民事訴訟法Ⅱ（第2版）』510頁（日本評論社，2006）
3) 高桑昭「外国判決の承認」高桑昭・道垣内正人編『新・裁判実務大系　国際民事訴訟法（財産法関係）』311頁（青林書院，2002）

その他一定のルールに従って紛争を裁断する機関をいう[4]。我が国が当該外国を国家承認ないし政府承認している必要があるか否かについては説が分かれるが，例えば，中華民国（台湾）や朝鮮民主主義人民共和国（北朝鮮）の裁判所も本条にいう「外国裁判所」に該当すると解するのが多数説である。連邦国家の構成単位の裁判所（例えば米国の州裁判所）も「外国裁判所」たりうる。

イ 外国裁判所の管轄権

民事訴訟法118条1号は，外国判決承認の要件として，法令又は条約により外国裁判所の裁判権（学者や実務家は，これを「間接管轄」という。）が認められることを挙げている。最判平成26年4月24日民集68巻4号329頁は，人事に関する訴え以外の訴えにおける間接管轄の判断基準について，「基本的に我が国の民訴法の定める国際裁判管轄に関する規定に準拠しつつ，個々の事案における具体的事情に即して，外国裁判所の判決を我が国が承認するのが適当か否かという観点から，条理に照らして判断すべきものと解するのが相当である。」として，我が国の裁判所の直接管轄の規律を参照している。この最高裁判例を受けて，人事に関する訴えにあっては，基本的に我が国の人事訴訟法等の管轄規定に準拠して民事訴訟法118条1号の間接管轄の有無を判断するのが一般的な理解である[5]。

ウ 応訴の機会の保障

民事訴訟法118条2号は，外国判決承認の要件として，敗訴被告が訴訟の開始に必要な呼出し若しくは命令の送達（公示送達その他これに類する送達を除く。）を受けたこと又はこれを受けなかったが応訴したことを挙げている。最判平成10年4月28日民集52巻3号853頁は，本号にいう呼出し・送達は，「被告が現実に訴訟手続の開始を了知することができ，かつ，その防御権の行使に支障のないものでなければならない。のみならず，訴訟手続の安定を図る見地からすれば，裁判上の文書の送達につき，判決国と我が国との間に

---

[4] 森川伸吾「外国判決承認・執行の要件としての裁判官の独立―中国を例として―(1)〜(4・完)」法学論叢161巻2号〜6号（2007）は，判決国における裁判官の制度的な独立性が必要であるとする。

[5] 東京地判平成29年4月25日ウェストロー・ジャパン文献番号2017WLJPCA04256012

司法共助に関する条約が締結されていて，訴訟手続の開始に必要な文書の送達がその条約の定める方法によるべきものとされている場合には，条約に定められた方法を遵守しない送達は，同号所定の要件を満たす送達に当たるものではないと解するのが相当である。」としている。したがって，司法共助に関する所定の手続を履践していない送達，直接郵送，十分な防御期間のない呼出しなどは，いずれも本号の要件を満たさないと解される。

民事訴訟法118条2号の趣旨は，被告に応訴の機会を保障することであるから，現実に被告が外国訴訟に応訴したときは，呼出しの瑕疵は治癒される。なお，本号にいう「応訴」には，必ずしも本案について応訴したとき（いわゆる general appearance）のみならず，送達の有効性や管轄を争うためだけに本案前の答弁をした場合（いわゆる special appearance ないし limited appearance）も含まれる[6]。

エ　公序良俗違反

民事訴訟法118条3号は，外国判決承認の要件として，判決の内容及び訴訟手続が我が国の公序良俗に違反しないことを挙げている。ここで判決の内容とは，判決の主文のみをいうのではなく，判決理由をも含むと解される。したがって，例えば，賭博の負け金の支払を命ずる外国判決は，主文は単に金銭の支払を命ずるのみで公序良俗に反しないが，賭博に基づく請求を認めることは我が国の公序に反するから，結局かかる外国判決は承認要件を欠くこととなるのに対して，例えば，賭博に費消する目的の金員を貸し付けた貸主が貸金の返還を請求することは，必ずしも我が国の公序に反するものではなく[7]，貸金返還請求を認容した外国判決は民事訴訟法118条3号に違反するものではないと解される。外国判決の訴訟手続については，例えば，外国判決の内容が訴訟当事者に了知されず，又は了知する機会も実質的に与えられなかったことにより，不服申立ての機会が与えられないまま外国判決が確定

---

[6] 最判平成10年4月28日民集52巻3号853頁は，「民訴法118条2号所定の被告が「応訴したこと」とは，いわゆる応訴管轄が成立するための応訴とは異なり，被告が，防御の機会を与えられ，かつ，裁判所で防御のための方法をとったことを意味し，管轄違いの抗弁を提出したような場合もこれに含まれると解される。」とする。

[7] 東京地判平成5年1月29日判時1444号41頁参照

した場合には，その訴訟手続は我が国の公序に反することとなる[8]。

人事・家事関係の外国判決については，代理出産により出生した子を実子と認める外国判決が我が国の公序に反するとした最決平成19年3月23日民集61巻2号619頁や，外国判決確定後の子の状況を比較的詳細に認定した上で，子の引渡しを命じる外国判決が我が国の公序に反するとした東京高判平成5年11月15日判タ835号132頁が公刊されている[9]。もっとも，後者（東京高判平成5年11月15日）については，我が国が自動承認制度を採用している（すなわち，外国判決が承認要件を具備しているか否かを審査するための特別の手続は用意されていない。）こととの関係で，外国判決確定時以降の事情を考慮して外国判決の執行を拒否したことに対する批判も多い[10]。

オ　相互の保証

民事訴訟法118条4号は，外国判決承認の要件として，相互の保証があることを挙げている。相互の保証の有無は，当該判決をした外国裁判所が属する国において，当該判決と同種類の日本の裁判所の判決が，我が国の民事訴訟法118条の条件と重要な点で異ならない条件で効力を有するか否かによって決せられる[11]。例えば，そもそも外国判決の承認制度がない国（タイ，インドネシアなど），外国判決の承認に際して本案の再審査を行う国（ベルギー[12]，ルクセンブルクなど）については，相互の保証がないことになる。なお，法域によっては判決の種類（例えば，金銭判決か否か，身分関係判決か否かなど）によって承認要件が異なる場合もある。そのような法域については，判決の

---

8) 最判平成31年1月18日裁判所ウェブサイト
9) このほか，外国判決の内容が我が国の公序に反するとした裁判例として，最判平成9年7月11日民集51巻6号2573頁（懲罰的損害賠償の支払を命じる外国判決），横浜地判平成元年3月24日判タ703号268頁（偽造の証拠によって得た外国判決），大阪地判昭和52年12月22日判タ361号127頁（我が国確定判決の既判力に抵触する外国判決）などが公刊されている。
10) 渡辺惺之・判批「平成5年度重要判例解説」ジュリスト臨時増刊1046号298頁（1994），山田恒久「外国判決の承認・執行」『渉外判例百選（第3版）』231頁（有斐閣，1995），横溝大「子の引渡しを命じたテキサス州判決に基づく執行を認めなかった事例」ジュリスト1105号155頁（1997）
11) 最判昭和58年6月7日民集37巻5号611頁
12) ベルギーとの相互の保証を否定した事例として，東京地判昭和35年7月20日下民11巻7号1522頁

種類によって相互の保証の有無の判断が異なることがありうる。例えば中国（中華人民共和国）との関係では，経済取引に関する判決については我が国との相互の保証がないとされる一方で[13]，離婚判決については，我が国の戸籍実務上，中国中級人民法院の確定判決に基づく報告的離婚の届出を受理して差し支えないものとされている[14]。

(3) 新法の内容

今回の改正作業に際しては，人事訴訟に関する外国裁判の承認に際して，相互の保証（民訴法118条4号）を維持するか否かが検討課題とされていた[15]。法制審議会部会の議論においても，外国裁判の承認を求める当事者にとって，「相互の保証があること」を立証するのは実務上の負担が重いことなどから[16]，相互の保証の要件は廃止するか，少なくとも「相互の保証があること」ではなく，「相互の保証がないとはいえないこと」を要件とするべきであるとの意見が出されていた[17]。しかし，最終的には，民事訴訟法118条の改正は今回の改正作業の対象ではないこと，「相互の保証」の取扱いについては国家賠償法6条の「相互の保証」も含めて全体を見直すべき機会において検討すべきである等の理由により，現行法の規律が維持されることになった。

(4) 現行実務への影響

人事訴訟に関する外国裁判の承認については，これまでと同様，民事訴訟法118条による規律が続くことになり，新法施行による現行実務への影響は特にないと思われる。しかし，とりわけ相互の保証の要件については，それが本来は裁判所が職権で判断すべき事項であること，その趣旨は私人間の利益調整ではなく国家的な利益調整にあることから，資料の収集を過度に当事者に依存すべきではなく，裁判所サイドにおいて司法資源の充実を図るべき

---

13) 大阪高判平成15年4月9日判時1841号111頁
14) 木村三男監修『全訂新版 渉外戸籍のための各国法律と要件 Ⅳ』399頁（日本加除出版，2017），滝澤衆「こせき相談室」戸籍827号94頁（2009）
15) 商事法務研究会「人事訴訟事件等についての国際裁判管轄法制研究会報告書」73頁（2014）
16) 座談「渉外的な人事訴訟・家事事件にかかる手続法制」論究ジュリストNo.27，25頁〔大谷美紀子発言〕(2018)
17) 例えば，日本弁護士連合会の2015年5月8日付け「人事訴訟事件及び家事事件の国際裁判管轄法制に関する中間試案に対する意見」45頁

である。[18]

3 家事事件に関する外国裁判の承認

(1) 現在の実務

民事訴訟法118条にいう「確定判決」の意義については，我が国でいう非訟に属する裁判であっても，当事者の対審構造が保障されている場合には，我が国でいう家事審判に相当する裁判であっても，民事訴訟法118条の類推ないし準用により，外国判決承認の対象となるとされている。[19] もっとも，家事事件においては，相手方のある類型（概ね家事法別表第二に掲げる事件）と相手方のない類型（概ね家事法別表第一に掲げる事件）とがあり，このうち相手方のない類型については，民事訴訟法118条2項の要件（被告の適式な呼出しないし応訴）は基本的に観念することができない。また，家事非訟事件に相当する外国裁判所の裁判の承認に際しては，民事訴訟法118条4号の要件（相互の保証）を不要とする見解もあった。[20]

(2) 新法の内容

今回の改正作業に際しては，家事事件に関する外国裁判の承認に際して，民事訴訟法118条2項の要件をどのように考えるかが検討課題とされていた。[21] この点について，中間試案では，

> 外国裁判所の家事事件における確定した終局裁判は，次に掲げる要件のすべて（ただし，申立人以外の当事者が存在しない事件については，二を除く。）を具備する場合に限り，その効力を有するものとする。
> 一　法令又は条約により外国裁判所の裁判権が認められること
> 二　申立人以外の当事者が，申立書（写しを含む。）の送付若しくは送達

---

[18] 論究ジュリスト・前掲注16) 26頁［高田裕成発言，道垣内正人発言］
[19] 東京高判平成5年11月15日判タ835号132頁は，離婚に伴う両親間の監護権の争い，子の引渡請求及び扶養料の支払について判断した米国テキサス州裁判所の判決も，民訴法118条1号及び3号の要件を充足する場合には，民事執行法24条の類推適用ないし準用により，執行判決の対象となる旨を判示している。また，東京地判・前掲注5)は，離婚に伴う養育費の支払を命じた米国ニューヨーク州裁判所の判決について，執行判決請求を認容した。
[20] 司法研修所編『渉外家事・人事訴訟の審理に関する研究』30頁（法曹会，2010）
[21] 商事法務研究会・前掲注15) 73頁

XI 外国裁判の承認・執行

（公示送達その他これに類する送達を除く。）を受けたこと，申立てがあったことの通知を受けたこと又はこれらを受けなかったが手続行為をしたこと
三　裁判の内容及び家事事件の手続が日本における公の秩序又は善良の風俗に反しないこと
四　相互の保証があること

として，相手方のない類型について民事訴訟法118条2号の適用を排除する規律が提案されていた[22]。しかし，最終的には，どのような事件について，いかなる当事者の手続保障を問題とし，手続開始の要件として何を要求するか等に関し，個別の事案ごとに柔軟に判断できるようにとの観点から，最終的には，家事事件手続法79条の2として，

> （外国裁判所の家事事件についての確定した裁判の効力）
> **家事事件手続法79条の2**　外国裁判所の家事事件についての確定した裁判（これに準ずる公的機関の判断を含む。）については，その性質に反しない限り，民事訴訟法第118条の規定を準用する。

との規律が設けられた。

(3)　**現行実務への影響**

新法施行後は，家事事件に関する外国裁判の承認の可否の判断に際しては，原則として民事訴訟法118条に依拠しつつも，当該外国裁判の性質に応じて，とりわけ同条2号・4号の要件の要否を検討することになる。同条括弧書きの「これに準ずる公的機関の判断」とは，例えば，離婚や扶養料の支払を命じる外国の立法府や行政機関の決定などが該当しうると解される[23]。

なお，我が国の現在の戸籍実務では，外国の裁判所において養子縁組の裁判がされた場合，これを外国裁判の承認の問題として取り扱わず，我が国の

---

22) 中間試案28頁
23) 内野宗揮編著『一問一答・平成30年人事訴訟法・家事事件手続法等改正　国際裁判管轄法制の整備』164頁（商事法務，2019），法制審議会部会第15回会議議事録5頁以下［西谷祐子発言，山本弘発言］

抵触法規範により指定される実質法に基づく諸要件を審査する方法（いわゆる準拠法アプローチ）が採用されている。その是非は今回の改正作業の課題とされ[24]，法制審議会部会においても「成年後見等関係事件及び養親子関係事件について特別の規律が必要か。」を検討することとされていた[25]。最終的には，今回の改正では成年後見等関係事件及び養親子関係事件について特別の規律を設けることは見送られたが，家事事件手続法79条の2において「その性質に反しない限り」民事訴訟法118条を準用することになった結果，外国の裁判所において養子縁組の裁判がされた場合には，その外国裁判の効果が我が国において承認されることになり，現在の戸籍実務は変更を余儀なくされることも予想される[26]。

第2 外国裁判の執行

1 現在の実務

我が国においては，ある外国判決が民事訴訟法118条所定の承認要件を具備しているか否かを審査するための特別の手続は用意されていない（この点は，例えば外国の倒産手続の効力を我が国で承認するために特別の承認手続が用意されているのとは異なる。外国倒産処理手続の承認援助に関する法律17条参照）。我が国の裁判所に提起された後訴において，原告の後訴請求は外国における前訴の確定判決の既判力に抵触するとの主張が被告から提出されたときは，後訴の受訴裁判所が当該外国判決の承認の可否を審査することになる。

外国の形成判決については，我が国においても当該判決によって形成された法律関係が存在するものとして扱われる[27]。例えば外国裁判所の離婚判決については，我が国の戸籍実務上，判決謄本等によって民事訴訟法118条の承

---

[24] 商事法務研究会・前掲注15) 81頁
[25] 法制審議会部会第1回会議部会資料1「国際裁判管轄法制の整備に当たっての検討課題」8頁
[26] 論究ジュリスト・前掲注16) 26頁［内野宗揮発言］
[27] 司法研修所・前掲注20) 29頁

XI　外国裁判の承認・執行

認要件を欠いていることが明らかな場合を除き，判決謄本，判決確定証明書，日本人被告が適式に呼出しを受け又は応訴したことを証する書面（及びこれらの和訳文）を提出すれば，離婚の届出を受理するものとされている[28]。

これに対し，外国の給付判決については，我が国において直ちに債務名義となるわけではなく[29]，別途，執行判決を得ることが必要である（民執法22条6号）。日本法上の人事訴訟は，身分関係の形成又はその存否の確認を目的とする人事に関する訴え（人訴法2条）をいうから，その判決は形成判決または確認判決ということになり，給付判決となることは予定されていないが[30]，関連損害賠償請求（人訴法17条）が併合されている場合には，金銭の支払を命じる給付判決がされる可能性がある。同種の金銭請求について外国で勝訴判決を得た原告が，その判決に基づいて日本国内で強制執行を行うには，我が国で執行判決請求訴訟を提起する必要がある[31]。金銭の支払を命じる外国判決に限らず，例えば子の引渡しを命じる裁判などについても，実務上，民事執行法24条を類推適用ないし準用して，執行判決が用いられている[32]。

現行法下では，執行判決請求訴訟は，債務者（被告）の普通裁判籍所在地の地方裁判所の専属管轄に服する（民執法24条1項・19条）。判決手続であるから口頭弁論の開催は必要的であり，また執行判決に対する上訴は控訴，上告（ないし上告受理申立て）の方法で行うことになる。受訴裁判所は，本案についての再審査を行うことはできず，もっぱら民事訴訟法118条に照らして，当該外国判決の承認の可否を審査しなければならない（民執法24条2項・3項）。

---

28) 昭和51年1月14日法務省民二280号通達「外国裁判所の離婚判決に基づく離婚届の受理について」，大谷美紀子監修『Q&A渉外家事スタディ―離婚・子ども・ハーグ事案の実務―』118頁（日本加除出版，2013）
29) この点は，外国判決の承認の効果について，等値説ではなく，効力拡張説を採る根拠ともされている。外国判決が我が国の判決と同一の効力を有することとなるのであれば，外国判決についてのみ執行判決を要求する必要はないはずだからである。
30) 中間試案の補足説明67頁
31) 内野・前掲注23）165頁
32) 大谷美紀子編著『最新　渉外家事事件の実務』235頁（新日本法規，2015）

第2　外国裁判の執行

2　新法の内容

　今回の改正作業に際しては，人事訴訟及び家事事件に関する外国裁判の執行に関して，
・決定手続によるものとするか。
・地方裁判所と家庭裁判所のいずれが管轄するものとするか。
が検討課題とされていた[33]。この点について，中間試案では，

> 　外国裁判所の人事訴訟事件における確定判決及び家事事件における確定した終局裁判の日本における執行については，執行判決によるものとし，執行判決に関する規律については，基本的に民事執行法第24条と同様の規律を前提としつつ，執行判決を求める訴えの管轄を家庭裁判所の専属管轄とするものとする。

との規律が提案されていた[34]。これに対しては，例えば日弁連などから，
・執行判決ではなく，執行決定とすべきである。
・執行決定を求める申立てを家庭裁判所の専属管轄とする考え方には反対する。地方裁判所の専属管轄とするか，いずれの裁判所にも管轄があるとすべきである。
との意見が表明され[35]，その後の法制審議会部会でも活発な議論が交わされたが，最終的に，今回の立法では民事執行法24条が次のとおり改正された。

（外国裁判所の判決の執行判決）
民事執行法24条　外国裁判所の判決についての執行判決を求める訴えは，債務者の普通裁判籍の所在地を管轄する地方裁判所（家事事件における裁判に係るものにあっては，家庭裁判所。以下この項において同じ。）が管轄し，この普通裁判籍がないときは，請求の目的又は差し押さえることができる債務者の財産の所在地を管轄する地方裁判所が管轄する。

---

33)　商事法務研究会・前掲注15）83頁
34)　中間試案29頁
35)　日本弁護士連合会の2015年5月8日付け「人事訴訟事件及び家事事件の国際裁判管轄法制に関する中間試案に対する意見」46頁

> 2　前項に規定する地方裁判所は，同項の訴えの全部又は一部が家庭裁判所の管轄に属する場合においても，相当と認めるときは，同項の規定にかかわらず，申立てにより又は職権で，当該訴えに係る訴訟の全部又は一部について自ら審理及び裁判をすることができる。
> 3　第一項に規定する家庭裁判所は，同項の訴えの全部又は一部が地方裁判所の管轄に属する場合においても，相当と認めるときは，同項の規定にかかわらず，申立てにより又は職権で，当該訴えに係る訴訟の全部又は一部について自ら審理及び裁判をすることができる。
> 4　執行判決は，裁判の当否を調査しないでしなければならない。
> 5　第1項の訴えは，外国裁判所の判決が，確定したことが証明されないとき，又は民事訴訟法第118条各号（家事事件手続法（平成23年法律第52号）第79条の2において準用する場合を含む。）に掲げる要件を具備しないときは，却下しなければならない。
> 6　執行判決においては，外国裁判所の判決による強制執行を許す旨を宣言しなければならない。

前述のとおり，日弁連は，裁判の形式について，

> 執行のための日本での裁判を「執行判決」とすると，口頭弁論が必要的であり，その他，より厳格な手続を要するため，時間もかかることになるが，そのように厳格な手続を取るべき必要性があるとは思えない。また，家事事件及び人事訴訟事件の区別は，我が国特有のものであると考えられるが，外国の同様の事件について，外国においても，手続が公開の法廷で行われない場合は多く，そのようなものが執行段階において，公開の法廷で行われる判決手続にしなければならないとすれば，その点も問題である。仲裁にならって，「執行決定」とすべきである。

として中間試案に反対していたが，今回の改正では実現しなかった[36]。我が国の憲法82条1項は，裁判の対審及び判決が公開の法廷で行われるべきことを

---

36) 日本弁護士連合会の2015年5月8日付け「人事訴訟事件及び家事事件の国際裁判管轄法制に関する中間試案に対する意見」46頁以下

定めているが，最高裁判例によれば，公開の法廷で対審及び判決を行う必要があるのは，当事者間の法律上の実体的権利義務自体に争いがあり，これを確定する場合である[37]執行判決請求訴訟においては，受訴裁判所は，本案についての再審査を行うことはできず，もっぱら民事訴訟法118条に照らして，当該外国判決の承認の可否を審査しなければならない（民執法24条2項・3項）。すなわち，当事者間の法律上の実体的権利義務自体に争いがあり，これを確定する場合ではなく，我が国の憲法上，公開の法廷で対審及び判決を行う必要がある場合（すなわち，口頭弁論が必要的な判決手続による場合）には該当しない。したがって，外国裁判の執行手続を判決手続にするか，決定手続にするかは，もっぱら立法政策の問題である（現に仲裁判断の執行手続は，決定手続として立法されている。仲裁法45条）。今回の改正では，通常の民事訴訟に係る外国判決の執行が判決手続とされていることの均衡から決定手続の採用は見送られたが，立法論としては今後も引き続き検討課題になるといえる[38]

　管轄裁判所については，外国裁判の承認の可否の審査にあたって，当該外国裁判の内容ないし手続が我が国の公序に反しないか（民訴法118条3号）を判断する必要があるところ，子の引渡しや面会交流，養育費の支払や離婚後の扶養については，我が国では家庭裁判所の管轄とされており，そこに相応の知見が蓄積されており[39]地方裁判所で審理判断するよりも家庭裁判所で審理判断することがより適切である事例が多いと予想されることから，家庭裁判所に執行判決の管轄を認めることとなった。なお，ある外国裁判所の判決が民事執行法24条1項括弧書きにいう「家事事件における裁判」に該当するか否かは，我が国の法制（日本法）の立場から，当該判決の対象事項が日本法において家事事件の対象とされているか否か，あるいは，それに相当するような類似の性質を有する事件があるか否か等の観点から，実質的に判断すべきものとされている[40]

[37) 最大判昭和40年6月30日民集19巻4号1089頁
[38) 論究ジュリスト・前掲注16）28頁［山本和彦発言］
[39) 論究ジュリスト・前掲注16）27頁［大谷美紀子発言］
[40) 内野・前掲注23）174頁

他方において，外国においては，我が国における人事訴訟・家事事件に相当する手続において，我が国における通常の民事訴訟に属する事項が併せて審理判断される法制度も想定される。そのような法制度に基づく外国裁判の我が国での執行について，中間試案の提案のように「家庭裁判所に専属する」とした場合には，執行を求める当事者において，我が国における人事訴訟・家事事件に相当するものとして家庭裁判所に執行判決請求訴訟を提起すべきか，あるいは我が国における通常の民事訴訟に相当するものとして地方裁判所に執行判決請求訴訟を提起すべきか，判断に迷う事態も予想される。また，一つの外国判決中に我が国における人事訴訟・家事事件に相当する給付判決と通常の民事訴訟に相当する給付判決が存する場合には，当事者は前者については家庭裁判所に執行判決請求訴訟を提起し，後者については地方裁判所に執行判決請求訴訟を提起することとなり，当事者の負担の観点からも裁判所の司法資源の有効活用の点からも決して望ましくない事態を招来しかねない。

そこで，法制審議会部会においては，地方裁判所と家庭裁判所の双方に競合的な職分管轄を認めた上で（民執法24条1項），相互の移送を確保することが検討されたが，最終的には移送の規定は設けず，代わりに自庁処理を規定することとなった（民執法24条2項・3項）。

3 現行実務への影響

今回の改正法では，人事訴訟及び家事事件に関する外国裁判の執行判決請求訴訟について，地方裁判所と家庭裁判所の競合管轄及び自庁処理が認められたほか，特に改正点はない。

※ 脱稿後に，西谷祐子「人事訴訟事件及び家事事件の国際裁判管轄等に関する新法制（2・完）」法曹時報71巻3号1頁（2019）に接した。

（ふるた　よしまさ）

巻末資料

人事訴訟法等の一部を改正する法律新旧対照条文 —— *205*
  1 人事訴訟法（平成15年法律第109号） …………… *205*
  2 家事事件手続法（平成23年法律第52号） …………… *209*
  3 民事執行法（昭和54年法律第4号） …………… *222*
  4 船舶油濁損害賠償保障法（昭和50年法律第95号） ………… *224*

人事訴訟法等の一部を改正する法律（平成30年法律第20号）附則 —— *225*

1　人事訴訟法（平成15年法律第109号）

人事訴訟法等の一部を改正する法律新旧対照条文
1　人事訴訟法（平成15年法律第109号）

（傍線部分は改正部分）

改　正　後	改　正　前
目次 　第1章　（略） 　　第1節　（略） 　　第2節　裁判所 　　　<u>第1款　日本の裁判所の管轄権（第3条の2―第3条の5）</u> 　　　<u>第2款</u>　管轄（第4条―第8条） 　　　<u>第3款</u>　参与員（第9条―第11条） 　　第3節～第6節　（略） 　第2章～第4章　（略） 　附則	目次 　第1章　（同左） 　　第1節　（同左） 　　第2節　（同左） 　　　（新設） 　　　第1款　管轄（第4条―第8条） 　　　第2款　参与員（第9条―第11条） 　　第3節～第6節　（同左） 　第2章～第4章　（同左） 　附則
<u>第1款　日本の裁判所の管轄権</u> 　（人事に関する訴えの管轄権） 第3条の2　人事に関する訴えは，次の各号のいずれかに該当するときは，日本の裁判所に提起することができる。 　一　身分関係の当事者の一方に対する訴えであって，当該当事者の住所（住所がない場合又は住所が知れない場合には，居所）が日本国内にあるとき。 　二　身分関係の当事者の双方に対する訴えであって，その一方又は双方の住所（住所がない場合又は住所が知れない場合には，居所）が日本国内にあるとき。 　三　身分関係の当事者の一方からの訴えであって，他の一方がその死亡の時に日本国内に住所を有していたとき。 　四　身分関係の当事者の双方が死亡し，その一方又は双方がその死亡の時に日本国内に住所を有していたとき。 　五　身分関係の当事者の双方が日本の国籍を有するとき（その一方又は双方がその死亡の時に日本の国籍を有していたときを含む。）。 　六　日本国内に住所がある身分関係の当事者の一方からの訴えであって，当該身分関係の当事者が最後の共通の住所を日本国内に有していたとき。	（新設） （新設）

七　日本国内に住所がある身分関係の当事者の一方からの訴えであって，他の一方が行方不明であるとき，他の一方の住所がある国においてされた当該訴えに係る身分関係と同一の身分関係についての訴えに係る確定した判決が日本国で効力を有しないときその他の日本の裁判所が審理及び裁判をすることが当事者間の衡平を図り，又は適正かつ迅速な審理の実現を確保することとなる特別の事情があると認められるとき。

（関連請求の併合による管轄権）
第3条の3　一の訴えで人事訴訟に係る請求と当該請求の原因である事実によって生じた損害の賠償に関する請求（当該人事訴訟における当事者の一方から他の一方に対するものに限る。）とをする場合においては，日本の裁判所が当該人事訴訟に係る請求について管轄権を有するときに限り，日本の裁判所にその訴えを提起することができる。

（新設）

（子の監護に関する処分についての裁判に係る事件等の管轄権）
第3条の4　裁判所は，日本の裁判所が婚姻の取消し又は離婚の訴えについて管轄権を有するときは，第32条第1項の子の監護者の指定その他の子の監護に関する処分についての裁判及び同条第3項の親権者の指定についての裁判に係る事件について，管轄権を有する。
2　裁判所は，日本の裁判所が婚姻の取消し又は離婚の訴えについて管轄権を有する場合において，家事事件手続法（平成23年法律第52号）第3条の12各号のいずれかに該当するときは，第32条第1項の財産の分与に関する処分についての裁判に係る事件について，管轄権を有する。

（新設）

（特別の事情による訴えの却下）
第3条の5　裁判所は，訴えについて日本の裁判所が管轄権を有することとなる場合においても，事案の性質，応訴による被告の負担の程度，証拠の所在地，当該訴えに係る身分関係の当事者間の成年に達しない子の利益その他の事情を考慮して，日本の裁判所が審理及び裁判をすることが当事者間の衡平を害し，

（新設）

又は適正かつ迅速な審理の実現を妨げることとなる特別の事情があると認めるときは，その訴えの全部又は一部を却下することができる。

第2款　管轄

（調停事件が係属していた家庭裁判所の自庁処理）
第6条　家庭裁判所は，人事訴訟の全部又は一部がその管轄に属しないと認める場合においても，当該人事訴訟に係る事件について家事事件手続法第257条第1項の規定により申し立てられた調停に係る事件がその家庭裁判所に係属していたときであって，調停の経過，当事者の意見その他の事情を考慮して特に必要があると認めるときは，民事訴訟法第16条第1項の規定にかかわらず，申立てにより又は職権で，当該人事訴訟の全部又は一部について自ら審理及び裁判をすることができる。

第3款　参与員

（訴えの変更及び反訴）
第18条　（略）
2　日本の裁判所が請求の変更による変更後の人事訴訟に係る請求について管轄権を有しない場合には，原告は，変更後の人事訴訟に係る請求が変更前の人事訴訟に係る請求と同一の身分関係についての形成又は存否の確認を目的とするときに限り，前項の規定により，請求を変更することができる。
3　日本の裁判所が反訴の目的である次の各号に掲げる請求について管轄権を有しない場合には，被告は，それぞれ当該各号に定める場合に限り，第1項の規定による反訴を提起することができる。
　一　人事訴訟に係る請求　本訴の目的である人事訴訟に係る請求と同一の身分関係についての形成又は存否の確認を目的とする請求を目的とする場合
　二　人事訴訟に係る請求の原因である事実によって生じた損害の賠償に関する請求　既に日本の裁判所に当該人事訴訟が係属する

第1款　管轄

（調停事件が係属していた家庭裁判所の自庁処理）
第6条　家庭裁判所は，人事訴訟の全部又は一部がその管轄に属しないと認める場合においても，当該人事訴訟に係る事件について家事事件手続法（平成23年法律第52号）第257条第1項の規定により申し立てられた調停に係る事件がその家庭裁判所に係属していたときであって，調停の経過，当事者の意見その他の事情を考慮して特に必要があると認めるときは，民事訴訟法第16条第1項の規定にかかわらず，申立てにより又は職権で，当該人事訴訟の全部又は一部について自ら審理及び裁判をすることができる。

第2款　参与員

（訴えの変更及び反訴）
第18条　（同左）
　（新設）

　（新設）

人事訴訟法等の一部を改正する法律新旧対照条文

場合	
（民事訴訟法の適用関係）	（民事訴訟法の適用関係）
第29条　人事に関する訴えについては，民事訴訟法第3条の2から第3条の10まで，第145条第3項及び第146条第3項の規定は，適用しない。	第29条　人事に関する訴えについては，民事訴訟法第1編第2章第1節，第145条第3項及び第146条第3項の規定は，適用しない。
2　（略）	2　（同左）
（保全命令事件の管轄の特例）	（民事保全法の適用関係等）
第30条（削る）	第30条　人事訴訟を本案とする保全命令事件については，民事保全法（平成元年法律第91号）第11条の規定は，適用しない。
人事訴訟を本案とする保全命令事件は，民事保全法（平成元年法律第91号）第12条第1項の規定にかかわらず，本案の管轄裁判所又は仮に差し押さえるべき物若しくは係争物の所在地を管轄する家庭裁判所が管轄する。	2　人事訴訟を本案とする保全命令事件は，民事保全法第12条第1項の規定にかかわらず，本案の管轄裁判所又は仮に差し押さえるべき物若しくは係争物の所在地を管轄する家庭裁判所が管轄する。
2　人事訴訟に係る請求と当該請求の原因である事実によって生じた損害の賠償に関する請求とを一の訴えですることができる場合には，当該損害の賠償に関する請求に係る保全命令の申立ては，仮に差し押さえるべき物又は係争物の所在地を管轄する家庭裁判所にもすることができる。	3　人事訴訟に係る請求と当該請求の原因である事実によって生じた損害の賠償に関する請求とを一の訴えですることができる場合には，当該損害の賠償に関する請求に係る保全命令の申立ては，仮に差し押さえるべき物又は係争物の所在地を管轄する家庭裁判所にもすることができる。

2　家事事件手続法（平成23年法律第52号）

2　家事事件手続法（平成23年法律第52号）

（傍線部分は改正部分）

改　正　後	改　正　前
目次 　第1編　（略） 　　<u>第1章　通則（第1条—第3条）</u> 　　<u>第1章の2　日本の裁判所の管轄権（第3条の2—第3条の15）</u> 　　第2章〜第8章　（略） 　第2編〜第5編　（略） 　附則	目次 　第1編　（同左） 　　<u>第一章　通則（第1条—第3条）</u> 　　（新設） 　　第2章〜第8章　（同左） 　第2編〜第5編　（同左） 　附則
<u>第1章の2　日本の裁判所の管轄権</u>	（新設）
<u>（不在者の財産の管理に関する処分の審判事件の管轄権）</u> <u>第3条の2　裁判所は，不在者の財産の管理に関する処分の審判事件（別表第一の55の項の事項についての審判事件をいう。第145条において同じ。）について，不在者の財産が日本国内にあるときは，管轄権を有する。</u>	（新設）
<u>（失踪の宣告の取消しの審判事件の管轄権）</u> <u>第3条の3　裁判所は，失踪の宣告の取消しの審判事件（別表第一の57の項の事項についての審判事件をいう。第149条第1項及び第2項において同じ。）について，次の各号のいずれかに該当するときは，管轄権を有する。</u> 　<u>一　日本において失踪の宣告の審判があったとき。</u> 　<u>二　失踪者の住所が日本国内にあるとき又は失踪者が日本の国籍を有するとき。</u> 　<u>三　失踪者が生存していたと認められる最後の時点において，失踪者が日本国内に住所を有していたとき又は日本の国籍を有していたとき。</u>	（新設）
<u>（嫡出否認の訴えの特別代理人の選任の審判事件の管轄権）</u> <u>第3条の4　裁判所は，嫡出否認の訴えについて日本の裁判所が管轄権を有するときは，嫡出否認の訴えの特別代理人の選任の審判事件（別表第一の59の項の事項についての審判事</u>	（新設）

209

件をいう。第159条第1項及び第2項において同じ。）について，管轄権を有する。 （養子縁組をするについての許可の審判事件等の管轄権） 第3条の5　裁判所は，養子縁組をするについての許可の審判事件（別表第一の61の項の事項についての審判事件をいう。第161条第1項及び第2項において同じ。）及び特別養子縁組の成立の審判事件（同表の63の項の事項についての審判事件をいう。第164条第1項及び第2項において同じ。）について，養親となるべき者又は養子となるべき者の住所（住所がない場合又は住所が知れない場合には，居所）が日本国内にあるときは，管轄権を有する。 （死後離縁をするについての許可の審判事件の管轄権） 第3条の6　裁判所は，死後離縁をするについての許可の審判事件（別表第一の62の項の事項についての審判事件をいう。第162条第1項及び第2項において同じ。）について，次の各号のいずれかに該当するときは，管轄権を有する。 　一　養親又は養子の住所（住所がない場合又は住所が知れない場合には，居所）が日本国内にあるとき。 　二　養親又は養子がその死亡の時に日本国内に住所を有していたとき。 　三　養親又は養子の一方が日本の国籍を有する場合であって，他の一方がその死亡の時に日本の国籍を有していたとき。 （特別養子縁組の離縁の審判事件の管轄権） 第3条の7　裁判所は，特別養子縁組の離縁の審判事件（別表第一の64の項の事項についての審判事件をいう。以下同じ。）について，次の各号のいずれかに該当するときは，管轄権を有する。 　一　養親の住所（住所がない場合又は住所が知れない場合には，居所）が日本国内にあるとき。 　二　養子の実父母又は検察官からの申立てであって，養子の住所（住所がない場合又は	（新設） （新設） （新設）

住所が知れない場合には,居所）が日本国内にあるとき。
三　養親及び養子が日本の国籍を有するとき。
四　日本国内に住所がある養子からの申立てであって,養親及び養子が最後の共通の住所を日本国内に有していたとき。
五　日本国内に住所がある養子からの申立てであって,養親が行方不明であるとき,養親の住所がある国においてされた離縁に係る確定した裁判が日本で効力を有しないときその他の日本の裁判所が審理及び裁判をすることが養親と養子との間の衡平を図り,又は適正かつ迅速な審理の実現を確保することとなる特別の事情があると認められるとき。

（親権に関する審判事件等の管轄権）
第3条の8　裁判所は,親権に関する審判事件（別表第一の65の項から69の項まで並びに別表第二の7の項及び8の項の事項についての審判事件をいう。第167条において同じ。）,子の監護に関する処分の審判事件（同表の3の項の事項についての審判事件をいう。第150条第4号及び第151条第2号において同じ。）（子の監護に要する費用の分担に関する処分の審判事件を除く。）及び親権を行う者につき破産手続が開始された場合における管理権喪失の審判事件（別表第一の132の項の事項についての審判事件をいう。第242条第1項第2号及び第3項において同じ。）について,子の住所（住所がない場合又は住所が知れない場合には,居所）が日本国内にあるときは,管轄権を有する。

（養子の離縁後に未成年後見人となるべき者の選任の審判事件等の管轄権）
第3条の9　裁判所は,養子の離縁後に未成年後見人となるべき者の選任の審判事件（別表第一の70の項の事項についての審判事件をいう。第176条及び第177条第1号において同じ。）又は未成年後見人の選任の審判事件（同表の71の項の事項についての審判事件をいう。同条第2号において同じ。）について,未成年被後見人となるべき者若しくは未成年

（新設）

（新設）

被後見人（以下この条において「未成年被後見人となるべき者等」という。）の住所若しくは居所が日本国内にあるとき又は未成年被後見人となるべき者等が日本の国籍を有するときは、管轄権を有する。

（夫婦、親子その他の親族関係から生ずる扶養の義務に関する審判事件の管轄権）
第3条の10　裁判所は、夫婦、親子その他の親族関係から生ずる扶養の義務に関する審判事件（別表第一の84の項及び85の項並びに別表第二の1の項から3の項まで、9の項及び10の項の事項についての審判事件（同表の3の項の事項についての審判事件にあっては、子の監護に要する費用の分担に関する処分の審判事件に限る。）をいう。）について、扶養義務者（別表第一の84の項の事項についての審判事件にあっては、扶養義務者となるべき者）であって申立人でないもの又は扶養権利者（子の監護に要する費用の分担に関する処分の審判事件にあっては、子の監護者又は子）の住所（住所がない場合又は住所が知れない場合には、居所）が日本国内にあるときは、管轄権を有する。

（新設）

（相続に関する審判事件の管轄権）
第3条の11　裁判所は、相続に関する審判事件（別表第一の86の項から110の項まで及び133の項並びに別表第二の11の項から14の項までの事項についての審判事件をいう。）について、相続開始の時における被相続人の住所が日本国内にあるとき、住所がない場合又は住所が知れない場合には相続開始の時における被相続人の居所が日本国内にあるとき、居所がない場合又は居所が知れない場合には被相続人が相続開始の前に日本国内に住所を有していたとき（日本国内に最後に住所を有していた後に外国に住所を有していたときを除く。）は、管轄権を有する。
2　相続開始の前に推定相続人の廃除の審判事件（別表第一の86の項の事項についての審判事件をいう。以下同じ。）、推定相続人の廃除の審判の取消しの審判事件（同表の87の項の事項についての審判事件をいう。第188条第1項及び第189条第1項において同じ。）、遺

（新設）

言の確認の審判事件（同表の102の項の事項についての審判事件をいう。第209条第2項において同じ。）又は遺留分の放棄についての許可の審判事件（同表の110の項の事項についての審判事件をいう。第216条第1項第2号において同じ。）の申立てがあった場合における前項の規定の適用については，同項中「相続開始の時における被相続人」とあるのは「被相続人」と，「相続開始の前」とあるのは「申立て前」とする。

3　裁判所は，第1項に規定する場合のほか，推定相続人の廃除の審判又はその取消しの審判の確定前の遺産の管理に関する処分の審判事件（別表第一の88の項の事項についての審判事件をいう。第189条第1項及び第2項において同じ。），相続財産の保存又は管理に関する処分の審判事件（同表の90の項の事項についての審判事件をいう。第201条第10項において同じ。），限定承認を受理した場合における相続財産の管理人の選任の審判事件（同表の94の項の事項についての審判事件をいう。），財産分離の請求後の相続財産の管理に関する処分の審判事件（同表の97の項の事項についての審判事件をいう。第202条第1項第2号及び第3項において同じ。）及び相続人の不存在の場合における相続財産の管理に関する処分の審判事件（同表の99の項の事項についての審判事件をいう。以下同じ。）について，相続財産に属する財産が日本国内にあるときは，管轄権を有する。

4　当事者は，合意により，いずれの国の裁判所に遺産の分割に関する審判事件（別表第二の12の項から14の項までの事項についての審判事件をいう。第3条の14及び第191条第1項において同じ。）の申立てをすることができるかについて定めることができる。

5　民事訴訟法（平成8年法律第109号）第3条の7第2項から第4項までの規定は，前項の合意について準用する。

　（財産の分与に関する処分の審判事件の管轄権）

第3条の12　裁判所は，財産の分与に関する処分の審判事件（別表第二の4の項の事項についての審判事件をいう。第150条第5号にお

（新設）

いて同じ。）について，次の各号のいずれかに該当するときは，管轄権を有する。
　一　夫又は妻であった者の一方からの申立てであって，他の一方の住所（住所がない場合又は住所が知れない場合には，居所）が日本国内にあるとき。
　二　夫であった者及び妻であった者の双方が日本の国籍を有するとき。
　三　日本国内に住所がある夫又は妻であった者の一方からの申立てであって，夫であった者及び妻であった者が最後の共通の住所を日本国内に有していたとき。
　四　日本国内に住所がある夫又は妻であった者の一方からの申立てであって，他の一方が行方不明であるとき，他の一方の住所がある国においてされた財産の分与に関する処分に係る確定した裁判が日本国で効力を有しないときその他の日本の裁判所が審理及び裁判をすることが当事者間の衡平を図り，又は適正かつ迅速な審理の実現を確保することとなる特別の事情があると認められるとき。

　（家事調停事件の管轄権）
第3条の13　裁判所は，家事調停事件について，次の各号のいずれかに該当するときは，管轄権を有する。
　一　当該調停を求める事項についての訴訟事件又は家事審判事件について日本の裁判所が管轄権を有するとき。
　二　相手方の住所（住所がない場合又は住所が知れない場合には，居所）が日本国内にあるとき。
　三　当事者が日本の裁判所に家事調停の申立てをすることができる旨の合意をしたとき。
2　民事訴訟法第3条の7第2項及び第3項の規定は，前項第3号の合意について準用する。
3　人事訴訟法（平成15年法律第109号）第2条に規定する人事に関する訴え（離婚及び離縁の訴えを除く。）を提起することができる事項についての調停事件については，第1項（第2号及び第3号に係る部分に限る。）の規定は，適用しない。

（新設）

2　家事事件手続法（平成23年法律第52号）

（特別の事情による申立ての却下） 第3条の14　裁判所は，第3条の2から前条までに規定する事件について日本の裁判所が管轄権を有することとなる場合（遺産の分割に関する審判事件について，日本の裁判所にのみ申立てをすることができる旨の合意に基づき申立てがされた場合を除く。）においても，事案の性質，申立人以外の事件の関係人の負担の程度，証拠の所在地，未成年者である子の利益その他の事情を考慮して，日本の裁判所が審理及び裁判をすることが適正かつ迅速な審理の実現を妨げ，又は相手方がある事件について申立人と相手方との間の衡平を害することとなる特別の事情があると認めるときは，その申立ての全部又は一部を却下することができる。	（新設）
（管轄権の標準時） 第3条の15　日本の裁判所の管轄権は，家事審判若しくは家事調停の申立てがあった時又は裁判所が職権で家事事件の手続を開始した時を標準として定める。	（新設）
（移送等） 第9条　（略） 2～4　（略） 5　民事訴訟法第22条の規定は，家事事件の移送の裁判について準用する。	（移送等） 第9条　（同左） 2～4　（同左） 5　民事訴訟法（平成8年法律第109号）第22条の規定は，家事事件の移送の裁判について準用する。
（未成年者及び成年被後見人の法定代理人） 第18条　親権を行う者又は後見人は，第118条（この法律の他の規定において準用する場合を含む。）又は第252条第1項の規定により未成年者又は成年被後見人が法定代理人によらずに自ら手続行為をすることができる場合であっても，未成年者又は成年被後見人を代理して手続行為をすることができる。ただし，家事審判及び家事調停の申立ては，民法（明治29年法律第89号）その他の法令の規定により親権を行う者又は後見人が申立てをすることができる場合（人事訴訟法第2条に規定する人事に関する訴え（離婚及び離縁の訴えを除く。）を提起することができる事項についての家事調停の申立てにあっては，同法その	（未成年者及び成年被後見人の法定代理人） 第18条　親権を行う者又は後見人は，第118条（この法律の他の規定において準用する場合を含む。）又は第252条第1項の規定により未成年者又は成年被後見人が法定代理人によらずに自ら手続行為をすることができる場合であっても，未成年者又は成年被後見人を代理して手続行為をすることができる。ただし，家事審判及び家事調停の申立ては，民法（明治29年法律第89号）その他の法令の規定により親権を行う者又は後見人が申立てをすることができる場合（人事訴訟法（平成15年法律第109号）第2条に規定する人事に関する訴え（離婚及び離縁の訴えを除く。）を提起することができる事項についての家事調停の申

他の法令の規定によりその訴えを提起することができる場合を含む。）に限る。

（外国裁判所の家事事件についての確定した裁判の効力）
第79条の2　外国裁判所の家事事件についての確定した裁判（これに準ずる公的機関の判断を含む。）については，その性質に反しない限り，民事訴訟法第118条の規定を準用する。

（管轄）
第145条　不在者の財産の管理に関する処分の審判事件は，不在者の従来の住所地又は居所地を管轄する家庭裁判所の管轄に属する。

第149条　失踪の宣告の取消しの審判事件は，失踪者の住所地を管轄する家庭裁判所の管轄に属する。

2～4　略

（管轄）
第150条　次の各号に掲げる審判事件は，当該各号に定める地を管轄する家庭裁判所の管轄に属する。
　一～三　（略）
　四　子の監護に関する処分の審判事件　子（父又は母を同じくする数人の子についての申立てに係るものにあっては，そのうちの一人）の住所地

　五　財産の分与に関する処分の審判事件　夫又は妻であった者の住所地

　六　（略）

第159条　嫡出否認の訴えの特別代理人の選任の審判事件は，子の住所地を管轄する家庭裁判所の管轄に属する。

2・3　（略）

立てにあっては，同法その他の法令の規定によりその訴えを提起することができる場合を含む。）に限る。

（新設）

（管轄）
第145条　不在者の財産の管理に関する処分の審判事件（別表第一の55の項についての審判事件をいう。）は，不在者の従来の住所地又は居所地を管轄する家庭裁判所の管轄に属する。

第149条　失踪の宣告の取消しの審判事件（別表第一の57の項の事項についての審判事件をいう。次項において同じ。）は，失踪者の住所地を管轄する家庭裁判所の管轄に属する。

2～4　同左

（管轄）
第150条　次の各号に掲げる審判事件は，当該各号に定める地を管轄する家庭裁判所の管轄に属する。
　一～三　（同左）
　四　子の監護に関する処分の審判事件（別表第二の3の項の事項についての審判事件をいう。次条第2号において同じ。）　子（父又は母を同じくする数人の子についての申立てに係るものにあっては，そのうちの一人）の住所地

　五　財産の分与に関する処分の審判事件（別表第二の4の項の事項についての審判事件をいう。）　夫又は妻であった者の住所地

　六　（同左）

第159条　嫡出否認の訴えの特別代理人の選任の審判事件（別表第一の59の項の事項についての審判事件をいう。次項において同じ。）は，子の住所地を管轄する家庭裁判所の管轄に属する。

2・3　（同左）

第161条　養子縁組をするについての許可の審判事件は，養子となるべき者の住所地を管轄する家庭裁判所の管轄に属する。 2～4　（略）	第161条　養子縁組をするについての許可の審判事件（別表第一の61の項の事項についての審判事件をいう。次項において同じ。）は，養子となるべき者の住所地を管轄する家庭裁判所の管轄に属する。 2～4　（同左）
第162条　死後離縁をするについての許可の審判事件は，申立人の住所地を管轄する家庭裁判所の管轄に属する。 2～4　（略）	第162条　死後離縁をするについての許可の審判事件（別表第一の62の項の事項についての審判事件をいう。次項において同じ。）は，申立人の住所地を管轄する家庭裁判所の管轄に属する。 2～4　（同左）
（特別養子縁組の成立の審判事件） 第164条　特別養子縁組の成立の審判事件は，養親となるべき者の住所地を管轄する家庭裁判所の管轄に属する。 2～8　（略）	（特別養子縁組の成立の審判事件） 第164条　特別養子縁組の成立の審判事件（別表第一の63の項の事項についての審判事件をいう。次項において同じ。）は，養親となるべき者の住所地を管轄する家庭裁判所の管轄に属する。 2～8　（同左）
（特別養子縁組の離縁の審判事件） 第165条　特別養子縁組の離縁の審判事件は，養親の住所地を管轄する家庭裁判所の管轄に属する。 2～8　（略）	（特別養子縁組の離縁の審判事件） 第165条　特別養子縁組の離縁の審判事件（別表第一の64の項の事項についての審判事件をいう。次項及び次条第5項において同じ。）は，養親の住所地を管轄する家庭裁判所の管轄に属する。 2～8　（同左）
（管轄） 第167条　親権に関する審判事件は，子（父又は母を同じくする数人の子についての親権者の指定若しくは変更又は第三者が子に与えた財産の管理に関する処分の申立てに係るものにあっては，そのうちの一人）の住所地を管轄する家庭裁判所の管轄に属する。	（管轄） 第167条　親権に関する審判事件（別表第一の65の項から69の項まで並びに別表第二の7の項及び8の項の事項についての審判事件をいう。）は，子（父又は母を同じくする数人の子についての親権者の指定若しくは変更又は第三者が子に与えた財産の管理に関する処分の申立てに係るものにあっては，そのうちの一人）の住所地を管轄する家庭裁判所の管轄に属する。
（管轄） 第176条　未成年後見に関する審判事件（別表第一の70の項から83の項までの事項についての審判事件をいう。）は，未成年被後見人	（管轄） 第176条　未成年後見に関する審判事件（別表第一の70の項から83の項までの事項についての審判事件をいう。）は，未成年被後見人

（養子の離縁後に未成年後見人となるべき者の選任の審判事件にあっては，未成年被後見人となるべき者）の住所地を管轄する家庭裁判所の管轄に属する。

（手続行為能力）
第177条　第118条の規定は，次に掲げる審判事件（第3号及び第5号の審判事件を本案とする保全処分についての審判事件を含む。）における未成年被後見人（第1号の審判事件にあっては，未成年被後見人となるべき者及び養親）について準用する。
一　養子の離縁後に未成年後見人となるべき者の選任の審判事件

二　未成年後見人の選任の審判事件

3～8　（略）

（推定相続人の廃除の審判事件及び推定相続人の廃除の取消しの審判事件）
第188条　推定相続人の廃除の審判事件及び推定相続人の廃除の審判の取消しの審判事件は，被相続人の住所地を管轄する家庭裁判所の管轄に属する。ただし，これらの審判事件が被相続人の死亡後に申し立てられた場合にあっては，相続が開始した地を管轄する家庭裁判所の管轄に属する。

2～5　（略）

（遺産の管理に関する処分の審判事件）
第189条　推定相続人の廃除の審判又はその取消しの審判の確定前の遺産の管理に関する処分の審判事件は，推定相続人の廃除の審判事件又は推定相続人の廃除の審判の取消しの審判事件が係属している家庭裁判所（その審判事件が係属していない場合にあっては相続が開始した地を管轄する家庭裁判所，その審判事件が抗告裁判所に係属している場合にあってはその裁判所）の管轄に属する。

の住所地を管轄する家庭裁判所の管轄に属する。

（手続行為能力）
第177条　第118条の規定は，次に掲げる審判事件（第3号及び第5号の審判事件を本案とする保全処分についての審判事件を含む。）における未成年被後見人（第1号の審判事件にあっては，養子及び養親）について準用する。

一　養子の離縁後に未成年後見人となるべき者の選任の審判事件（別表第一の70の項の事項についての審判事件をいう。）
二　未成年後見人の選任の審判事件（別表第一の71の項の事項についての審判事件をいう。）

3～8　（同左）

（推定相続人の廃除の審判事件及び推定相続人の廃除の取消しの審判事件）
第188条　推定相続人の廃除の審判事件（別表第一の86の項の事項についての審判事件をいう。以下同じ。）及び推定相続人の廃除の取消しの審判事件（同表の87の項の事項についての審判事件をいう。次条第1項において同じ。）は，被相続人の住所地を管轄する家庭裁判所の管轄に属する。ただし，これらの審判事件が被相続人の死亡後に申し立てられた場合にあっては，相続が開始した地を管轄する家庭裁判所の管轄に属する。

2～5　（同左）

（遺産の管理に関する処分の審判事件）
第189条　推定相続人の廃除の審判又はその取消しの審判の確定前の遺産の管理に関する処分の審判事件（別表第一の88の項の事項についての審判事件をいう。次項において同じ。）は，推定相続人の廃除の審判事件又は推定相続人の廃除の審判の取消しの審判事件が係属している家庭裁判所（その審判事件が係属していない場合にあっては相続が開始した地を管轄する家庭裁判所，その審判事件が抗告裁判所に係属している場合にあってはその裁判

2・3 （略） ／ 所）の管轄に属する。

2・3 （同左）

（管轄）
第191条 遺産の分割に関する審判事件は，相続が開始した地を管轄する家庭裁判所の管轄に属する。

2 （略）

（管轄）
第191条 遺産の分割に関する審判事件（別表第二の12の項から14の項までの事項についての審判事件をいう。）は，相続が開始した地を管轄する家庭裁判所の管轄に属する。

2 （同左）

第201条 （略）
2～9 （略）
10 第125条の規定は，相続財産の保存又は管理に関する処分の審判事件について準用する。この場合において，同条第3項中「成年被後見人の財産」とあるのは，「相続財産」と読み替えるものとする。

第201条 （同左）
2～9 （同左）
10 第125条の規定は，相続財産の保存又は管理に関する処分の審判事件（別表第一の90の項の事項についての審判事件をいう。）について準用する。この場合において，同条第3項中「成年被後見人の財産」とあるのは，「相続財産」と読み替えるものとする。

第202条 次の各号に掲げる審判事件は，当該各号に定める裁判所の管轄に属する。
一 （略）
二 財産分離の請求後の相続財産の管理に関する処分の審判事件 財産分離の審判事件が係属している家庭裁判所（抗告裁判所に係属している場合にあってはその裁判所，財産分離の裁判確定後にあっては財産分離の審判事件が係属していた家庭裁判所）

三 （略）
2・3 （略）

第202条 次の各号に掲げる審判事件は，当該各号に定める裁判所の管轄に属する。
一 （同左）
二 財産分離の請求後の相続財産の管理に関する処分の審判事件（別表第一の97の項の事項についての審判事件をいう。第3項において同じ。） 財産分離の審判事件が係属している家庭裁判所（抗告裁判所に係属している場合にあってはその裁判所，財産分離の裁判確定後にあっては財産分離の審判事件が係属していた家庭裁判所）

三 （同左）
2・3 （同左）

（管轄）
第203条 次の各号に掲げる審判事件は，当該各号に定める家庭裁判所の管轄に属する。
一 相続人の不存在の場合における相続財産の管理に関する処分の審判事件 相続が開始した地を管轄する家庭裁判所

二・三 （略）

（管轄）
第209条 （略）

（管轄）
第203条 次の各号に掲げる審判事件は，当該各号に定める家庭裁判所の管轄に属する。
一 相続人の不存在の場合における相続財産の管理に関する処分の審判事件（別表第一の99の項の事項についての審判事件をいう。次号及び第208条において同じ。） 相続が開始した地を管轄する家庭裁判所

二・三 （同左）

（管轄）
第209条 （同左）

新	旧

2　前項の規定にかかわらず，遺言の確認の審判事件は，遺言者の生存中は，遺言者の住所地を管轄する家庭裁判所の管轄に属する。

第216条　次の各号に掲げる審判事件は，当該各号に定める地を管轄する家庭裁判所の管轄に属する。
　一　（略）
　二　遺留分の放棄についての許可の審判事件　被相続人の住所地

2　（略）

第242条　次の各号に掲げる審判事件は，当該各号に定める地を管轄する家庭裁判所の管轄に属する。
　一　（略）
　二　親権を行う者につき破産手続が開始された場合における管理権喪失の審判事件　子の住所地

　三　（略）
2・3　（略）

別表第一（<u>第3条の2―第3条の11</u>，第39条，第116条―第118条，第128条，第129条，第136条，第137条，<u>第148条</u>，第150条，<u>第160条</u>，第168条，第176条，第177条，第182条，第201条―第203条，第209条，第216条，第217条，第225条―第227条，第232条，第234条，第240条―第244条関係）

項	事項	根拠となる法律の規定
（略）		

別表第二（<u>第3条の8，第3条の10―第3条の12，</u>第20条，第25条，第39条，第40条，第66条―第71条，第82条，第89条，第90条，<u>第92条</u>，第150条，第163条，第168条，第182条，第190条，第191条，第197条，第233条，第240条，第245条，第252条，第268条，第272条，第286条，第287条，附則第5条関係）

2　前項の規定にかかわらず，遺言の確認の審判事件（<u>別表第一の102の項の事項についての審判事件をいう。</u>）は，遺言者の生存中は，遺言者の住所地を管轄する家庭裁判所の管轄に属する。

第216条　次の各号に掲げる審判事件は，当該各号に定める地を管轄する家庭裁判所の管轄に属する。
　一　（同左）
　二　遺留分の放棄についての許可の審判事件<u>（別表第一の110の項の事項についての審判事件をいう。）</u>　被相続人の住所地

2　（同左）

第242条　次の各号に掲げる審判事件は，当該各号に定める地を管轄する家庭裁判所の管轄に属する。
　一　（同左）
　二　親権を行う者につき破産手続が開始された場合における管理権喪失の審判事件　<u>（別表第一の132の項の事項についての審判事件をいう。第3項において同じ。）</u>　子の住所地

　三　（同左）
2・3　（同左）

別表第一（第39条，第116条―第118条，第128条，第129条，第136条，第137条，<u>第145条，</u>第148条―第150条，第159条―第162条，<u>第164条，</u>第165条，<u>第167条，</u>第168条，第176条，第177条，第182条，<u>第188条，第189条，</u>第201条―第203条，第209条，第216条，第217条，第225条―第227条，第232条，第234条，第240条―第244条関係）

項	事項	根拠となる法律の規定
（同左）		

別表第二（第20条，第25条，第39条，第40条，第66条―第71条，第82条，第89条，第90条，第92条，第150条，第163条，<u>第167条，</u>第168条，第182条，第190条，第191条，第197条，第233条，第240条，第245条，第252条，第268条，第272条，第286条，第287条，附則第5条関係）

2　家事事件手続法（平成23年法律第52号）

項	事項	根拠となる法律の規定
（略）		

項	事項	根拠となる法律の規定
（同左）		

3 民事執行法（昭和54年法律第4号）

（傍線部分は改正部分）

改　正　後	改　正　前
（債務名義） 第22条　強制執行は，次に掲げるもの（以下「債務名義」という。）により行う。 一〜五　（略） 六　確定した執行判決のある外国裁判所の判決<u>（家事事件における裁判を含む。第24条において同じ。）</u> 六の二・七　（略） （外国裁判所の判決の執行判決） 第24条　外国裁判所の判決についての執行判決を求める訴えは，債務者の普通裁判籍の所在地を管轄する地方裁判所<u>（家事事件における裁判に係るものにあつては，家庭裁判所。以下この項において同じ。）</u>が管轄し，この普通裁判籍がないときは，請求の目的又は差し押さえることができる債務者の財産の所在地を管轄する地方裁判所が管轄する。 <u>2　前項に規定する地方裁判所は，同項の訴えの全部又は一部が家庭裁判所の管轄に属する場合においても，相当と認めるときは，同項の規定にかかわらず，申立てにより又は職権で，当該訴えに係る訴訟の全部又は一部について自ら審理及び裁判をすることができる。</u> <u>3　第1項に規定する家庭裁判所は，同項の訴えの全部又は一部が地方裁判所の管轄に属する場合においても，相当と認めるときは，同項の規定にかかわらず，申立てにより又は職権で，当該訴えに係る訴訟の全部又は一部について自ら審理及び裁判をすることができる。</u> <u>4</u>　執行判決は，裁判の当否を調査しないでしなければならない。 <u>5</u>　第1項の訴えは，外国裁判所の判決が，確定したことが証明されないとき，又は民事訴訟法第118条各号<u>（家事事件手続法（平成23年法律第52号）第79条の2において準用する場合を含む。）</u>に掲げる要件を具備しないときは，却下しなければならない。 <u>6</u>　執行判決においては，外国裁判所の判決に	（債務名義） 第22条　強制執行は，次に掲げるもの（以下「債務名義」という。）により行う。 一〜五　（同左） 六　確定した執行判決のある外国裁判所の判決 六の二・七　（同左） （外国裁判所の判決の執行判決） 第24条　外国裁判所の判決についての執行判決を求める訴えは，債務者の普通裁判籍の所在地を管轄する地方裁判所が管轄し，この普通裁判籍がないときは，請求の目的又は差し押さえることができる債務者の財産の所在地を管轄する地方裁判所が管轄する。 （新設） （新設） 2　執行判決は，裁判の当否を調査しないでしなければならない。 3　第1項の訴えは，外国裁判所の判決が，確定したことが証明されないとき，又は民事訴訟法第118条各号に掲げる要件を具備しないときは，却下しなければならない。 4　執行判決においては，外国裁判所の判決に

3　民事執行法（昭和54年法律第4号）

よる強制執行を許す旨を宣言しなければならない。 （不動産担保権の実行の開始） 第181条　不動産担保権の実行は，次に掲げる文書が提出されたときに限り，開始する。 　一　担保権の存在を証する確定判決若しくは家事事件手続法第75条の審判又はこれらと同一の効力を有するものの謄本 　二～四　（略） 　2～4　（略）	よる強制執行を許す旨を宣言しなければならない。 （不動産担保権の実行の開始） 第181条　不動産担保権の実行は，次に掲げる文書が提出されたときに限り，開始する。 　一　担保権の存在を証する確定判決若しくは家事事件手続法（平成23年法律第52号）第75条の審判又はこれらと同一の効力を有するものの謄本 　二～四　（同左） 　2～4　（同左）

4 船舶油濁損害賠償保障法（昭和50年法律第95号）

改　正　後	改　正　前
（外国判決の効力） 第12条　（略） 2　前項に規定する確定判決についての執行判決に関しては，民事執行法（昭和54年法律第4号）第24条第5項中「民事訴訟法第118条各号（家事事件手続法（平成23年法律第52号）第79条の2において準用する場合を含む。）に掲げる要件を具備しないとき」とあるのは，「船舶油濁損害賠償保障法（昭和50年法律第95号）第12条第1項各号のいずれかに該当するとき」とする。	（外国判決の効力） 第12条　（同左） 2　前項に規定する確定判決についての執行判決に関しては，民事執行法（昭和54年法律第4号）第24条第3項中「民事訴訟法第118条各号に掲げる要件を具備しないとき」とあるのは，「船舶油濁損害賠償保障法第12条第1項各号のいずれかに該当するとき」とする。

人事訴訟法等の一部を改正する法律（平成30年法律第20号）附則

（施行期日）
第1条　この法律は，公布の日から起算して1年6月を超えない範囲内において政令で定める日から施行する。

（人事訴訟法の一部改正に伴う経過措置）
第2条　第1条の規定による改正後の人事訴訟法（以下この条において「新人事訴訟法」という。）第3条の2から第3条の5までの規定は，この法律の施行の際現に係属している訴訟の日本の裁判所の管轄権については，適用しない。
2　新人事訴訟法第18条第2項及び第3項の規定は，この法律の施行前にした請求の変更及び反訴の提起については，適用しない。
3　この法律の施行の際現に係属している人事訴訟についての民事訴訟法（平成8年法律第109号）の日本の裁判所の管轄権の規定の適用除外については，新人事訴訟法第29条第1項の規定にかかわらず，なお従前の例による。
4　この法律の施行の際現に係属している人事訴訟を本案とする保全命令事件の管轄については，新人事訴訟法第30条の規定にかかわらず，なお従前の例による。

（家事事件手続法の一部改正に伴う経過措置）
第3条　第2条の規定による改正後の家事事件手続法（以下この条において「新家事事件手続法」という。）第3条の2から第3条の10まで，第3条の11第1項から第3項まで，第3条の12，第3条の13第1項（第1号及び第2号に係る部分に限る。）及び第3項（同条第1項第2号に係る部分に限る。），第3条の14並びに第3条の15の規定は，この法律の施行の際現に係属している家事事件の日本の裁判所の管轄権については，適用しない。
2　新家事事件手続法第3条の11第4項及び第5項の規定は，この法律の施行前にした特定の国の裁判所に同条第4項に規定する審判事件の申立てをすることができる旨の合意については，適用しない。
3　新家事事件手続法第3条の13第1項（第3号に係る部分に限る。），第2項及び第3項（同条第1項第3号に係る部分に限る。）の規定は，この法律の施行前にした日本の裁判所に家事調停の申立てをすることができる旨の合意については，適用しない。
4　新家事事件手続法第79条の2の規定は，この法律の施行前に確定した外国裁判所の家事事件における裁判（これに準ずる公的機関の判断を含む。）については，適用しない。

（民事執行法の一部改正に伴う経過措置）
第4条　この法律の施行前に申し立てられた民事執行の事件については，第3条の規定による改正後の民事執行法（次項において「新民事執行法」という。）第22条（第6号に係る部分に限る。）の規定にかかわらず，なお従前の例による。
2　この法律の施行の際現に係属している外国裁判所の家事事件における裁判についての執行判決を求める訴えに係る訴訟については，新民事執行法第24条の規定にかかわらず，なお従前の例による。

（船舶油濁損害賠償保障法の一部改正）
第5条　船舶油濁損害賠償保障法（昭和50年法律第95号）の一部を次のように改正する。
　　第12条第2項中「第24条第3項」を「第24条第5項」に改め，「第118条各号」の下に「（家事

人事訴訟法等の一部を改正する法律（平成30年法律第20号）附則

事件手続法（平成23年法律第52号）第79条の２において準用する場合を含む。）」を，「船舶油濁損害賠償保障法」の下に「（昭和50年法律第95号）」を加える。

索　引

アルファベット

LBP ……………………………………… 11
TP ………………………………………… 11

あ

アウトゴーイング事件 …………… 122
遺棄 ……………… 6, 40, 43, 44, 49, 139
遺言 ……………………………………… 147
遺言執行者 ……………………………… 153
遺言書の検認 …………………………… 153
遺言の確認 ……………………………… 153
遺産分割 …………………………… 17, 147
慰謝料請求 ……………………………… 164
一部分割 ………………………………… 151
遺留分 ……………………………… 35, 147
医療観察法 ……………………………… 32
応訴 ……………………………………… 192
応訴管轄 …………………… 22, 52, 142
応訴の機会 ……………………………… 191

か

外国裁判所 ……………………………… 190
外国裁判の承認 ………………………… 189
外国の確定した裁判 …………………… 60
外国判決承認 …………………………… 60
外国法制等の調査研究報告書 ………… 4
確定判決 ………………………………… 64
家事事件における裁判 ……………… 201
家事調停事件 …………………………… 21
家事非訟 ………………………………… 195
仮差押目的物 ………………………… 180
管轄権の標準時 ………………………… 7
間接管轄 ……………… 138, 140, 158, 191
完全養子 ………………………………… 110
関連請求 …………………………… 164, 165
関連損害賠償請求 …………………… 170
客観的併合 …………………………… 160

共同訴訟 ………………………………… 159
寄与分 …………………………………… 151
緊急管轄 ………… 6, 11, 59, 121, 154, 177, 187
係争物所在地管轄 …………………… 180
合意管轄 ……………… 17, 52, 63, 142, 149
公開の法廷 ……………………………… 200
公序 ………………………………… 50, 54
公序良俗 ………………………………… 192
厚生年金保険 …………………………… 71
厚生年金保険法 ………………………… 71
効力拡張説 …………………………… 190
国際的訴訟競合 …………………… 20, 181
国際的手続競合 ………………………… 19
戸籍への離婚の記載 …………………… 14
子の監護 ………………………………… 9
子の監護に関する処分 ……………… 175
子の監護に関する処分の審判事件 … 119
子の監護に要する費用の分担に関す
　る処分の審判事件 ………………… 120
子の住所 ………………………………… 11
子の利益 ………………………………… 175
婚姻取消しの訴え …………………… 159
婚姻無効確認 …………………… 160, 167
コンセント・オーダー ……………… 122

さ

祭具 ……………………………………… 154
最後の共通住所地 ……………………… 63
再婚禁止期間 …………………………… 89
財産管理契約 ………………………… 130
財産所在地 ……………………………… 63
財産の分与に関する処分 ……………… 58
財産分与 ………………………………… 57
財産分離 ………………………………… 152
財産法の国際裁判管轄 ………………… 3
最判平成8年判決 ……………………… 187
暫定的な保護措置のための裁判管轄 … 123
死後認知の訴え …………………… 79, 83
事実主義 ………………………………… 81

227

自庁処理 …………………… 175, 202
執行決定 …………………… 199, 200
執行判決 …………………… 198, 200
実親子関係訴訟 ………………… 73
実親子関係存否確認の訴え ……… 98
実親子関係に関する事項についての
　調停事件 ……………………… 101
実親子関係の存否の確認の訴え … 73
自動承認制度 …………………… 193
主観的併合 …………… 159, 162, 165
準委任契約 ……………………… 130
準拠法アプローチ ………… 190, 197
障害者の権利に関する条約 …… 129
常居所地 …………………… 139, 140
承認アプローチ ………………… 190
条理 …………………………… 39, 139
職権証拠調べ ……………………… 6
シリコンウェハー事件決定 …… 182
親権者の指定 ………………… 9, 171
親権に関する審判事件 ………… 119
人事訴訟事件等についての国際裁判
　管轄法制研究会 ………………… 4
心神喪失 ………………………… 32
審判前保全処分 ……………… 65, 185
推定相続人の廃除 ……………… 152
生活保護法 ……………………… 30
性同一性障害者 ………………… 28
成年者の国際的保護に関する条約 … 128
全面的解決主義 ……………… 157, 167
相互の保証 …………………… 193, 194
相続財産の管理人 ……………… 152
相続統一主義 …………………… 151
相続の承認 ……………………… 152
相続分割主義 …………………… 151
相続放棄 ……………………… 15, 152
訴訟集中主義 …………………… 157

た

第三者から身分関係の当事者に対す
　る訴え ………………………… 98
単位事件類型 ………………… 5, 103
単純養子 ………………………… 112

父を定めることを目的とする訴え … 73, 89
嫡出推定 ………………………… 77
嫡出否認の訴え ……………… 73, 78
嫡出否認の訴えの特別代理人の選任
　の審判事件 …………………… 101
中小企業経営承継円滑化法 ……… 34
調停 …………………………… 62, 155
調停前置 ………………………… 83
直接管轄 ………………………… 158
電磁的記録 ……………………… 19
同一の身分関係 ……… 163, 170, 176
登記請求訴訟 …………………… 64
登記又は登録に関する訴えの管轄 … 64
同種の手続 ……………………… 164
等値説 …………………………… 190
特別縁故者 ……………………… 153
特別寄与料 ……………………… 151
特別の事情 ……………………… 171
特別の事情による訴えの却下 …… 7
特別養子縁組 …………………… 105
特別養子制度の見直しに関する要綱
　案 ……………………………… 107

な

日本国籍 ………………………… 25
認知主義 ………………………… 81
認知の訴え …………………… 73, 79
認知の取消しの訴え …………… 85
認知の無効及び取消しの訴え …… 73
認知無効の訴え ……………… 84, 159
年金分割 ………………………… 71
年金分割処分 …………………… 173

は

ハーグ国際扶養条約 …………… 145
ハーグ子奪取条約 ……………… 10
ハーグ条約実施法 ……………… 11
ハーグ返還申立事件 …………… 122
跛行婚 …………………………… 40
破産法 …………………………… 34
反訴 …………………………… 165, 166

被告の行方不明……………………… 6
非嫡出父子関係の成立……………… 79
夫婦共同養子縁組…………………… 163
夫婦財産契約………………………… 33
附帯処分…………………………57, 172
附帯請求……………………………… 57
附帯申立て…………………………… 66
普通養子縁組………………………… 105
不動産の登記………………………… 64
扶養義務者…………………………… 30
併合管轄……………………………… 161
平成23年民事訴訟法等改正………… 179
（相続の）放棄……………………… 152
保護措置に関する審判事件………… 127
保全処分……………………………… 65
保全命令……………………………… 67
本案…………………………………… 69
本案管轄……………………………… 180
本案係属要件………………………… 185
本案の再審査………………………… 193
本案前の答弁………………………… 192

離婚無効確認………………………… 168

ま

密接な関係…………………………… 160
密接な関連…………………………… 163
密接に関連する請求………161, 166, 169
身分関係の当事者……43, 44, 45, 46, 48, 53
身分関係の当事者間の訴え………… 98
ミラーオーダー……………………… 122
民事保全……………………………… 66

や

行方不明……………………40, 43, 49, 50

ら

離縁…………………………………… 17
離縁請求……………………………… 160
離婚…………………………………… 5
離婚請求……………………160, 164, 168
離婚請求の附帯処分………………… 58

229

著者紹介

〔編著者〕

池田　綾子（いけだ　あやこ）　　　弁護士・ニューヨーク州弁護士

森・濱田松本法律事務所　1982年東京大学法学部卒，1984年弁護士登録（第二東京弁護士会），1985年ロンドン大学LLM，1991年米国ジョージタウン大学LLM，元・法制審議会国際裁判管轄（人事訴訟事件及び家事事件関係）部会委員。

〔主な著書・論文〕　日本弁護士連合会家事法制委員会編『家事事件における保全・執行・履行確保の実務』（共著，日本加除出版，2017年），「国際扶養をめぐる実務的諸問題」（国際私法年報20号，2018年）

〔主な取扱分野〕　渉外家事事件，渉外事件一般，刑事事件ほか。

〔本書での担当〕　総論，各論Ⅱ

〔著者〕

手塚　裕之（てづか　ひろゆき）　　　弁護士

西村あさひ法律事務所　1984年東京大学法学部第一類卒業，1986年弁護士登録（第一東京弁護士会），1992年ハーバード大学ロースクール卒業（LL.M.），1993年ニューヨーク州弁護士登録。1992～1993年ニューヨークのクリアリー・ゴットリーブ・スティーン・アンド・ハミルトン法律事務所に勤務，2003年法制審議会国際私法（現代化関係）部会幹事，2008年～2010年法制審議会国際裁判管轄法制部会臨時委員，2014年～2018年日本弁護士連合会法制審議会国際裁判管轄法制（人事訴訟事件及び家事事件関係）部会バックアップ会議座長。

〔主な著書・論文〕『国際商事仲裁の法と実務』（共著，丸善雄松堂，2016年），「国際裁判管轄合意」（単著，ジュリスト増刊『実務に効く国際ビジネス判例精選』，2015年），『国際仲裁と企業戦略』（共編著，有斐閣，2014年），「管轄権に関する合意（応訴管轄含む）」（単著，別冊NBL　138号『新しい国際裁判管轄法制―実務家の視点から』，2012年），「座談会　国際裁判管轄に関する立法の意義―特集　国際裁判管轄法制のあり方」（ジュリスト1386号，2009年），「弁護士がみる法の適用に関する通則法の意義と影響について」（単著，法律のひろば2006年9月号）など多数。

〔主な取扱分野〕　国際訴訟，国際仲裁

〔本書での担当〕　各論Ⅹ

著者紹介

増田　勝久（ますだ　かつひさ）　　弁護士

増田・飯田法律事務所　1984年京都大学法学部卒業，1986年弁護士登録（大阪弁護士会），元・法制審議会民法（相続関係）部会臨時委員，現在，大阪弁護士会司法委員長。

〔主な著書・論文〕「民法（相続法）改正法の解説」（法の支配191号，2018年），「再生債権として届けられた共益債権の扱い」（共著，続・争点倒産実務の諸問題，2019年），「非訟手続，家事手続，仲裁手続，外国倒産手続と倒産債権の確定」（家族と倒産の未来を拓く，2018年），「訴え提起前の証拠収集制度」（法律時報87号，2015年），「研究会非訟事件手続法」（座談会，論究ジュリスト11～18号，2014～2016年），『家事事件手続法』（共著，有斐閣，2014年），『Q&A家事事件手続法と弁護士実務』（編著，日本加除出版，2012年），『家事事件手続法における「子どもの代理人」』（戸籍時報676号，2011年）

〔主な取扱分野〕　倒産処理（企業再生），企業法務，家事，労働，交通事故

〔本書での担当〕　各論Ⅷ

平田　厚（ひらた　あつし）　　弁護士

日比谷南法律事務所　1985年東京大学経済学部経済学科卒業，1990年弁護士登録（第二東京弁護士会）。現在，明治大学法科大学院専任教授（民法担当），社会福祉士・精神保健福祉士試験委員，元・法制審議会民法成年年齢部会幹事，元・法制審議会国際裁判管轄（人事訴訟事件及び家事事件関係）法制部会幹事など。

〔主な著書〕『家族と扶養』（筒井書房，2005年），『これで納得！　成年年齢　18歳成人論の意味と課題』（ぎょうせい，2009年），『親権と子どもの福祉』（明石書店，2010年），『虐待と親子の文学史』（論創社，2011年），『プラクティカル家族法』（日本加除出版，2014年），『新しい相続法制の行方』（きんざい，2015年），『審判例にみる家事事件における事情変更』（新日本法規，2017年），『判決例・審判例にみる婚姻外関係　保護基準の判断』（新日本法規，2018年），『Q&A　改正相続法対応　相続財産をめぐる第三者対抗要件』（新日本法規，2019年），『介護事故の法律相談』（青林書院，2019年）など。

〔主な取扱分野〕　家事，建築，借地借家，環境，社会福祉

〔本書での担当〕　各論Ⅳ，Ⅵ

近藤　博徳（こんどう　ひろのり）　　弁護士

TOKYO大樹法律事務所　1985年中央大学法学部卒業，1991年弁護士登録，日弁

連法制審議会国際裁判管轄法制（人事訴訟事件及び家事事件関係）部会バックアップ会議委員，日弁連人権擁護委員会特別委嘱委員（入管問題検討PT，難民国籍特別部会）。外国人事件に関連して，JFC（Japanese Filipino Children）弁護団，（特活）JFCネットワーク理事，国籍確認訴訟弁護団，ビルマ難民申請弁護団などに関わっており，また，証券取引被害事件に関連して，全国書運問題研究会，FOI株主被害弁護団に参加している。

〔主な著書・論文〕『外国人問題弁護ノート——弁護士が綴る国際化社会・日本で暮らす外国人達の葛藤』（共著，アルク，1999年），「最高裁2008年6月4日大法廷判決とその後の実務」（自由と正義，2011年4月号），「国籍法違憲判決（最高裁大法廷二〇〇八年六月四日）報告—検討をかねて」（憲法理論叢書18，2010年10月憲法理論研究会），「国籍法違憲判決・報告——最高裁大法廷2008（平成20）年6月4日判決」（国際人権20号（2009年報）），「国籍法違憲訴訟——大法廷判決獲得までのあゆみ　最大判2008・6・4」（法学セミナー2009年3月号），［国籍法違憲判決——JFCに対する法的支援活動の通過点」（法律時報2009年7月号），「国籍法12条違憲訴訟——誰のための，何のための国籍か［最高裁第三小法廷2015.3.10判決]」（法学セミナー2016年3月号）

〔主な取扱分野〕　渉外家事，在留関係，国籍
〔本庶での担当〕　各論Ⅲ，Ⅴ

古田　啓昌（ふるた　よしまさ）　　弁護士・ニューヨーク州弁護士

アンダーソン・毛利・友常法律事務所パートナー弁護士　1988年東京大学法学部卒業，1991年弁護士登録（第二東京弁護士会），1995年ハーバード大学ロースクール法学修士課程（LL.M.）修了（Addison Brown Prize受賞），1996年ニューヨーク州弁護士登録。法制審議会国際裁判管轄法制部会幹事，大学設置・学校法人審議会専門委員，成蹊大学法科大学院教授，東京大学法科大学院教授，コロンビア大学ロースクール客員教授を歴任。現在，日本仲裁人協会常務理事，アジア国際法学会日本協会常務理事，原子力損害賠償紛争審査会特別委員，国際商業会議所（ICC）日本委員会仲裁委員会委員。

〔主な著書・論文〕『国際商事仲裁の法と実務』（共著，丸善雄松堂，2016年），『実務に効く　国際ビジネス判例精選』（共編，有斐閣，2015年），『ケーススタディー国際関係私法』（共著，有斐閣，2015年），『域外適用法令のすべて』（共著，きんざい，2013年），『事例研究　民事法（第2版）』（共著，日本評論社，2013年），『国際民事訴訟法入門　国内訴訟との対比で考える』（日本評論社，2012年），『新しい国際裁判管轄法制—実務家の視点から』（共著，商事法務，2012年）ほか。

著者紹介

〔主な取扱分野〕　国内外の訴訟，仲裁，調停（私的調停を含む）などの紛争処理案件
〔本書での担当〕　各論Ⅸ，Ⅺ

武田　昌則（たけだ　まさのり）　　弁護士・ニューヨーク州弁護士・
　　　　　　　　　　　　　　　　　　カリフォルニア州弁護士（Inactive）

弁護士法人ひかり法律事務所　1992年京都大学法学部卒業，1994年弁護士登録（沖縄弁護士会），2001年カリフォルニア大学デービス校LL.M.修了。現在，琉球大学法科大学院教授。

〔主な著書・論文〕　"Problems of Enforcing Child Support Orders Between the U.S. and Japan"（琉大法学74号，2005年），「嫡出推定制度に関する問題の立法的解決の必要性について」（琉大法学79号，2008年），「相続分ないし遺留分の減少を目的とした養子縁組の効力」（琉大法学80号，2008年），"Legal Clinic Endeavour for International Family Law Clients in Okinawa"（共著，琉大法学83号，2010年），「渉外家族法問題への対応と展望」（法学セミナー2011年1月号），「ハーグ子の奪取条約のわが国の批准と沖縄の抱える課題」（共著，沖縄法学41号，2012年），『第4版 アメリカの法曹倫理』（共訳，彩粒社，2015年），「いわゆる『ポリアモリー』が民法90条の定める『善良な風俗』に反するか否かについての試行的考察」（琉大法学99号2018年）
〔主な取扱分野〕　家事（渉外事件含む），中小企業法務（渉外事件含む）ほか
〔本書での担当〕　各論Ⅰ，Ⅶ

小枝　未優（こえだ　みひろ）　　　弁護士

西村あさひ法律事務所　2013年一橋大学法学部卒業，2015年東京大学法科大学院修了，2016年弁護士登録（第二東京弁護士会）。現在，英国仲裁人協会準会員，シンガポール仲裁人協会準会員。
〔主な取扱分野〕　国際訴訟，国際仲裁
〔本書での担当〕　各論Ⅹ

（※所属事務所・弁護士会は刊行当時）

詳解　国際家事事件の裁判管轄
───────────────────────────────
2019年6月26日　初版発行

　　　　編著者　　池　田　綾　子
　　　　発行者　　和　田　　　裕

　　発行所　日本加除出版株式会社
　本　　社　郵便番号 171-8516
　　　　　　東京都豊島区南長崎3丁目16番6号
　　　　　　ＴＥＬ　（03)3953-5757（代表）
　　　　　　　　　　（03)3952-5759（編集）
　　　　　　ＦＡＸ　（03)3953-5772
　　　　　　ＵＲＬ　www.kajo.co.jp
　営業部　　郵便番号 171-8516
　　　　　　東京都豊島区南長崎3丁目16番6号
　　　　　　ＴＥＬ　（03)3953-5642
　　　　　　ＦＡＸ　（03)3953-2061
───────────────────────────────
組版　㈱郁文　／　印刷　㈱精興社　／　製本　牧製本印刷㈱

落丁本・乱丁本は本社でお取替えいたします。
　　★定価はカバー等に表示してあります。
　　Ⓒ A. Ikeda 2019
　　Printed in Japan
　　ISBN978-4-8178-4570-2

┌─────────────────────────────┐
│ JCOPY 〈出版者著作権管理機構　委託出版物〉
│ 　本書を無断で複写複製（電子化を含む）することは，著作権法上の例外を除
│ き，禁じられています。複写される場合は，そのつど事前に出版者著作権管理
│ 機構（JCOPY）の許諾を得てください。
│ 　また本書を代行業者等の第三者に依頼してスキャンやデジタル化することは，
│ たとえ個人や家庭内での利用であっても一切認められておりません。
│
│ 〈JCOPY〉　ＨＰ：https://www.jcopy.or.jp, e-mail：info@jcopy.or.jp
│ 　　　　　電話：03-5244-5088, FAX：03-5244-5089
└─────────────────────────────┘

講座
実務家事事件手続法（上・下）

金子修・山本和彦・松原正明 編著

（上）2017年12月刊 A5判上製 708頁 本体8,000円+税 978-4-8178-4445-3

商品番号：40700　略号：講家上

（下）2017年12月刊 A5判上製 584頁 本体6,500円+税 978-4-8178-4446-0

商品番号：40701　略号：講家下

- 手続法及び家族法の研究者や裁判官、弁護士、家庭裁判所調査官が執筆。
- 法律・実務の到達点を確認・分析しながら、実践的な視点や運用上・立法論上の課題まで網羅。
- 新時代の黎明期に編まれる関係者必読の本格的二巻組講座。

人事訴訟の要件事実と手続
訴訟類型別にみる当事者適格から請求原因・抗弁まで

岩井俊 著

2017年6月刊 A5判 716頁 本体6,600円+税 978-4-8178-4403-3

- 裁判官・法科大学院教授をつとめた著者が豊富な経験と知識に基づいて、全ての人事訴訟の訴訟類型について整理・解説した、実務家必携の一冊。
- 「離婚訴訟」「協議離婚の無効確認訴訟」「認知訴訟」「離縁訴訟」「親子関係存否確認訴訟」等の実務上重要な訴訟類型については、特に詳細に解説。

商品番号：40680
略　号：人訴要

家事事件における
保全・執行・履行確保の実務

日本弁護士連合会家事法制委員会 編

2017年2月刊 A5判 400頁 本体4,000円+税 978-4-8178-4364-7

- 家事事件における保全と執行の手続を詳説するとともに、履行確保制度と渉外家事事件について別に章を設けて解説。保全・執行それぞれにつき全体構造と特徴などを俯瞰できる総論と実務で頻繁に遭遇するケースを元にした具体的Q&Aで詳述。

商品番号：40661
略　号：家事執

家事事件の要件と手続

岩井俊 著

2013年2月刊 A5判 648頁 5,800円+税 978-4-8178-4058-5

- 元裁判官が、実体上の要件と手続上の運用を結びつけて解説。
- 主要な家事事件だけでなく、家事事件手続法別表第1、第2に規定された全150類型の事件を網羅。豊富な裁判例も踏まえ、全ての家事事件について要件と手続を詳説。

商品番号：40495
略　号：家事要

日本加除出版

〒171-8516　東京都豊島区南長崎3丁目16番6号
TEL（03）3953-5642　FAX（03）3953-2061（営業部）
www.kajo.co.jp